Harry Mulisch – Die Zukunft von gestern

Harry Mulisch, geboren 1927, lebt als freier Autor und Schriftsteller in Amsterdam. Zahlreiche Veröffentlichungen von Romanen, Erzählbänden und Essaysammlungen. »Das Attentat«, München 1986, »Höchste Zeit«, München 1987, »Die Entdeckung des Himmels«, München 1993. In der Edition Tiamat erschien zuletzt: »Strafsache 40/61. Eine Reportage über den Eichmann-Prozeß«, Berlin 1987.
Titel der Originalausgabe: »De toekomst van gisteren«, Amsterdam, De Bezige Bij, 1972. © Harry Mulisch, 1972.
Lizenzausgabe mit Genehmigung des Carl Hanser Verlages München-Wien. © Carl Hanser Verlag München-Wien, 1994.

Edition
TIAMAT
Deutsche Erstveröffentlichung
Herausgeber:
Klaus Bittermann
1. Auflage: Berlin, 1995
© dieser Ausgabe: Verlag Klaus Bittermann
Grimmstr. 26 — 10967 Berlin
Druck und Buchbindung: Litosei s.r.l., Bologna, Italien
Buchumschlag unter Verwendung eines Gemäldes von
Anselm Kiefer, »Interior/Innenraum«, 1981
(Nach einem Entwurf von Albert Speer)
ISBN: 3-923118-39-2

Harry Mulisch

Die Zukunft von gestern

Betrachtungen über
einen ungeschriebenen Roman

Aus dem Niederländischen von
Marlene Müller-Haas

**Critica
Diabolis
50**

Edition
TIAMAT

INHALT

Viertes Kapitel
Entwurf der nationalsozialistischen Gegenzukunft:
1945 - 1967

Fünftes Kapitel
Entwurf der freien Gegen-Gegenzukunft:
1945 - 1967

In der Begeisterung des Vernichtens
offenbart sich zuerst der Sinn göttlicher Schöpfung.
Friedrich Schlegel

The horror of which I speak is not of Germany
but of the soul.
Edgar Allan Poe

Vorwort zur deutschen Ausgabe

De toekomst van gisteren wurde von einem Niederländer
für Niederländer auf Niederländisch geschrieben, aber
das zentrale Thema des Buches ist Deutschland: Wie es
gewesen ist, wie es hätte sein können. Es erzählt von
versunkenen Zeiten, sogar von einer Zeit, die es glücklicherweise nie gegeben hat, und es ist entstanden in
einer Zeit, die inzwischen auch schon wieder versunken
ist: die Zeit zwischen 1962 und 1972. Das vorletzte Mal,
daß ich das Buch – wegen einer Neuauflage – in die
Hand genommen habe, war 1982; das letzte Mal gerade
erst, 1994, als mir diese Übersetzung vorgelegt wurde.
Was ich da las, war plötzlich ein anderes Buch. Meist
geht durch eine Übersetzung, und ist die Übersetzung
noch so gut, immer etwas verloren; das wäre der Fall,
wenn dieses Buch ins Englische oder Französische über-
setzt würde. Aber bei *Die Zukunft von gestern* kam etwas hinzu: Es ist, als ob das Buch im Deutschen sein
eigentliches Element gefunden hätte.

Paradoxerweise ist gerade dieser Gewinn gleichzeitig
auch ein Verlust. Zahlreiche deutsche Zitate und Rede-
wendungen stehen im niederländischen Text in Deutsch;
ein Terminus wie *Endlösung* jedoch, der für jeden anständigen Deutschen natürlich genauso unerträglich ist
wie für jeden anständigen Niederländer, hat für einen
Niederländer noch die zusätzliche Eigenschaft, daß es
ein *deutscher* Terminus ist. Ein deutsches Zitat aus
Mein Kampf ist in einem niederländischen Text etwas
völlig anderes als dasselbe Zitat in einem deutschen
Text. In einem deutschen Text ist es einfach ein Zitat
aus *Mein Kampf*, in einem niederländischen Text wird

9

gleichzeitig das *Deutsche* des Zitats betont. Darin liegt ein Problem, dessen man sich in Deutschland vielleicht nicht immer bewußt ist. Deutsch ist die Sprache, in der Hitler, Himmler und Konsorten ihre mörderischen Pläne entwickelten, mit Hilfe der deutschen Sprache wurden sie ausgeführt: In den besetzten Gebieten waren die Bekanntmachungen, die Verhöre, die Todesurteile deutsch; in den Vernichtungslagern sprachen die Mörder deutsch. Seit 1945 hat sich in Deutschland alles geändert, außer der Sprache. Heutige Ressentiments gegen Deutsche im Ausland, ein halbes Jahrhundert danach, hängen vor allem mit dem zusammen, was geblieben ist: der schuldigen Sprache. Weder Englisch noch Französisch hat diesen blutigen Klang, zumindest nicht in den Niederlanden. Man kann in jeder anderen Sprache unbefangener über Deutschland schreiben als in Deutsch – das ist etwas, um das ich deutsche Kollegen nicht beneide.

Ich weiß nicht, ob damals je darüber nachgedacht wurde, die deutsche Sprache abzuschaffen – wenn ich mich auch erinnere, daß wir im Krieg, auf dem Gymnasium, aggressiv zu unserem Deutschlehrer sagten: »Warum sollen wir eine tote Sprache lernen?« Selbst ein braver Deutschlehrer, der vielleicht im Widerstand war, war damals verdächtig. Wer, meiner Meinung nach, in diesen zwölf höllischen Jahren die deutsche Sprache gerettet hat, ist Thomas Mann. Wir wissen, daß er sich dessen bewußt war – aber wird das auch in Deutschland genügend gewürdigt? Wenn ich in Berlin das Sagen hätte, würde ich an der Stelle der ehemaligen Reichskanzlei ein Denkmal für ihn errichten mit der Inschrift: *Retter der deutschen Sprache in barbarischer Zeit.*

Dieses Buch enthält das Protokoll eines doppelten Fiaskos: das eine ist ein gescheiterter Roman über das Tausendjährige Reich, das andere ist das Tausendjährige Reich selbst – zwei Fiaskos, die zwei Seiten einer Medaille sind. (Hoffentlich ist dieser Bericht nicht das dritte Fiasko.) Ein neues Fiasko, durch das dieses Buch ebenfalls in ein anderes Licht gerät, ist der Zustand nach dem kommunistischen Fiasko von 1989. Nicht nur als literarisches Spiel, sondern mit bitterem Ernst wird im Augenblick versucht, die Zukunft von gestern – inzwischen von vorgestern – nachträglich zu verwirklichen. Daß in den Straßen wieder Hakenkreuze zu sehen sein würden, junge Leute den Hitlergruß zeigen, Synagogen brennen und Juden erschlagen würden, das war völlig undenkbar, als ich dieses Buch in den sechziger Jahren schrieb; ich war nicht der einzige, der dieser Illusion anhing, all das sei für immer begraben. Offenbar ist jedoch nie etwas endgültig vorbei.

Andererseits hat der Neonazismus unverkennbar eine romantische Seite: Man ahmt nach, zitiert, sehnt sich nach dem Vorgestern, das einmal war; die Ur-Nazis aber waren keine Neonazis, sie imitierten nichts und niemanden, sie hatten sich alles selbst ausgedacht. In ihrem tödlichen Heimweh nach vorgestern gehen die Neonazis sogar so weit, daß sie Auschwitz leugnen. Angeblich wurden keine sechs Millionen Juden ermordet, weil das technisch nicht machbar sei. Aber damit überschlägt sich ihre Liebe für das nationalsozialistische Fiasko: Wenn Adolf Hitler hören könnte, daß er auch in dieser Hinsicht ein Versager war, würde er die Verkünder dieser Theorie bis auf den letzten Mann an Fleischerhaken aufhängen lassen. (Als Pendant zur »Auschwitz-Lüge« kann ich übrigens im Handumdrehen eine genauso perverse »Dresden-Lüge« konstruieren: Es ist unmöglich, eine Stadt in einer einzigen Nacht derart vollständig durch einen Luftangriff zu zerstören. Sie wurde von der SS in die Luft gesprengt, um die Alliierten in ein schlechtes Licht zu rücken. Die Leichenberge, die man auf den Fotos sieht, sind nicht die Leichen deutscher Bürger, sondern stammen von vergasten Juden, die aus polnischen Lagern herangekarrt wurden. Jeder, der behauptet, er sei im Februar 1945 Zeuge eines Luftangriffs auf Dresden gewesen, lügt.)

Richtet sich der Haß, außer gegen die Juden, eigentlich gegen »die Ausländer«? Gegen Österreicher, Schweizer, Dänen, Niederländer, Amerikaner? Nein, einzig und allein gegen *erkennbare* Ausländer, und zwar *arme* Erkennbare: Herr Mitsubishi, ein sehr erkennbarer Ausländer, ist zweifellos willkommen. Und gerade das ist das Widerwärtigste des modernen rechten Terrorismus: daß er sich gegen Schwächere richtet, selbst gegen Behinderte; dann habe ich, ehrlich gesagt, mehr Respekt vor den linken RAF-Terroristen von damals, die es mit Kräften aufnahmen, die stärker waren als sie selbst – vielleicht auch, weil in dieser Bewegung auch Frauen den Ton angaben. Alles Fiaskos. Die wirkliche neue Gefahr, die im Augenblick die menschliche Kultur bedroht, kommt meiner Ansicht nach aus einer völlig anderen Ecke: Es ist die Kombination von politischer Anarchie und internationaler Kriminalität.

Kurzum, frisch und fröhlich galoppiert die Geschichte weiter, und wir müssen uns bemühen, im Sattel zu bleiben, denn es wird immer wieder neu eine *Zukunft von gestern* geschrieben werden können. *Wenn* wir sterben, dann bestimmt nicht aus Langeweile.

Amsterdam, Dezember 1994

Einleitung 1972

Mich muß keiner daran erinnern, wie lange der Zweite Weltkrieg inzwischen vergangen ist: siebenundzwanzig Jahre. Bei Kriegsende war ich siebzehn, und da war der *Erste* Weltkrieg gerade seit siebenundzwanzig Jahren zu Ende. Dieser Krieg war für mich damals ganz und gar Geschichte; er paßte eher zum Achtzigjährigen Krieg als zu dem, den ich gerade mitgemacht hatte. Für die heute Siebzehnjährigen hat der Zweite Weltkrieg eine völlig andere Bedeutung: Für sie ist er ein Orientierungspunkt, ein Leuchtfeuer, wie vage sie das auch empfinden mögen; und wenn zu ihren Lebzeiten irgendwo ein Volk ausgerottet wird, und das ist ja gerade in Vietnam der Fall, dann wissen sie, woran sie sich erinnern müssen, und sprechen von »Faschisten«.

Der Zweite Weltkrieg wird bis ans Ende aller Tage ein Orientierungspunkt bleiben; davon bin ich überzeugt, und es ist auf jeden Fall zu hoffen. Sollte das nicht so sein, käme als einziger Grund dafür nur der Dritte Weltkrieg in Frage. Doch wenn sich jenes Ereignis nicht nur als anderes Bild für das Ende aller Zeiten erweisen sollte, wird es nicht einmal ihm gelingen, die Erinnerung an den Zweiten Weltkrieg auszulöschen. Auch der Erste Weltkrieg war in mancher Hinsicht schrecklicher als der Zweite, vor allem an der Front: nicht einmal Stalingrad kann mit Verdun gleichgesetzt werden. Der Erste Weltkrieg wurde von äquivalenten (kapitalistischen) Gegnern geführt, von äquivalenten (kapitalistischen) Systemen, die aus äquivalenten (imperialistischen) Motiven aufeinander losgingen. Deshalb ist er im nachhinein nur wegen der Art seiner Kriegsführung

13

interessant: wegen des Stellungskriegs. Der Zweite Weltkrieg jedoch wurde von drei ungleichwertigen Systemen geführt: dem kommunistischen, dem kapitalistisch-demokratischen und dem kapitalistisch-faschistischen. Er wird für alle Zeiten wegen der absolut außergewöhnlichen Erscheinung Adolf Hitlers seine Aktualität behalten, und wegen dem, was damals *hinter* der Front geschah, mit Auschwitz als Menetekel. So gesehen, sind siebenundzwanzig Jahre noch nicht so schrecklich lange her.

Der deutsche Nationalsozialismus hat in einer marxistischen Analyse im Prinzip dieselbe Funktion wie der italienische oder der spanische Faschismus: als letzte Phase, in der sich der Kapitalismus unter bestimmten Umständen noch behaupten kann. Das klingt klinisch sauber und heilsam. Aber in den dreißiger Jahren war diese Interpretation absolut verhängnisvoll, denn sie führte dazu, daß Hitlers Mordpläne, wie er sie bereits in *Mein Kampf* skizziert hatte, als reine Großmannssucht unterschätzt wurden. Das ist jedenfalls nur die Hälfte der Geschichte. Weshalb nicht nur mich der Nazismus seit Jahr und Tag nicht losläßt und bis zum Ende aller Tage nicht loslassen wird, liegt gerade an seinen *Unterschieden* zu anderen Faschismusformen – Unterschieden, die nicht zwangsläufig für den Fortbestand des Kapitalismus notwendig waren. Unglücklicherweise beschränkte sich Hitler nicht auf das, was die Marxisten für die Aufrechterhaltung des Kapitalismus als notwendig erachteten. Marx zufolge muß die Welt nicht interpretiert, sondern verändert werden. Angesichts von Hitler führte dieser ausschließliche Wille zur Veränderung zu eklatanten Versäumnissen bei der Interpretation, so daß nicht nur die Welt nicht verändert, sondern den deutschen Marxisten, als »Handlangern des Judentums«, auch unerwartet ihr theoretisierendes Haupt abgeschlagen wurde. Hier liegt das Defizit der Marxisten: Sie betrachten ihre Feinde als eine Art Marxisten nur unter anderen Vorzeichen, d.h. von der gleichen Denkungsart wie sie selbst, nämlich als intelligente und vernünftige Menschen. Wenn man jedoch etwas verändern will, muß man in seine Interpretation auch alle dummen und unvernünftigen Elemente miteinbeziehen. Sonst bekommt man sie nicht in den Griff und kann nichts verändern.

Und trotzdem interpretieren noch heute Marxisten Hitlers Antisemitismus als einen Versuch, die kapitalistischen Ausbeuter – die ihm schließlich zur Macht verholfen hatten und mit denen er zusammenarbeitete – hinter einer Fassade der *»Auspressung der deutschen Arbeitskraft im Joche der jüdischen Weltfinanz«* zu verbergen. Aber dann brauchte er die Juden doch. Weshalb hat er sie dann ausgerottet? Die Vernichtung der Juden entzieht sich der marxistischen Interpretation; sie geschah außerdem unter höchster Geheimhaltung und konnte so auch keinem einzigen politischen Ziel dienen. Kein Arbeiter wurde beispielsweise dadurch *befriedigt*, denn er durfte es ja nicht wissen; wer von den Vernichtungsaktionen wußte und darüber sprach, wurde selbst umgebracht. Hitlers exzessiver Antisemitismus kam nicht aus kühlem, politischem Kalkül – wie die Taten der Marxisten – sondern eher aus seiner Biographie; nach den jüngsten Forschungen war er selbst »Vierteljude«: Sein Vater Alois war ein uneheliches Kind des jüdischen Herrn Frankenberger und dessen Dienstmädchen Maria Anna Schicklgruber, der er vierzehn Jahre lang Alimente zahlte. Diese »Schande« konnte nur durch die völlige Vernichtung des Judentums ausgelöscht werden. *Wenn* es den Juden tatsächlich um die Vernichtung der Menschheit ging, wie Hitler unterstellte, dann spielte dabei der Seitensprung Frankenbergers eine wichtige Rolle. Und auf jeden Fall läßt sich konstatieren, daß alles, was Hitler in *Mein Kampf* über »den Juden« behauptet, eine täuschende Ähnlichkeit mit seinen eigenen Aktionen nach der Machtergreifung aufweist.

Durch diese und einige andere Elemente steht der Nationalsozialismus für mehr als nur seine sozialökonomische Funktion. Es gibt ein Surplus, einen Mehrwert möchte ich fast sagen, und das ist auch der Grund, weshalb es heute keinen Nationalsozialismus mehr gibt und er sogar den italienischen Faschismus in seinen Untergang mitreißen konnte. Ohne Hitler wäre Mussolini noch heute an der Macht, genau wie Franco – der leider so intelligent war, sich vom Führer zu distanzieren. Intelligentes Verhalten ist, leider, nicht in jedem Fall zu begrüßen.

1961 war ich den größten Teil des Jahres mit der Berichterstattung über den Eichmann-Prozeß beschäftigt, ich formulierte meine damaligen Ansichten über den Nationalsozialismus. Ende September schrieb ich in Auschwitz das letzte Kapitel, und um mich von den Gespenstern zu befreien, die ich mir selbst aufgehalst hatte, beschloß ich, an einem unvollendeteten Romanmanuskript weiterzuarbeiten. Ich fuhr also nicht nach Hause zurück, sondern reiste gleich nach Wien weiter, wo ich in den bischöflichen Archiven nach bestimmten Fakten und Ereignissen aus dem fünfzehnten Jahrhundert stöberte, die ich für mein Buch brauchte. Aber es verlief nicht wie geplant. Nicht, weil ich das Material nicht finden konnte (das war an sich schon nützlich für meine Geschichte), sondern weil sich das Buch weigerte, Form anzunehmen. Kreativität gibt es jedoch nur in der Form. Das Problem liegt beim Schreiben nie im *Was*, sondern immer im *Wie*. Was war es also? Erst ein Jahr später begann ich es langsam zu ahnen, als ich meinen Roman zur Seite legte und ein neues Projekt in Angriff nahm: *Die Zukunft von gestern.*

Dieses Buch sollte von einer Welt handeln, in der Deutschland den Krieg gewonnen hätte. Anders gesagt: Ich hatte mich nicht nur nicht von den Gespestern befreit, sondern sie waren mir noch dichter auf den Fersen als je zuvor. Ich hatte als Jugendlicher den Krieg miterlebt, und seit diesen Jahren waren nur wenige Wochen vergangen, in denen ich mich nicht mit dem Faschismus beschäftigt hatte; in Jerusalem hatte ich das Phänomen des »Superfaschisten« studiert, seine Opfer, seine Richter; was man in der Literatur zu diesem Thema finden konnte, kannte ich; ich hatte in Deutschland und in Polen die Orte des Verbrechens aufgesucht – und trotzdem war es offenbar immer noch nicht genug. Unaufhaltsam setzten sich die Wellen des Bebens noch immer in stets tiefere Lagen hinein fort. Eichmann wurde gehängt, verbrannt, seine Asche aus einem Flugzeug über dem Mittelmeer verstreut, als ob es nicht schon genug Umweltverschmutzung gäbe, und ich saß in Amsterdam: ein Spezialist, der wußte, was geschehen war; – aber was hätte, nach Ansicht der Nazis, denn geschehen *sollen*? Welche Zukunftsideen hatten ihnen vorgeschwebt?

Ich begann also mit Notizen zu meinem Roman – und bereits nach kurzer Zeit fing auch meine Hauptfigur an, Notizen für eine Erzählung zu machen. In dem Roman, d.h. in einer Welt, in der Deutschland den Krieg gewonnen hätte, würde der Protagonist in seiner Erzählung eine Welt erstehen lassen, in der Deutschland den Krieg verloren hätte. Nun hat Deutschland, wie man sich ins Gedächtnis rufen kann, den Krieg tatsächlich verloren, und was mich an diesem Projekt faszinierte, war die Konfrontation dieser beiden Welten, in denen Deutschland den Krieg verloren hatte: in der realen und der Welt der Utopie. Auch die Erzählung meiner Hauptfigur sollte den Titel *Die Zukunft von gestern* tragen. Aber keine der beiden Geschichten wurde je geschrieben. Die Klippen, an denen das Projekt strandete, beschreibe, erläutere und paraphrasiere ich in den hier vorliegenden gleichnamigen »Betrachtungen«.

Fünf Jahre danach, 1967, begann ich mit dem Schreiben. Inzwischen sind wieder fünf Jahre vergangen, es ist 1972, und in dieser Zeit habe ich mit Unterbrechungen daran gearbeitet, bin dafür nach Deutschland gereist, habe mich in die faschistischen Zukunftsentwürfe vertieft, Fachleute dazu befragt – und es war klar, daß das Gift in meine Blutbahn geraten war, wie bei einem Ge-

17

schwür, das nicht aufbrechen will. Jeder Autor hat ein unsichtbares Gegenœuvre; auch ich habe unzählige Male Projekte angefangen, die niemals vollendet wurden (und weil diese Betrachtungen von etwas handeln, das nie zustande kam, werde ich gleich einige davon nennen); es gibt jedoch keine Notwendigkeit dafür, daß man sich mit solchen Fiaskos jahrelang herumplagt. *Die Zukunft von gestern* war offenbar an einer verwundbareren Stelle angesiedelt als andere Entwürfe. Vermutlich hätte ich für den Rest meines Lebens daran weiterarbeiten können.

Der Fall der »Drei von Breda« gab den Ausschlag, das Projekt abzuschließen. Um es der Nachwelt kurz zu erläutern: Es handelt sich dabei um drei deutsche Kriegsverbrecher, die seit 1945 im Gefängnis von Breda einsitzen. Diese Polizisten wurden zusammen mit einigen anderen nach dem Krieg zum Tod verurteilt, jedoch 1952 begnadigt und ihre Strafe in lebenslänglich umgewandelt. Das hatten sie einer Hexe zu verdanken, unter deren Einfluß unsere Königin damals stand; die Königin hatte sie um Hilfe gebeten, da die Schulmedizin nichts gegen das schlechte Sehvermögen ihrer Tochter hatte ausrichten können. Wahrscheinlich meinte sie, der liebe Gott werde ihrem Kind die Genesung versagen, wenn sie ihre Zustimmung zur Hinrichtung einiger seiner Geschöpfe gebe – dabei vergessend, daß es auch Götter gibt, die eine Hinrichtun*g dieser* Unmenschen reich belohnen würden. Aber ich mache ihr deshalb keine Vorwürfe. Ich habe jetzt auch eine Tochter, für die ich die hirnverbranntesten Aktionen unternähme, wenn es nur die geringste Chance gäbe, sie von irgendeiner Krankheit heilen zu können.

Das Handlungsweise der Königin sorgte dann dafür, daß sich aus dem Gesindel der Kriegsverbrecher viele still und leise aus dem Staub machen konnten und daß der höchstrangige, Willy Lages, wegen Krebs freigelassen wurde – d.h., hinterher stellte sich heraus, daß er nur eine Grippe gehabt hatte und schon bald wieder Tennis spielen konnte, was neben all den anderen Ungereimtheiten zusätzlich ein sonderbares Licht auf die medizinische Diagnostik in unseren Gefängnissen wirft, denn die Ärzte verschreiben dort mit ebenso leichter Hand Lutschbonbons gegen Kehlkopfkrebs, was übrigens besser zu einem Kriegsverbrecher passen würde als wegen einer Grippe freigelassen zu werden. Wie auch immer, schließlich saßen nur noch drei ein, und dann kam die Regierung auf die glorreiche Idee, sie kollektiv zu begnadigen. Also Begnadigung von der Begnadigung.

Ein Sturm der Entrüstung brach los, wie diese Stürme unseren nüchternen Breitengrad regelmäßig heimzusuchen pflegen. Vierzigtausend Menschen demonstrierten in Amsterdam, ein Hearing mit Kriegsopfern im Abgeordnetenhaus spiegelte die Glut der Verbrennungsöfen so schrecklich wider, daß beinahe die Frisur des Justizministers in Unordnung geraten wäre. Sein Name war Dries van Agt. Und obwohl nur noch drei übriggeblieben waren, konnte er trotzdem nicht mehr ohne Polizeischutz das Haus verlassen. Er hatte sich ja bereits mit einer früheren Erklärung in eine schwierige Position hineinmanövriert; schon vorher hatte er erklärt, mit der Begnadigung würde er sicher in Schwierigkeiten geraten, da er, im Gegensatz zu seinen Vorgängern, »Arier« sei. Damit hatte zum ersten Mal seit dem Kriegsende ein hoher Justizfunktionär wieder eine *Ariererklärung* abgelegt; in diesen Kreisen war man von jeher sehr rassebewußt, und im Krieg war der Oberste Gerichtshof mit der Unterzeichnung der Ariererklärung vorangegangen. Van Agt hatte übrigens schon vorher einmal einen Unterschied zwischen Juden und Ariern gemacht: Als er – entgegen seiner früheren Erklärungen – beschloß, die Boykotteure der Volkszählung strafrechtlich verfolgen zu lassen – was er dann letzten Endes doch nicht tat –, wurden Juden von der Verfolgung ausgeschlossen; und waren genau damit wiederum als Juden herausgehoben, obwohl es gerade diese Befürchtung war, die sie zum Boykott der Volkszählung animiert hatte.

19

Aber trotz seiner schnellen Kehrtwendungen geriet die Frisur des Ministers nicht in Unordnung. Während der Parlamentsdebatte und in der darauffolgenden Abstimmung, bei der der Vorschlag einer kollektiven Begnadigung der drei Kriegsverbrecher mit großer Mehrheit abgelehnt wurde, mußte er sich wieder auf die Zehenspitzen stellen für eine Pirouette von 180 Grad. Es war übrigens lehrreich zu sehen, wer für und wer gegen die Begnadigung stimmte: Es entsprach proportional umgekehrt der Bedeutung, die man im Widerstand gegen den Faschismus gespielt hatte – mit den Kommunisten als dem einen Extrem, die einstimmig dagegen, und auf der äußersten Gegenseite den Katholiken, die beinahe einstimmig dafür waren. Auch die Argumentation war interessant, die Art, wie die Befürworter das Wort »Begnadigung« ganz langsam durch marktgängigere Termini ersetzten. Der Katholik van Agt dachte sich sogar das Wort »Austreibung« aus, daraus wurde schnell »aus unserer Mitte entfernen«, daraus »uns unerbittlich ihrer entledigen«, und am Ende schien es gar so, als seien *wir* eigentlich *ihre* Gefangenen. *Wir* mußten endlich befreit werden, mit harter Hand mußten wir diese Missetäter bestrafen, indem wir sie aus dem Land warfen – und nie, nein, *niemals* würden sie je wieder einen Fuß auf niederländischen Boden setzen dürfen. »Nein, das nicht! Nicht das Schlimmste!« schrie ich auf, als ich die Fernsehreportage über die Debatte verfolgte – »Das ist allzu unmenschlich! Gnade! So schlimm waren ihre Verbrechen nun auch wieder nicht!«

Es gab durchaus Menschen, mit denen ich sonst einer Meinung bin, die nicht zu den vierzigtausend gehörten, die gegen die Freilassung protestierten – denn, so argumentierten sie, wenn es darum ginge, gegen Verbrechen in unserer Zeit zu demonstrieren, wie etwa gegen den amerikanischen Völkermord in Vietnam, dann sähe man die meisten dieser vierzigtausend nicht auf der Straße. Noch schlimmer: Dann stünden sie eher in den Reihen der Amerika-Verteidiger mit dem Hauptargument, wir hätten bestimmt schon vergessen, daß uns die Amerikaner von den Deutschen befreit hätten.

Durch die Affäre um die Drei von Breda wurde klar, daß diese Haltung ein Symptom ihrer *Krankheit* ist. Sie ist eine Folge ihrer Fixierung auf den Zweiten Weltkrieg. Auf dem Höhepunkt des Tumults konnte man im Fernsehen einen Dokumentarfilm über einen Mann mit einem »Post-Konzentrationslager-Syndrom« sehen, der durch eine Behandlung mit LSD in der Lage war, sich endlich mit seinen Kriegserlebnissen auseinanderzusetzen und damit einen Anfang zur Bewältigung dieser Ängste zu finden. Die Therapie gelingt, und wir hören ihn einige Jahre später sagen, er beschäftige sich mit dem, was *momentan* in der Welt vor sich gehe: »etwa die Ereignisse in Südostasien, die vergleichbar mit Auschwitz sind«. So spricht ein Geheilter. So sprechen auch Menschen, die der Nazismus nie krank gemacht hat. Aber wer krank ist, für den hat die Kritik an den Amerikanern den gleichen Stellenwert wie die Freilassung deutscher Kriegsverbrecher. Es bringt ihr versteinertes Weltbild ins Wanken, in dem die Amerikaner auf immer und ewig die Befreier bleiben müssen und deutsche Kriegsverbrecher auf immer und ewig hinter Gitter gehören. Die Zeit ist für sie (»neurotisch«) stehengeblieben. Vietnam kann es nicht, darf es nicht gegeben haben; denn sind die Amerikaner plötzlich etwas anderes als die Befreier, fühlen sie sich automatisch wieder ins Konzentrationslager versetzt. Läßt man die deutschen Kriegsverbrecher frei, passiert genau dasselbe. Daß die Amerikaner heutzutage selbst Kriegsverbrechen begehen, das können sie, wegen ihrer Krankheit, immer noch leugnen; wenn jedoch deutsche Kriegsverbrecher freigelassen werden, ist kein Verdrängen mehr möglich. Dann geraten sie in eine Existenzkrise, und deshalb wehren sie sich bis zum Äußersten gegen diese Freilassung.

Offenbar ist der Krieg noch nicht für jeden manipulierbar geworden. Und solange noch ein einziges Opfer, dessen Kind vor seinen eigenen Augen von den Hunden dieser Herren in Stücke gerissen wurde, auch nur eine einzige Nacht wegen deren Freilassung nicht schlafen kann, müssen sie hinter Gittern bleiben, meine ich – ob jetzt die Arier das Sagen haben oder die Juden.

Was mich betrifft, war diese Affäre das Signal zum Beenden von *Die Zukunft von gestern*, da, wie ich noch erläutern werde, auch der Anfang zu diesem Buch ungefähr mit dem ersten Gnadenerlaß von 1952 zusammenfiel. Ich schließe es jetzt ab. Ich setze einen Punkt dahinter. Ich ziehe einen Strich darunter. Basta. Das war's. So wie wir mit den Drei von Breda die Negation unserer Existenz unter uns haben, und sie aus philosophischen Gründen behalten müssen, so wird dieses Buch neben meinen anderen bestehen müssen.

Erstes Kapitel

Prinzipien des Seifenblasens

1. Aufklärung in einem Lustgarten

Nachdem sich mein Roman *Die Zukunft von gestern*
Ende 1962 selbst vernichtet hatte, fing ich insgeheim
an, Seifenblasen zu machen. Den Zusammenhang zwischen den beiden Ereignissen, den dieser Satz sugge-
riert, vermochte ich damals noch nicht zu sehen.

Es begann auf einem Landgut, an einem warmen,
sonnigen Herbstnachmittag. Damals wurde das Herren-
gut von einem Freund von Freunden bewohnt, dem
Amsterdamer Stadtbaumeister, der in seinem Haus
jeden Sonntagnachmittag einen Jour fixe abhielt. Im 17.
Jahrhundert hatte Cornelis Drebbel, der berühmte Erfinder, dieses stattliche, symmetrische Haus, umgeben
von hohen Kastanien und Ulmen, an einem Fallschirm
in Amsterdam heruntergelassen. Die Fassade, von der
aus einst der Blick auf Küchengärten und Spazierwege,
auf Weiden und Horizont schweifte, versuchte jetzt, sich
mit schlechtem Gewissen eine belebte Straße, Wohnhäu-
ser, Geschäfte, Tankstellen, Autos und Straßenbahnen
ein wenig vom Leib zu halten. Männer und Frauen, die
mit Kindern vorn oder hinten auf dem Fahrrad vorüber-
kamen, schauten zu dem abweisenden Gitter, der Skulp-
turengruppe beim Springbrunnen und zur Freitreppe
mit den Laternen: Wer da wohl wohnen mochte? Ein
zwei Meter großer Mann mit einem Gesicht wie aus
grobem Ton modelliert; hinter dem Haus, ganz hinten
im Garten, spielte er mit seinen Freunden *Boules*. So
abweisend die Vorderfront war, so einnehmend war die
Gartenseite mit ihren weit geöffneten Fenstern und
Türen. Unter den Sonnenschirmen saßen alte bis uralte
Damen, bejahrte Dichter in Liegestühlen lasen Zeitung;
aus den Fenstern des Souterrains kletterten Mädchen
mit Tabletts voller Limonadegläser mit roten, orange-

farbenen, gelben und blauen Strohhalmen und brachten sie zu den Kindern, die auf dem weitläufigen Rasen Federball und Krocket spielten, oder zu den ganz Kleinen, die auf einer Decke damit beschäftigt waren, ihr Spielzeug auseinanderzunehmen. Etwas weiter weg, beim Teich, wo auf einem Backsteinsockel eine Skulptur von David mit der Harfe stand, warfen Schriftsteller und Schachspieler, Architekten und Rechtsanwälte die Kupferkugeln über den Kies; auf einer Holzbank glänzten in der Sonne Gläser mit Bier und edleren Getränken.

Ich saß zwischen den Rhododendronbüschen in einem Korbstuhl und schaute zu, wie die Jungen den Scheiterhaufen vorbereiteten, auf dem gleich Koteletts und Würstchen gegrillt werden sollten. Ein Zeichner und begnadeter Koch war in der Küche damit beschäftigt, Saucen zuzubereiten und die Jugendlichen herumzuscheuchen, die Kartoffeln in Alufolie verpacken und Weinflaschen öffnen sollten. In einer Blumenrabatte scharrte ein Hahn, im Gebüsch kreischten Pfauen, Reiher schwebten über das Dach mit den beiden Wetterfahnen zu ihren Nestern in den Baumwipfeln, im Teich gründelten Enten, und ich lauschte dem Aufprallen der Kupferkugeln auf dem Kies, dem Klang, mit dem die hölzernen Hämmer gegen die Krocketbälle schlugen; wunschlos glücklich blickte ich dem Bogen hinterher, mit dem der kleine weiße Komet von Schläger zu Schläger segelte. Und dann fiel mein Blick auf einen kleinen Jungen, der auf der Wiese saß und Seifenblasen aufsteigen ließ.

Er tat es anders, als es in meiner Kindheit üblich war. Ich hatte damals eine weiße Gipspfeife, die ich vorsichtig in eine Teeschale mit Seifenlauge tauchte, so daß die Öffnung mit einem Häutchen verschlossen wurde, und dann machte ich behutsam, die Pfeife mit dem Kopf nach unten haltend, eine Seifenblase, die ich mit einer schnellen, gekonnten Bewegung der Pfeife ablöste. Die Technik hatte sich inzwischen offenbar weiterentwickelt, denn dieser Junge hatte einen blauen Plastikring an einem Stiel, den er in die Seifenlauge stieß, dann aus vollen Lungen hineinblies, so daß ganze Familien kleiner Seifenblasen aus dem Ring hervorstoben. Auch hier hatte die Massenfertigung das alte Handwerk verdrängt; und weil er sich auch nicht die Zeit nahm, seine Schöpfungen zu bewundern, sondern den Ring sofort wieder eintauchte und pustete, war er ständig von langsam herabschwebenden Seifenblasen umgeben, die eine nach der anderen jäh im Gras zerplatzten. Einige blieben noch ein paar Sekunden liegen, ehe sie für immer aus dieser Welt schieden; ein paar, die schillerndsten wie es schien, stiegen immer höher hinauf, um dann ganz plötzlich wundersam mit dem Wolkenhimmel eins zu werden.

Im gleichen Augenblick traf mich etwas aus der Tiefe desselben Azurs: ein Strahl, eine unsichtbare Lanze, etwas, ich wußte nicht, was es war, nur, daß es mit den Seifenblasen zusammenhing – und ich verursachte ziemlich viel Aufregung, als ich dem Kleinen plötzlich sein Spielzeug wegnahm und bis tief in die Abenddämmerung hinein selbst Seifenblasen machte, die manchmal im Feuer umkamen, auf dem das Fleisch briet.

Ich kann nicht sagen, was in mich gefahren war, aber gleich am nächsten Tag ging ich in ein Geschäft für Laborbedarf und kaufte wahllos alles, worauf mein Auge fiel. Damals hatte das noch nichts mit meinen geplanten Experimenten zu tun, davon hatte ich vorläufig kaum eine Vorstellung – ich packte nur die Gelegenheit beim Schopf, einen verspäteten Triumph auszukosten: daß ich es mir jetzt leisten konnte, zu kaufen, was mein Herz begehrte.

Ich hatte als Jugendlicher ganze Nachmittage vor Schaufenstern von Geschäften wie diesem verbracht, mit den Augen durch die Auslagen streifend wie die Seele einer mystisch angehauchten Nonne durch die paläodoxen Geheimnisse des Glaubens. Das durchsichtige Glas und die undurchdringliche Glasur der Mörser; die Thermometer; die schlanken Destillierkolben; die U-Röhren; das Rot der dünnen Gummischläuche. Aber ich hatte mir nur ein paar Reagenzgläser und einen kleinen Meßkolben leisten können. Eines Tages schrieb ich auf eine Anzeige im Chemischen Wochenblatt, das Abonnement hatte ich als Geburtstagsgeschenk bekommen (ohne übrigens viel vom Inhalt zu verstehen, nur so viel, daß es größtenteils um chemische Technik ging, um uninteressante Anwendungen, und nicht um ... ja, um was eigentlich nicht? Jedenfalls nicht um die paläodoxen Geheimnisse, denen ich damals auf dem Umweg über die Chemie auf die Spur kommen wollte). Eine Fabrik für chemische Apparaturen pries ihre Produkte an: Muster auf Anfrage. Ich bat um Zusendung von Mustern der gesamten Produktion, eine ganze Liste; als Briefkopf tippte ich: *Labor Prof. Dr. Dr. Ing. H.K.V. Mulisch.* Daß dieses Labor kein gedrucktes Briefpapier hatte, fiel im Krieg nicht weiter auf. Weil hier jedoch offenbar ein größerer Auftrag zu erwarten war, schickte die Firma einen Vertreter. Glücklicherweise öffnete ich selbst die Tür, in einem Laborkittel voller Säurelöcher und lila und gelber Flecken. Der Professor sei nicht da, sagte ich, aber er habe mich gebeten, die Muster in Empfang zu nehmen. Der Handelsvertreter musterte mich von Kopf bis Fuß, sagte jedoch nichts, und holte aus seinem Koffer voller Herrlichkeiten ein winzig kleines Schmelztiegelchen, das er mir in die Hand drückte.

Jetzt kaufte ich das alles gleich im Dutzend: Reagenzgläser, Kolben, Petrischalen, Erlenmeyer, Meßzylinder, Thermometer, Schläuche, Destillationsspiralen, Stative, Trichter, Pipetten, eine Burette und auch – damals war das mein Herzenswunsch – den Apparat von Kipp. Zuhause räumte ich den Schreibtisch auf, das heißt, ich legte die Papiere von *Die Zukunft von gestern* weg, breitete meine Beute aus und betrachtete sie stolz, umgeben von leeren Schachteln, zerknülltem Seidenpapier und Holzwolle.

Tief im Innersten war ich natürlich verzweifelt, aber

das fand seinen Ausdruck vorläufig nur in einem Gefühl der Erwartung, das mich schon so lange begleitet, wie die Idee des Paradieses das Leben der Menschheit.

2. Auf der Suche
nach der schwarzen Seifenblase

An der Oberfläche einer Flüssigkeit herrschen andere Kräfte als in ihrem Inneren. Wenn ich eine Nadel in ein Glas mit Wasser halte und sie loslasse, fällt sie auf den Grund; wenn ich sie vorsichtig auf das Wasser lege, treibt sie auf der Oberfläche. Das ist also ein anderes Schwimmen als das von Holz, dessen spezifisches Gewicht geringer als das von Wasser ist, denn das spezifische Gewicht von Eisen ist größer als das von Wasser; es hat auch nichts mit dem Schwimmen von Eisenbooten und dem Archimedischen Gesetz zu tun. Mückenlarven können sogar an der *Unterseite* der Wasseroberfläche hängen, die sie festhält wie ein elastisches Häutchen, obwohl doch die Oberfläche aus demselben Wasser wie der Rest besteht. Eine Haut, die aus Kräften besteht: die Oberflächenspannung. Der Tropfen an einem Wasserhahn wächst, wird größer, hängt immer noch – und plötzlich fällt er: in diesem Augenblick ist das Gewicht des Tropfens größer als die Oberflächenspannung geworden.

In erster Linie ist es die Oberflächenspannung, die es ermöglicht, Seifenblasen zu machen. Mit klarem Wasser kann man keine Seifenblasen produzieren – und wer nun daraus schließt, daß die Oberflächenspannung von Seifenlauge demzufolge größer ist als die von Wasser, der geht davon aus, daß die Welt einfach gebaut ist und täuscht sich damit gründlich. Die Oberflächenspannung von Seifenlauge ist *geringer* als die von Wasser; Seifenlaugentropfen sind kleiner als Wassertropfen; daß man mit Seifenlauge Seifenblasen machen kann, hat auch etwas mit *chemischen* Eigenschaften zu tun.

Aber physikalisch kann man in jedem Fall argumen-

tieren, eine Seifenblase sei nichts anderes als Oberfläche
– die »abgelöste« Oberfläche, befreit von einer Tiefe, deren Oberfläche sie bilden sollte.

Übrigens schreibe ich das alles nicht, um die Welt mit
meinen bullationistischen Forschungen bekannt zu
machen, sondern um etwas anderes zu erklären. Meine
experimentellen Ergebnisse waren nicht umwälzend –
auch wenn ich sechs Seifenblasen ineinander blasen
konnte; auch wenn ich mit einer Lauge aus Ölsäure,
Triäthanolamin, Glyzerin und destilliertem Wasser
Seifenblasen gemacht habe, die, in einem mit Wasser-
dampf gesättigten Badezimmer auf Plastikringen ru-
hend, stundenlang unversehrt blieben, wenn ich sie nur
mit Pipetten an bestimmten, verdunstenden, dünnen, an
ihrer speziellen Färbung erkennbaren Stellen speiste.
Auch wenn ich, unterstützt von ingeniöser Hilfe anderer
Seifenmembranen, an einem denkwürdigen Tag eine
Seifenblase mit fünfundsiebzig Zentimetern Durchmesser fabrizieren konnte: vermutlich ein Weltrekord. Aber
das Experiment, auf das ich mich schließlich konzen-
trierte, ist mir nicht gelungen, und es konnte auch nicht
gelingen: die schwarze Seifenblase.
    Auf diese Idee kam ich durch eine Erscheinung, die ich
die *Seifenblasenpest* getauft habe. Die farblosen, dicken,
gesunden Seifenblasen, die Kinder pusten, kennen diese
Seuche nicht; aber die Blasen aus den Bereichen, zu
denen ich schließlich vorgestoßen war, zeigten in ihrem
letzten Stadium eine schreckliche Krankheit. Hingen sie
gerade noch ruhig an der zugestopften Gipspfeife, die
unbeweglich an einem Stativ klemmte, begannen ihre
Farben im nächsten Augenblick zu wirbeln, und gleich
darauf brachen an allen Seiten rußschwarze Flecken
ein, wie Faulbrand. Eine Sekunde später kam das Ende.
Ich habe Seifenblasen erlebt, die wie Gespenster aus-
sahen, solche aus schwarzer Spitze, wie der Schleier
einer spanischen Witwe, so fragil und so dünn, daß sie
sich in Nichts aufzulösen schienen.

Die Farben einer Seifenblase aus ungefärbter Seifenlauge, hängen natürlich in erster Linie vom Durchmesser der Membrane ab. Ziemlich komplizierte optische
Berechnungen über die Brechung des Lichtes in solch
dünnen Wänden führen zu dem Ergebnis, daß eine bestimmte Farbe nicht an einen bestimmten Durchmesser
gebunden ist, sondern bei verschiedenen Durchmessern
auftritt. Die schwarzen Flecken kommen jedoch nur in
einem einzigen Bereich vor, der von gut einem hundert-
tausendstel Millimeter bis zu einem sechsmillionstel
Millimeter variiert – dünner kann die Haut einer Seifenblase nicht sein. Man kann natürlich eine farbige Lampe
in die Fassung schrauben oder durch ein eingefärbtes
Glas schauen, dann bekommt man schnell eine schwarze
Seifenblase; aber bei weißem Licht ergibt sich die
Schwierigkeit, daß die Oberseite zwar zum größten Teil
schwarz werden kann, weil die Seifenlauge langsam
nach unten sinkt, daß die Blase aber zerplatzt, noch ehe
die Unterseite schwarz werden konnte. Ich habe Versuche gemacht, indem ich die Seifenblase sehr schnell
und mit viel Druck aufblies, mit dem Gashahn in der
Küche, aber nachdem ich es ein paarmal versucht hatte,
drohte ich selbst noch am schnellsten schwarz zu werden, d.h. mich zu vergiften. Ich überlegte, zu einer Auto-
werkstatt zu gehen und dort ein Luftdruckgerät zu be-
nutzen, aber auch das hätte die Schwerkraft nicht auf-
heben können.

Nur im Zustand der Schwerelosigkeit wäre es möglich,
die schwarze Seifenblase hervorzubringen, im freien
Fall – aber ich bin nicht so weit gegangen, Wernher von
Braun für mein Projekt zu interessieren.

3. Das Kunstwerk als Seifenblase

Selbstverständlich unternahm ich das alles unter dem
Mantel der tiefsten Verschwiegenheit. Oder vielleicht ist
es auch nicht selbstverständlich; vielleicht hätte es mich
mißtrauisch machen sollen, daß es sich dabei offenbar

doch nicht nur um so etwas wie ein Hobby handelte, wie ich damals noch unterstellte. Es wäre übrigens mein erstes Hobby gewesen, ich hatte mich noch nie mit Liebhabereien zufriedengegeben: dafür dachte ich zu professionell, zu streng. Wie es um mich stand, wurde mir schlagartig durch die Bemerkung eines Freundes bewußt, oder vielleicht muß ich sagen, eines Kenners meiner Person, der auch an diesem Nachmittag auf dem Landgut mit von der Partie gewesen war. Ich lud ihn eines Abends ein, um ihn als ersten und einzigen in meine Experimente einzuweihen, denn langsam begann ich mich unbehaglich zu fühlen.

Mit einem zustimmenden Nicken hörte er mich an, beobachtete meine Vorführungen. Schweigend betrachtete er mich darauf eine Weile, schüttelte dann den Kopf und sagte:

»Du liegst völlig falsch. Das ist *anstelle von* Schreiben.«

In dem Augenblick wußte ich, daß er recht hatte. Daß ich sofort damit aufhören mußte – und ich hatte bereits damit aufgehört, es war schon ein eiserner Vorhang zwischen mir und meiner Apparatur heruntergerattert, wie schon einmal zuvor.

Goethe hat sich jahrelang mit Experimenten und Studien auf dem Gebiet der Farbenlehre beschäftigt, Ernst Jünger hatte seine Käfer, Nabokov die Schmetterlinge. Bei keinem der drei war es jedoch so etwas wie ein Hobby. Weniger, weil sie alle drei keine Dilettanten waren oder wissenschaftliche Entdeckungen gemacht und diese veröffentlicht haben, denn das tun auch viele Amateure; vielmehr, weil ihre sekundären Interessen, genau wie ihr eigentliches Werk, aus dem Innersten ihrer Person kamen. Bei Goethe war es ein erbitterter Kampf gegen Newton und dessen Spektrallehre, eine Verteidigung der Unteilbarkeit des Lichts, das er, der Augenmensch, in Italien auf die Ruinen der klassischen Antike hatte fallen sehen (ein beeindruckender Gedanke, der modifiziert in der Entdeckung der paradoxen, unteilbaren, konstanten Licht*geschwindigkeit* zurückzukehren scheint, auf die Einstein seine Theorie aufbaute); – und Nabokov schreibt in *Erinnerung, sprich*:

Ich gestehe, ich glaube nicht an die Zeit. Es macht mir Vergnügen, meinen Zauberteppich nach dem Gebrauch so zusammenzulegen, daß ein Teil des Musters über den anderen zu liegen kommt. Mögen Besucher ruhig stolpern. Und am meisten genieße ich die Zeitlosigkeit, wenn ich – in einer aufs Geratewohl herausgegriffenen Landschaft – unter seltenen Schmetterlingen und ihren Futterpflanzen stehe. Das ist Ekstase, und hinter der Ekstase ist etwas anderes, schwer Erklärbares. Es ist wie ein kurzes Vakuum, in das alles strömt, was ich liebe.

Aber Farben und Schmetterlinge existieren auch, wenn sie nicht von Schriftstellern studiert werden, meine Seifenblasen dagegen mußte ich erst erschaffen: wie Kunstwerke. *Wenn* die Physik einen Begriff zur Verfügung stellen kann, der als Bild für das Kunstwerk an sich taugt, dann ist es die Vorstellung von der Oberflächenspannung: die Tatsache, daß an der Oberfläche einer Flüssigkeit andere Kräfte herrschen als darunter, obwohl die Oberfläche aus derselben Flüssigkeit besteht.

Die Wirklichkeit ist die Flüssigkeit, die Kunst ihre Oberfläche.

Ein Roman oder ein Gemälde wird mit Worten und Bildern und Farbe und anderen Teilen der Wirklichkeit gemacht und ist doch etwas ganz anderes: Es ist die *gespannte Oberfläche* der Wirklichkeit. In der Tiefe herrschen keine besonderen Kräfte, auch nicht in der tiefsten Tiefe; der Okkultismus sucht dort vergebens. Der Künstler ist eine Mückenlarve. Das mächtigste Geheimnis herrscht in der reinen, abgelösten Oberfläche *ohne* Tiefe: im Kunstwerk – und die Seifenblase ist ihr naturwissenschaftliches Abbild.

Daher hat die Seifenblase die vollendete Form: die

Kugel – die kleinste Oberfläche mit dem größten Inhalt, die absolute Zweckmäßigkeit. Die Sonne ist eine Kugel, das Auge ist eine Kugel, und nach Plato ist auch die Seele eine Kugel. Aber die Sonne und das Auge sind mit sich selbst ausgefüllt; lediglich die Seifenblase (und vielleicht die Seele) ist leer – reine Oberflächenspannung, *alles* um sich herum widerspiegelnd. Diese Vollkommenheit ist in keiner anderen Weise derart schnell und mühelos herzustellen, nur mit Atem, Lebenskraft, Pneuma – diese Mühelosigkeit muß jedoch mit der Vergänglichkeit bezahlt werden.

Und wenn die Seifenblase ein müheloses Abbild des Kunstwerks ist, dann ist die schwarze Seifenblase ein Abbild des *unmöglichen* Kunstwerks: *Die Zukunft von gestern.*

Zweites Kapitel

Geschichte des Kalten Krieges: 1945 – 1962

1. Der Kalte Krieg als Verdrängung
des Zweiten Weltkriegs

Wenn ich an die Zeit um 1962 zurückdenke, kann ich nur vermuten, daß ich damals eine akute Vergiftung hatte – und vielleicht nicht nur ich. Das alles hing mit dem Kalten Krieg zusammen. Der hatte am 6. August 1945 begonnen, dem Tag, an dem die Amerikaner über Hiroshima Little Boy explodieren ließen, um den Russen zu zeigen, was die Stunde geschlagen hatte. Es war viertel nach acht, wie man heute im Peace-Memorial-Museum in Hiroshima sehen kann: an den Uhren, die sich damals an den Handgelenken ihrer verdampfenden Träger in Sirup verwandelten – wie in Dalis Gemälde *Die fortdauernde Erinnerung* bereits Jahre vor dem Krieg. Der Zweite Weltkrieg war nicht mehr als ein Vorwand, diese Kettenreaktion in Gang zu setzen, die Uhren zum Schmelzen brachte, wie er auch nur ein Vorwand für Hitlers Judenvernichtungen war, wenn auch auf andere Weise: Die Kettenreaktion war Politik, die Judenvernichtung Religion.

Zum erstenmal wurde eine Atombombe eingesetzt – gegen Asiaten, wie sich die Chinesen erinnern. Es lebe die Kommunikation! Washington hielt den Tod von zweihundertsechzigtausend Bürgern einer offenen Stadt für das geeignete Mittel, dem Moskauer Bundesgenossen eine politische Botschaft zu übermitteln, ungeachtet der Tatsache, daß diese Zahl die Anzahl aller gefallenen Amerikaner an allen Fronten während des gesamten Krieges zusammengenommen übertrifft. Während wir Niederländer inzwischen aus weniger abstrakten Gründen Asiaten in Indonesien ausrotteten, hatte der Kalte Krieg 1950 einen neuen Höhepunkt erreicht, als ein Postbote mir auf der Straße zurief: »Es ist Krieg! In

Kreta!« Später stellte sich heraus, daß es sich um Korea handelte – natürlich: Asien.

Ich habe diesen Konflikt zwischen den Vereinigten Staaten und der Sowjetunion nie richtig verstanden, den Konflikt der früheren Bundesgenossen wider Willen, die als Weltmächte aus dem Zweiten Weltkrieg hervorgegangen waren (wie China als Weltmacht aus dem Kalten Krieg hervorging). Aus irgendeinem Grund konnte ich nicht vergessen, daß auf der alliierten Totenliste von 1939 – 1945 zwei Arten von Zahlen zu lesen waren:

Der Westen: demokratisch-freiheitsliebende Tote		Der Osten: kommunistisch-totalitäre Tote	
USA	259.000	UdSSR	20.600.000
England	326.000	Polen	7.000.000
Niederlande	189.150	Jugoslawien	1.700.000

... aber ich höre jetzt auf damit, denn es könnte manchen Lesern so vorkommen, als schätze ich den Tod eines x-beliebigen Amerikaners hundertmal geringer als den Tod eines Russen. Die amerikanische Zahl ist zweihundertneunundfünfzigtausendmal größer als die meines eigenen Lebens, und das schätze ich nicht gering; aber das ist noch lange kein Grund zu vergessen, daß im Mutterland, in Amerika, in dieser Periode kaum weniger Menschen im Straßenverkehr starben; genausowenig, daß in dieser Zahl weder Frauen, Kinder noch alte Menschen enthalten sind – und zusätzlich noch, daß in den Vereinigten Staaten kein Haus, keine Schule, kein Krankenhaus und keine Fabrik auch nur einen Kratzer abbekommen hat. Ich will damit nur sagen, daß diese Zahl eine andere *Qualität* hat als die in der Reihe daneben – und daß diese Zahlen aus einer Zeit stammen, in der es nicht mehr um das unverbindliche, freiheitsliebende Gefasel von Ministern und Journalisten ging, sondern daß damals *gestorben* werden mußte. Und dann fiel mir noch auf, daß eigenartigerweise hundertmal so viele Unterdrückte wie Freie umgekommen waren. Vielleicht lag es daran, daß diese noch etwas anderes zu verteidigen und dafür ihr Leben zu geben hatten als nur die Freiheit, nämlich die Gerechtigkeit.

Aber das war im Kalten Krieg nicht die Art von Fakten, für die man sich Aufmerksamkeit erhoffte. Ich begriff plötzlich, daß Amerika mit dem Faschismus nicht seinen Erzfeind bekämpft hatte (Amerika hat übrigens Deutschland nie offiziell den Krieg erklärt, wohl Deutschland Amerika), sondern daß der Kampf gegen den Erzfeind jetzt erst anfing – oder besser gesagt: wieder aufgenommen wurde, nachdem er zwischen 1941 und 1945 zwischenzeitlich den Nazis zu treuen Händen übergeben war. Aber wenn jemand einen Erzfeind hat, dessen Erzfeind wiederum der Faschismus ist, dann ist dieser jemand nicht mein Freund. Damit wurde ich, nennen wir es einmal so, a-amerikanisch.

Während des Kriegs war niemand proamerikanischer als ich; ja, wie es zu meinem Alter paßte, verehrte ich sogar amerikanische Gangster wie Heilige. Jedes antiamerikanische Flugblatt, das die Deutschen verbreiteten, fand in mir einen bewundernden Leser, und ich war ziemlich enttäuscht, als nach dem Krieg die Hälfte der Behauptungen auf übler Nachrede zu beruhen schien. Präsident Roosevelt wankte keineswegs jeden Morgen betrunken vom Bordell ins Weiße Haus, wie die Nazipropaganda behauptet hatte, und in Amerika war die Gewalt auch nicht in buntgemischten Unterweltbanden zu Hause, die im Widerspruch zur herrschenden Gesellschaftsordnung standen – ganz im Gegenteil: Roosevelt war ein braver Mann, und Gewalt war die Seele des gesamten kapitalistischen Systems. Der einzige Unterschied zu Nazi-Deutschland bestand darin, daß dort die Unterwelt gleichzeitig auch die politische Macht innehatte. Daß der Kapitalismus nicht grundsätzlich antifaschistisch ist, zeigt sich daher gerade in seiner Ohnmacht, mit der kriminellen Unterwelt abzurechnen, wie es den sozialistischen Ländern zum größten Teil gelungen ist. Wenn es um *politische* Probleme geht, sieht man, wie die Polizei auf der Straße mit der Unterwelt zusammenarbeitet, wie jeder Amsterdamer seit den Provos in den sechziger Jahren weiß.

Kurz nach dem Krieg schrieb ich alle möglichen phantastischen Erzählungen, Novellen und Romane, die meist unvollendet blieben und selten einmal in irgendeiner Zeitschrift veröffentlicht wurden; die meisten habe ich im Lauf der Zeit vernichtet. Es gab dabei auch ein Theaterstück *Glaubst du an ein Leben vor der Geburt?* – und selbst den Anfang zu einer Art »Mysterienspiel«: *Die Planeten.* Ich arbeitete auch an einem Manuskript, vorläufig noch ohne Titel, über einen untergetauchten deutschen Kriegsverbrecher. Der Markt wurde inzwischen von einer Welle antideutscher Schadenfreudelektüre überschwemmt, gedruckt auf holzhaltigem Papier; nach der Gründung der NATO und der deutschen Wiederbewaffnung fand sich jedoch plötzlich kein Verleger mehr bereit, ein Buch über die Nazizeit herauszubringen. Weil der Kommunismus der Erzfeind des Faschismus gewesen war, mußte der Westen den Zweiten Weltkrieg so schnell wie möglich vergessen. Dieser Beginn des Kalten Krieges spiegelt sich in der ersten in Buchform veröffentlichten Novelle, die 1947 geschrieben wurde; damals war ich zwanzig Jahre alt. Ausgangspunkt war eine Zeitungsmeldung, durch einen unglücklichen Zufall sei in Österreich ein englischer Politiker von einem russischen Wachsoldaten niedergeschossen worden; in meiner Novelle entsteht darauf in der westlichen Presse eine Hetzkampagne, durch die sich die Russen gezwungen sehen, den unschuldigen Wachsoldaten hinzurichten, um Schlimmeres zu vermeiden.

Kein einziger Kinobesitzer dachte Ende der vierziger Jahre noch daran, einen Dokumentarfilm über das Dritte Reich und die Konzentrationslager zu zeigen. Um diese Filme sehen zu können, mußte ich mich in gemietete Vereinszimmer bemühen, in denen meist kaum zehn Menschen saßen, während aus einem angrenzenden Saal das Tosen eines Kurses »Wie spreche ich in der Öffentlichkeit?« herüberschallte. Der Tag der Befreiung wurde von Jahr zu Jahr lustloser gefeiert und 1953 schließlich als Feiertag abgeschafft. Das war übrigens nicht der einzige Beschluß, der damals im niederländischen Parlament gefaßt wurde. Das Parlament stimmte, mit Ausnahme der Kommunisten, bereits 1951 dem Entwurf für die Notstandsgesetze zu, mit denen der katholische Innenminister die Möglichkeit schuf, Konzentrationslager einzurichten – natürlich für dieselben Kommunisten, die gerade die deutschen Lager überlebt hatten –, während auf der anderen Seite der Grenze, die fünf Jahre lang keine Grenze gewesen war, der I.G. Farben wieder auf die Beine geholfen wurde, die jüngst noch, mit nicht unbeträchtlichen Gewinnen, das Gas für die Vernichtungslager geliefert hatte.

2. Literarisches Ringen um politische Klarheit

Mit solchen und ähnlichen Ereignissen fingen die fünfziger Jahre an, die dafür verantwortlich waren, daß eine ganze Generation abstumpfte. Bei mir war die Wirkung genau gegenteilig: Ich erwachte jäh aus meinem dogmatischen Schlummer. Während des Krieges hatten meine antideutschen Gefühle wenig mit Politik zu tun, dagegen viel mit Widerwillen gegen Väter, Lehrer, Polizisten und andere Personen dieser Couleur, die einem Dinge verbieten und wegnehmen, nicht zuhören und alles besser wissen, in Wirklichkeit jedoch dumm sind, servil, und berufshalber unverschämt, und was am schlimmsten ist: ungerecht. Während der Kalte Krieg auf Touren kam, schrieb ich meinen ersten publizierten Roman, *Archibald Strohalm*, der sich zwar mit beinahe dem ganzen Kosmos beschäftigte, dagegen kaum mit dem, was wirklich in der Welt vor sich ging. Aber gerade durch das Schreiben dieses Buches arbeitete ich mich aus meinem metaphysischen Kokon heraus und stand in der Welt, mit der Zeitung in der Hand.

Darin wurde beispielsweise über die Zustände in den Vereinigten Staaten berichtet, wie ein gewisser Senator Joe McCarthy dabei war, mit Unterstützung der Herren Robert Kennedy und Richard Nixon, Hollywood zu säubern – nicht von schlechten Schauspielern, sondern von »Kommunisten«, das heißt, von Menschen, die den Vornamen von Marx kannten oder die zumindest einen Schulfreund hatten, von dem der Onkel des Nachbarn diesen Vornamen gekannt haben könnte. Chaplin, der bekannte Bolschewik, suchte Asyl in der Schweiz; Thomas Mann, der bekannte Glorifizierer der Knute, emigrierte ebenfalls aus dem Land, das zu einem anderen Land geworden war als jenes, das ihn einst aufgenommen hatte, als Deutschland zu einem anderen Land wurde; Oppenheimer, der bekannte russische Spion und Erfinder der Atombombe, wurde gerichtlich verfolgt und dann entlassen. Getreu dem kannibalischen Grundprinzip fing Amerika an, sich im eigenen Land in das einverleibte Nazi-Deutschland zu verwandeln, während es außerhalb seiner Landesgrenzen den japanischen Eroberungskrieg in Asien fortsetzte. Als erste in einer Reihe sich anschließender Bewegungen zogen sich die Beatniks aus der krankmachenden Gesellschaft zurück, in der das ängstliche Bürgertum inzwischen Romane von Sagan las und Bilder von Buffet betrachtete – und brachten so ein Körnchen vom Amerika der *Bill of Rights* in Sicherheit.

Damals geriet ich unter den Einfluß einer Frau, der Mutter meiner damaligen Freundin: eine beherzte, stämmige Person – ich spreche von der Mutter –, die während des Spanischen Bürgerkriegs im Amsterdamer Hafen Bomben in falangistischen Schiffen versteckt hatte, so daß sie auf hoher See in die Luft flogen; und im Krieg hatte sie auch manchen Verräter aus dem Weg geräumt. Sie war Mitglied der CPN, der niederländischen kommunistischen Partei, und was ich von ihr lernte, war nicht der Marxismus-Leninismus, denn den konnte ich besser aus Büchern lernen, sondern Radikalität. So etwas hatte ich noch nicht erlebt. Aus einem bourgeoisen Elternhaus stammend, hatte ich immer nur Besonnenheit kennengelernt, Liberalismus, Tradition, Vernunft, Melancholie, Hypochondrie, Kollaboration, Todesblässe; nach einer Bestätigung meiner eigenen Mentalität hatte ich bisher nur bei der amerikanischen Unterwelt gesucht – das war mir schon als Jugendlicher klar, daß Goebbels ständiges Gerede über »Radikalität« nichts anderes war als eine miefige Radikalität, die radikal und total miefig sein wollte. Dazu mußte ich mir nur die Gesichter der niederländischen Faschisten ansehen. Und jetzt begegnete mir die Radikalität in Gestalt einer Frau – zwar nur in bescheidenem Umfang, aber zum Anfassen real –, was mir mehr zu sagen hatte, als alle Bücher über radikale Persönlichkeiten aus der Weltgeschichte zusammen. Bei ihr zuhause durfte ich auch mit ihrer Tochter in einem Bett schlafen, was damals die absolute Ausnahme war: »Es ist besser, wenn ihr das hier treibt, als in einem Hauseingang.« Sie war radikal, wenn es nötig war, und tolerant, wenn man tolerant sein mußte. Mein Vater war im Krieg ein Kollaborateur, aber selbst nachdem er als Katholik aus dem Internierungslager zurückgekehrt war, mußte ich meine Freundin in der Nacht noch vor ihm im Schrank verstecken. Die Verhältnisse waren sonnenklar.

(Leider wurden sie später etwas weniger sonnenklar, denn nachdem Chruschtschow auf dem XX. Parteikongreß die Verbrechen Stalins enthüllt hatte, konvertierte die radikale Mutter meiner Freundin langsam zur Lehre Madame Blavatzkys; aber das machte damals schon nichts mehr aus, denn zu der Zeit hatte ich bereits eine andere Freundin, mit einer anderen Mutter: über die werde ich gleich noch etwas sagen.)

Gegen den stalinistischen Marxismus-Leninismus hatte ich zwar philosophische Einwände, doch zunächst war eine Verteidigung der erbittertsten Gegner des Faschismus gegen die Hexenjagd nötig, gegen die Notstandsgesetze und die deutschen Gasfabriken. In meiner Dachkammer schrieb ich 1951, mit zerrissenen Schuhen an den Füßen und Eisblumen an den Fenstern, an einem Manuskript mit dem Titel *Die Notwendigkeit der Radikalität.* Es war Winter, und weil ich kein Geld für Petroleum hatte, konnte ich mit meinen blaugefrorenen Fingern oft nicht die kleinen und subtilen Bewegungen machen, die man braucht, um Wörter auf ein Blatt Papier zu bekommen, und so kroch ich häufig angezogen ins Bett und versuchte, auf diese Weise weiter zu arbeiten. In behaglich warmen Den Haager Architektenbüros wurden zur gleichen Zeit für alle Fälle Konzentrationslager für mich entworfen, und alsbald stieß ich in meinem Manuskript auch auf die Existenz von Konzentrationslagern in der Sowjetunion – nicht solche auf Transparentpapier, sondern in der Realität. Die Aufgabe, die ich mir gestellt hatte, war die Verteidigung des Kommunismus *trotz* der stalinistischen Lager und der stalinistischen Philosophie. Das war die Radikalität, die ich für den Augenblick für notwendig erachtete. Ich war davon überzeugt, daß der Kommunismus nicht mit dem Stalinismus gleichgesetzt werden konnte, wie der Nationalsozialismus mit dem Hitlerismus. Der Nationalsozialismus existierte wegen des *Führerprinzips*, der Kommunismus trotz des Personenkults. Ich war davon überzeugt, daß das stalinistische Unrecht und die stalinistische Scholastik mit der Person Stalins von der Bildfläche verschwinden würden, im kapitalistischen Lager dagegen Gewalt, Unwahrheit und Unrecht immer weiter wachsen würden, mit dem Faschismus als letztem Stadium.

Aber es wurde nichts aus meinem Manuskript. Ich geriet in alle Fußangeln und Fallen, die die Politik für Anfänger aufgestellt hat, denn ich mußte alles allein tun. Ich fand keine Unterstützung in der servilen Literatur der niederländischen kommunistischen Partei, denn gerade dort dachte man zu der Zeit stalinistisch – oder was immer als Denken bezeichnet wurde –, während die Lager einfach abgestritten wurden. Auch die Mutter meiner Freundin meldete sich nicht zu Wort. Man war entweder Stalinist oder Antikommunist, bzw. Trotzkist, CIA-Agent, Wurm und Hyäne. Dazwischen gab es sogenannte »fellow travellers«, die sich, wie ich, nicht eindeutig äußern konnten und die buchstäblich von *jedem* ausgekotzt wurden. Und dann gab es noch die anderen, für die die Amerikaner erst fast ein ganzes Volk ausrotten mußten, ehe sie, zwanzig Jahre später, plötzlich merkten, daß sie ein moralisch-politisch korrumpiertes Leben gelebt hatten.

Ich unterschied zwischen Kommunisten »aus Notwendigkeit« (Proletariern) und Kommunisten »aus Einsicht« (bourgeoisen Intellektuellen wie ich). Ich war so unerfahren, daß ich, um ein Beispiel zu nennen, Tage brauchte, um unterscheiden zu können, daß der Gegensatz »Kommunismus / Demokratie«, mit dem wir ununterbrochen von der Presse mundtot gemacht wurden (und werden), eine demagogische Verwechslung zweier anderer, echter, Gegensätze war: von Kommunismus / Kapitalismus und Diktatur / Demokratie. Beim ersten Paar war die Entscheidung für mich völlig selbstverständlich: Der Kommunismus war eine Sache der Gerechtigkeit, der Kapitalismus das wilde Fleisch der Ungerechtigkeit. Das zweite Gegensatzpaar schien mir schwer zu entscheiden. Die Demokraten im niederländischen Parlament hatten ja gerade erst ihr Ja zu den Konzentrationslagern gegeben; außerdem war auch Adolf Hitler parlamentarisch-demokratisch an die Macht gekommen; und konnte unsere eigene Gesellschaft, außer formal-politisch auch unter sozial-ökonomischen Gesichtspunkten »demokratisch« genannt werden? Und wie steht es denn beispielsweise noch mit folgendem? Wenn ein niederländisches Parlament am 14. Mai 1940, dem Tag der Kapitulation, über den Antrag von Kommunisten und Calvinisten hätte abstimmen müssen, das niederländische Volk müsse mit allen Mitteln gegen die Besatzungsmacht weiterkämpfen, wäre dann nicht nach endlosem Drehen und Wenden und eifrigen Wortkaskaden zum Thema der Antrag von Liberalen, Katholiken und Sozialdemokraten mit überwältigender Mehrheit verworfen worden? Wobei man noch am Rande anmerken könnte, daß sich das diktatorisch unterdrückte russische Volk, eigenartig genug, *sehr wohl* massiven Widerstand leistete, statt sich befreit zu fühlen – was man doch hätte erwarten können. Die Nazis hatten ihnen offenbar ein für allemal jede Sehnsucht nach kapitalistischen Systemen ausgetrieben. Wie auch immer, wenn beide Gegensätze dann auch noch zu dem scheinbaren Gegensatz Kommunismus / Demokratie ineinandergemischt wurden, dann schlug der Zeiger in jedem Fall nach allen Gesetzen der Mechanik nach links aus.

Als ich mit Systematik zu keinem Ergebnis kam, versuchte ich es in der Form eines Dialogs, indem ich plötzlich anfing, Freud mit Marx zu erschlagen, und die Theorie vom Bewußten und Unbewußten zu einer Reproduktion der Klassenverhältnisse erklärte. In einer klassenlosen Gesellschaft sollte es kein Unterbewußtsein mehr geben – was vielleicht gar nicht so unsinnig ist; aber dann drängt sich doch die Frage auf, weshalb man dann nicht, umgekehrt Marx mit Freud erschlagend, die Revolution als einen Anfall kollektiven Irrsinns interpretieren sollte. Ich las zuviel (vergaß aber glücklicherweise schnell); außerdem richtete ich mein Augenmerk jetzt stärker auf das Verhalten der Personen, die das Wort führten, auf meine Abspaltungen *H*odert und *M*arius, auf ihre spezielle Wortwahl, Gebärden, ihr Aussehen und auf das Umfeld des Gesprächs (eine Dachkammer mit Eisblumen an den Fenstern), als auf ihre Ansichten. Kurzum, mein eigentliches Talent kam zum Vorschein, mein Manuskript hatte seine Funktion erfüllt: mir selbst ein bißchen mehr Klarheit zu verschaffen – Klarheit für andere überforderte mich für die nächste Zeit noch.

Die vergrübelten Monate waren nicht verloren: Ich wußte jetzt, wer ich war. Es ging mir nicht um Kindergeld, um Altersversorgung oder andere Formen der Anpassung wie mehr Öl für meinen Ofen, um die Eisblumen schmelzen zu lassen, sondern darum, den Menschen zu verändern. Erst sechzehn Jahre später fand ich auf Kuba den Zustand, dessen Vorhandensein ich mir erhofft hatte, und der von orthodoxen Parteikommunisten dann auch als »anarchistisches Abenteuer« bezeichnet wurde – und ich fand mich, mutatis mutandis, von der CPN als »politischer Abenteurer« entlarvt: Mein Buch über die kubanische Revolution durfte in ihrem Amsterdamer Buchladen nicht verkauft werden.

Noch im gleichen Jahr, 1951, mißlang ein zweites politisch-literarisches Projekt: ein langes Gedicht in zwei Spalten – à la Kenneth Patchen – über die Hinrichtung von Ethel und Julius Rosenberg. Mit dieser Schweinerei hatte der Kalte Krieg sein widerlichstes Stadium erreicht. Das Ehepaar sollte Atomgeheimnisse an die Sowjets verraten haben; obwohl ihre Schuld nicht eindeutig erwiesen war, heroisierte ich sie gerade wegen ihrer Schuld; sie hatten um den Preis ihres Lebens das Gleichgewicht der Weltmächte wiederhergestellt und damit vermutlich Millionen von Menschen das Leben gerettet, denn ich war davon überzeugt, daß ein Amerika, das als einziges Land im Besitz der Atombombe war, diese eines Tages gegen die Sowjetunion einsetzen würde, und das viel direkter als in Hiroshima und Nagasaki. Auch dieses Gedicht blieb unvollendet, einfach, weil ich kein Dichter bin. Daß die Inspiration jedoch in Form eines Gedichtes kam, beweist, daß schon mit der Inspiration etwas nicht stimmte: nämlich, daß es sie gab, ich war inspiriert, aufgewühlt, ich wollte mich äußern – ich war ein Dilettant.

(In der Literatur geht es nun einmal nicht darum,

Emotionen auszudrücken, sondern, sie hervorzurufen. Wer empört oder verliebt ist, kann eigentlich nur sagen, daß er empört oder verliebt ist: Die Reaktion darauf ist nicht Empörung oder Liebe, sondern höchstens Verständnis. Wer jedoch andere empören oder verliebt machen will, der muß das dann auch tun, und nicht selbst empört oder verliebt sein, denn man kann nicht zwei Dinge gleichzeitig tun. Wenn jemand ein Glas herstellen will, muß er sich doch nicht erst in ein Glas verwandeln, um sich schließlich wieder zu entglasen, denn ein Glas hat noch nie ein Glas hergestellt. Wer ein Glas machen will, muß ein Glasbläser sein – aber blasen ist etwas anderes als trinken.)

Das folgende Jahr brachte das Mißlingen eines dritten politischen Projekts: eines Romans, *Verstaatlichung*, den ich gemeinsam mit einem Freund schreiben wollte. Der Genius unseres Buches – das Roman war und gleichzeitig Briefe über diesen Roman enthielt – war der unvergleichliche persische Premier Mossadegh, immer im Pyjama, immer in Tränen ausbrechend, der gerade die Anglo Iranian Oil Company verstaatlicht hatte und jetzt Landreformen in Angriff nahm. Aber der Schah entließ ihn aus dem Amt, worauf der Schah zwar fliehen mußte, jedoch wieder zurückkehrte, Mossadegh ins Gefängnis warf und alle Reformen rückgängig machte. Mit dem Erlöschen dieses hoffnungsvollen Lichts, das kurz über dem iranischen Volk geleuchtet hatte, verlosch auch unser Roman: hauptsächlich durch meine Schuld, denn allerhand komplizierte Vorschläge zu den Zeitebenen des Romans machten das Buch genauso unsteuerbar wie die persischen Verhältnisse – obwohl in unserem Fall kein reaktionärer Schah aus der Verbannung zurückkehrte, um Unrecht, Unterdrückung und Armut des psychologischen Romans wiederherzustellen.

3. Intermezzo: Enthüllung über den Tod von Hauptdienstleiter Schmidt

Der Kalte Krieg war der bewußt manipulierte Prozeß, mit dessen Hilfe der Faschismus und der Zweite Weltkrieg zugunsten des Kommunismus und des Dritten Weltkriegs verdrängt werden mußten. Die Nummer 1 unter den Feinden der Menschheit, der Faschismus, mußte dieses Prädikat um jeden Preis an seinen schärfsten Antipoden loswerden. In diese Machenschaften fügte sich die Begnadigung von Lages 1952 ganz natürlich ein.

SS-Sturmbannführer Willy Lages war für die Niederlande Abteilungsleiter in Eichmanns Büro IVB4 – nach dem Krieg zum Tod verurteilt wegen 372 Hinrichtungen, 7 Silbertannenmorden, 9 Brandstiftungen und der Deportation – die den Tod zur Folge hatte – von 70.000 Amsterdamer Bürgern. Auf dem Titelblatt einer Monatszeitschrift war eine Quittung über 37,50 holländische Gulden abgedruckt, ausbezahlt an einen Amsterdamer für den Verrat an fünf Brüdern und Schwestern, zwölf- bis achtzehnjährig, d.h. pro Person 7,50 Gulden – für die »*Zentralstelle für jüdische Auswanderung*« unterschrieben von SS-Hauptsturmführer Aus der Fünten (der dann 1972 unbedingt auf freien Fuß gesetzt werden mußte) und von Lages mit »*sachlich richtig*« abgezeichnet. »*Dieser Betrag ist vorschußweise aus Judenvermögen gezahlt worden*«, steht auch noch vermerkt: d.h., die Opfer mußten ihre Mörder noch selbst bezahlen. Dieses Geld stammte demnach von der Firma Lippmann-Rosenthal, einer von den Deutschen übernommenen Bank, bei der die Juden ihre Vermögen und anderen Besitz deponieren mußten – und mein Vater war einer der Direktoren dieses Raubmordinstituts. Und das wiederum bedeutete, daß ich während des Krieges aus dieser selben Blutgeldquelle genährt, getränkt und gekleidet wurde und von dort mein Taschengeld bekam.

Vielleicht ist jetzt die richtige Gelegenheit für eine kleine Enthüllung; sie vermittelt darüberhinaus einen guten Eindruck von der Atmosphäre in dieser Gesellschaft, die auch die Atmosphäre meines Romans *Die Zukunft von gestern* gewesen wäre.

Am 26. Juli 1943 verunglückte Hauptdienstleiter Schmidt auf einer Dienstreise nach Paris. Wie der Reichskommissar Arthur Seyss-Inquart Stellvertreter für die deutsche Regierung in den Niederlanden war und Hanns Rauter der Höhere SS- und Polizeiführer (zwei Österreicher), so war Hauptdienstleiter und Generalkommissar z.b.V. Fritz Schmidt der Stellvertreter der Partei, der NSDAP. Er war die Schaltstelle zwischen dem niederländischen Parteiführer Anton Mussert und den deutschen Behörden, die am liebsten so wenig wie möglich mit den niederländischen Nationalsozialisten zu tun haben wollten, und natürlich am allerwenigsten mit deren Machtanspruch. In dem Heft mit Zeitungsausschnitten, das ich während des Krieges über die Aktionen des Widerstands und über andere deutsche Niederlagen zu Land, zu Wasser und in der Luft führte, findet sich auch der Bericht aus der »Deutschen Zeitung in den Niederlanden«, Schmidt sei im Zug übel geworden und zu Bett gegangen. Später habe er einen heftigen Brechreiz verspürt, und sei bei seinem Versuch, frische Luft zu bekommen, aus dem Zug gestürzt, noch ehe ihm seine Begleiter zu Hilfe eilen konnten. *»Der Führer hat für den verunglückten Hauptdienstleiter ein Parteibegräbnis angeordnet.«* Der Führer war in solchen Dingen ein anständiger Mann.

Daß ich diesen Artikel in mein Ausschnittheft einklebte, beweist, daß ich schon damals den Verdacht hegte, daß mit diesem unglaubwürdigen Unglücksfall etwas nicht stimmte – daß er kalt gemacht worden war: und vermutlich vom Widerstand. Auch Mussert mißtraute der Angelegenheit, wie man nach dem Krieg in seinem Tagebuch lesen konnte. Nach einem Besuch bei Himmler, einige Wochen später, notierte er:

Während meines Besuchs beim Reichsführer der SS in seinem Hauptquartier in Ost-Preußen, am Donnerstag, dem 8. Juli, habe ich ihm mitgeteilt, daß nach meiner festen Überzeugung der C.G. ermordet wurde.

| Seine Antwort lautete: | Selbstmord durch einen Kopfschuß, während der Fahrt zugefügt, hängend oder außerhalb des Fensters sitzend, gefolgt von einem Sturz aus dem Zug, Schädelbruch und gebrochener Arm. |
| Meine Antwort: | Ich halte einen Selbstmord für ausgeschlossen aus meiner Kenntnis seines Charakters. Sucht den Mörder. |

Mussert hatte schon recht, als er Himmlers Interpretation mißtraute. Es ist doch recht unwahrscheinlich, daß jemand in einem derart ungünstigen Moment (in einem Zug, mit Begleitern) auf eine so seltsame Weise Selbstmord begeht. Die offizielle niederländische Geschichtsschreibung des Krieges dagegen hält noch immer an der Version Himmlers fest.

Vielleicht kann ich hier Abhilfe schaffen.

Kurz nach dem Krieg beklagte sich mein Vater während einer Besuchsstunde im Internierungslager darüber, er sitze nun schon monatelang in Untersuchungshaft, während alle möglichen Personen, die damals mit wertlosem Kriegsgeld Juwelen und Kunstwerke aus dem Besitz vergaster Juden bei ihm gekauft hatten, bereits wieder hohe Positionen in den Nachkriegs-Niederlanden einnähmen, ohne daß er vom Auftauchen der betreffenden Gegenstände gehört habe. Im Gegenteil: Während der seltenen Verhöre habe man *ihn* verdächtigt, diese Gegenstände auf die Seite geschafft zu haben. Ich sagte, er müsse dann eben diese Personen erpressen, um wieder frei zu kommen; ich würde die Briefe schon aufgeben, denn das seien ja Schweinehunde und Leichenschänder. Diesen Vorschlag wies er beunruhigt von sich: *Er* war kein Verbrecher, ebensowenig ein Erpresser oder ein Dieb!

So kam er auf den Besuch zu sprechen, den ihm Hauptdienstleiter Schmidt im Sommer 1943 gemacht hatte. Nach einigen einleitenden Höflichkeitsfloskeln wollte Schmidt die jüdischen Kunstschätze sehen, und mein Vater führte ihn in den Keller. Der Generalkommissar zeigte auf einige Meisterwerke aus dem siebzehnten Jahrhundert und teilte mit, daß er diese requiriere. Am nächsten Tag wurden sie eingepackt und in seine *Dienststelle* geschickt.

Zwei Wochen später kam Lages zu Besuch in die Bank. Nach einigen einleitenden Sätzen wollte er wissen, ob Fritz Schmidt zufällig dieser Tage hier gewesen sei. Ach ja? Und was hat er hier gesucht? Gemälde? So, so! Welche? Oh, diese. Na ja, was machte das schon aus. Also, er mußte wieder weiter, nahm Mütze und Handschuhe vom Schreibtisch meines Vaters, und er wird bestimmt mit »Heil Hitler« gegangen sein, worauf mein Vater vermutlich nicht »Guten Tag« geantwortet hat.

Einige Tage später fiel Schmidt mit einer Einschußstelle im Kopf aus dem Zug. »*Tragischer Tod eines nationalsozialistischen Kämpfers*« titelte die »Deutsche Zeitung in den Niederlanden«.

Sie haben ihn selbst umgebracht: Lages – und in letzter Verantwortung sein oberster Dienstherr Himmler, der vergeblich versucht hatte, Mussert zum Narren zu halten, bei den niederländischen Historiographen jedoch größeren Erfolg hatte. Die einzig andere denkbare Variante ist, daß der SD ihn dort im Zug *gezwungen* hat, Selbstmord zu begehen (und ihn danach aus dem Fenster warf) – aber auch das ist Mord.

Gerade weil das System auf Massenmord und Massenraub und Massenkorruption beruhte, konnte private Korruption nicht geduldet werden. Als erster durfte nur der Reichsmarschall Goering unter den Gütern wählen; er kam dazu regelmäßig nach Amsterdam. So gehörte es

sich, so hatte es die Vorsehung bestimmt; und da durfte
nicht irgendein kleiner Generalkommissar versuchen,
dazwischen zu funken, um nach dem Krieg seine Schäf-
chen im Trockenen zu haben.

4. *»Gnadenerlaß für die Toten«*

Die Begnadigung von Lages im September 1952 war für
mich der Anlaß, das Manuskript über meinen deutschen
Kriegsverbrecher wieder aus der Schublade zu holen.
Ich wußte plötzlich einen Titel dafür: *Gnadenerlaß für
die Toten*, und den schrieb ich auf die Mappe. Ich habe
diese Schrift bereits zweimal erwähnt. Zum ersten Mal
1956 in *Fraß für Psychologen*; damals nannte ich sie »ein
fast unerträgliches Erbe aus allen ›Perioden‹, seit ich
zwanzig war«, das noch abgearbeitet werden mußte,
danach würde »die Bahn frei« sein; und in gewisser Hinsicht enthält das Protokoll, an dem ich jetzt arbeite, die
letzten Rechtsgeschäfte dieses Vermächtnisses. Das
zweite Mal war 1966 in *Bericht an den Rattenkönig*;
damals schrieb ich ebenfalls über ein paar Details aus
diesem Entwurf. In diesem Buch kann man auch lesen,
daß ehemalige politische Gefangene bei den Demonstra-
tionen gegen die Begnadigung der Kriegsverbrecher
nicht ihre gestreifte KZ-Kleidung tragen durften – denn
diese Streifen sollten nun nicht mehr mit dem Faschismus, sondern mit dem Kommunismus in Verbindung gebracht werden.
Als das Manuskript schließlich wieder auf dem Tisch
lag, arbeitete ich wieder ein wenig daran; jedoch nicht
lange, und nicht sehr überzeugt. Was ich darin zu sagen
hatte, eignete sich nicht für die literarische Phantasie,
wie andere Texte, die ich damals schrieb, sondern wartete auf Anlässe, die sich direkter aus der Wirklichkeit
ergaben.

5. Das Zeitalter der Angst

Es ist schwer, sich heute die dunkelsten Tage des Kalten Krieges wieder zu vergegenwärtigen. Es ist, als sei alles versteinert gewesen, sogar die Vögel hingen reglos zwischen zwei Bäumen in der Luft. Jede Entwicklung wurde im Keim erstickt, die Weltgeschichte war völlig in eine Sackgasse geraten. Die Generation, die ihre besten Jahre bereits im Zweiten Weltkrieg verloren hatte, wurde in ein politisches Koma gedrängt und machte sie zu den erstarrten, sauertöpfischen Fünfzig- und Sechzigjährigen, die sie jetzt sind, die in weiten Bereichen noch den Ton angeben und deren Sprachfehler man noch täglich hören kann, wenn auch immer seltener. All diese Bürgermeister, Parteichefs, Intellektuellen, Polizeioffiziere, Minister, Chefredakteure und Leserbriefschreiber ohne Bewußtsein sind die psychischen Gefallenen des Kalten Krieges, aufeinandergestapelt im Massengrab der Reaktion. Die Angst hat sie umgebracht. Die Angst vor dem Kommunismus, die Angst vor der Atombombe, die Angst vor den Russen, die Angst vor den Chinesen, die Angst vor der Sexualität, die Angst vor dem Tod, die Angst vor der Veränderung, die Angst vor der Jugend, die Angst vor dem Krebs, die Angst vor der Angst, die Angst vor dem Nichts: Josef K. und der Existentialismus gingen ihnen runter wie Butter.

Außer Kafka und Sartre las das westliche Bürgertum Koestler – aber welch ein Unterschied. Kafka war ein großer Schriftsteller, bereits dreißig Jahre tot, aber die Hoffnungslosigkeit seiner Bücher schien für die Jahre prophetisch zu sein, über die wir sprechen – mit dem Kalten Krieg hatte er genauso viel oder wenig zu tun wie Nietzsche mit dem Faschismus. Sartre philosophierte auf der Basis einer Tradition, die zwar von orthodoxen Stalinisten in ihrer Gesamtheit als eine faschistische *Zerstörung der Vernunft* (Lukács) betrachtet wurde, aber damit war natürlich noch nicht gesagt, daß Sartre

54

auch als Person ein ängstlicher Bürger und Faschist gewesen sei – wenn auch eine bestimmte Sorte von Theoretikern solchen Wendungen von der Philosophie zur Psychologie des Philosophen hin nie abgeneigt ist; bald darauf steht man dann auf der Gehaltsliste des CIA: um es ganz deutlich zu machen, »objektiv«, im Sinn einer Art dichterischer Freiheit des politischen Denkens. Sartre muß jedoch zu der Schlußfolgerung gekommen sein, daß der unaufhaltsame Erfolg seiner popularisierten Philosophie im Kalten Krieg aus anderen Quellen gespeist wurde als aus seinem Denken: daß seine »Freiheit« eine andere war als die, welche die kapitalistische Propaganda der sowjetischen Barbarei entgegenstellte, sein »Nichts« etwas anderes als der Weltkommunismus, der die Zivilisation ausrotten wollte, wie – nach Meinung von Hitler – das einst die Juden geplant hatten. Und um seine Quelle deutlich von der Senkgrube zu unterscheiden, aus der seine Popularität kam, nahm Sartre 1952 am kommunistischen Friedenskongreß im damals noch von der Roten Armee besetzten Wien teil.

Sartres Existenzphilosophie war bis zu einem gewissem Grad ein Ausdruck des Kalten Krieges, war jedoch nicht, wie das Werk Koestlers, Teil des Kalten Krieges. Es ist der gleiche Unterschied wie zwischen Camus (*Die Pest*, 1947) und Orwell (*1984*, 1949). Koestler war tatsächlich wenig mehr als ein ängstlicher Bürger und ein korrumpierter Kapitalist – auch wenn er vermutlich nicht von dem CIA bezahlt wurde: diese Art von Schriftstellern sollte erst später kommen. Seine Romane, von denen vor allem *Sonnenfinsternis* ein Welterfolg wurde, blieben 20.000 Meilen unter dem Niveau der Romane Sartres, während sich seine Essays, wie *Der Yogi und der Kommissar*, vor denen Sartres in Luft auflösen. Koestler war auch der große Mann der unheilvollen Anthologie *Ein Gott der keiner war*, in dem die unterschiedlichsten Schriftsteller, u.a. Gide, Silone und Spender, ihrer kommunistischen Überzeugung abschworen (wie es Autoren immer wieder zu tun pflegen). Natürlich versagt der Kommunismus, wenn man in ihm einen Religionsersatz sucht, aber das liegt dann nicht am Kommunismus, denn er ist keine Religion. Man kann *Das Kapital* auch als Kochbuch lesen und dann zu dem Schluß kommen, es sei als Kochbuch ungeeignet. Wer im Kommunismus eine Religion suchte, ist nie Kommunist gewesen, sondern war niemals recht bei Trost.

Koestler zeigt sich in seinen späteren Werken als ein solches Musterbeispiel, etwa in *Von Heiligen und Automaten*, wo er nach dem Fehlschlag Kommunismus den Weg zur indischen Weisheit findet wie ein achtzehnjähriger Popstar oder eine Dame in den Wechseljahren. Nachdem er auf Dutzenden von Seiten das Geschwätz des Gurus niedergeschrieben hat, erweist sich auch das als Fehlschlag. Die Verhungernden in den Straßen Bombays handelt er dagegen auf einer halben Seite ab; und die Frage, welche Gurus ihrem Elend ein Ende machen könnten, stellt er erst gar nicht.

In unserer eigenen Literatur, der Literatur der Niederlande, findet sich die Angst und die Frustration jener Zeit am reinsten in Simon Vestdijks *Die Skandale*. Der Roman wurde 1952 geschrieben, im Jahr, in dem Truman von der politischen Bühne abtrat; ein Jahr nach dem Erscheinen des Buches starb Stalin, und die politische Situation in der Welt veränderte sich plötzlich, was vielleicht dazu beitrug, daß dieser Roman übersehen wurde. Vestdijk, der vorher mindestens drei Titel pro Jahr publiziert hatte, verstummte für drei Jahre; denn man begibt sich nicht ungestraft in die Regionen der Angst – Vestdijk so wenig wie die Welt.

Ich selbst fing ein Theaterstück an: *Das zwölfte Haus des Monsieur Zimbalist*. Mein Monsieur Zimbalist war ein unermeßlich reicher Streichholzkönig im Stil des legendären Ivar Kreuger; er hatte auf der ganzen Welt Villen, Wohnungen, Bungalows, in denen täglich Frühstück, Lunch, Diner und Souper aufgetischt werden mußten, für den Fall seines unangekündigten Besuchs. Butler und Haushälterin seines zwölften Hauses, in dem mein Stück spielen sollte, hatten ihn noch nie zu Gesicht bekommen – aber es gab Gerüchte, wonach er einmal in der Amtszeit ihrer Vorgänger vor ungefähr vierzehn Jahren zu Besuch gewesen sei. Der Krieg bricht aus, die abgelegene Villa wird von einem Großmajor besetzt, und ein ungeschlachter Dragoner aus seinem Gefolge zerbricht den riesigen Barockspiegel. Während die Haushälterin Verrat begeht und dem Großmajor das für Monsieur Zimbalist bestimmte Diner auftischt, dringt der Butler unter Lebensgefahr mit dem goldenen Rahmen durch die Frontlinien, um neues Spiegelglas einsetzen zu lassen. Zu dem Zeitpunkt, als er auf dem Heimweg den Spiegel durch den Kugelregen trug, erschien Bekketts *Warten auf Godot*, und ich gab die Arbeit an dem Stück lieber auf, weil ich nicht als Epigone erscheinen wollte. Natürlich hätte ich mich nicht einschüchtern lassen sollen; aber ich ließ mich einschüchtern, statt es als Zeichen aufzufassen, daß ich auf dem richtigen Weg war.

Godot, Zimbalist – jeder wartete auf etwas, das nicht kam. Der Absurdismus erschien auf der Bildfläche, der Mythos des Sisyphus wurde modern, Camus war auf dem Weg zum Nobelpreis. Ionescos Stücke wurden gespielt, in denen keiner mehr den anderen verstand. Jeder redete am anderen vorbei. Die Lyrik befreite sich von der Grammatik. Die Musik bekam immer mehr Angst vor Melodien und wurde atonal. Der Jazz genauso; aus Angst vor Worten kamen den Sängerinnen schließlich nur noch Folgen unartikulierter Klänge aus der Kehle. Aus Angst vor den Dingen wurde auch die Malerei von Tag zu Tag abstrakter. Im Sprachgebrauch setzte sich das vage Wort »irgendwie« durch: »Irgendwie bin ich mit dir einer Meinung«, »Irgendwie hast du nicht recht«, usw. Nirgendwo gab es noch Fakten. Science-fiction wurde unglaublich beliebt, und in diesen Texten ergriff die Angst vom gesamten Universum Besitz.

Weit entfernt konnte man jedoch schon einen neuen Rhythmus hören, den Rhythmus der Rockmusik, mit dem sich eine neue Generation ankündigte.

(Der Deutlichkeit halber möchte ich anmerken, daß ich keineswegs das Entstehen von Kunstwerken vulgär-marxistisch von der aktuellen politischen Situation ableiten möchte. Kafka schrieb bereits 1925 seinen *Prozeß;* aber erst im Kalten Krieg fand er ein Echo, unter völlig anderen Zeitläuften als zu seiner Entstehungszeit – und das muß man im Licht dieses anderen Kontextes sehen. 1925 feierte ein Buch wie *Der große Gatsby* von Scott Fitzgerald Triumphe; Kafkas Buch erwies sich dreißig Jahre später als ein Sinnbild für das Zeitalter der Angst. Als dieses Zeitalter vorüber war, war auch die Kafka-Mode vorbei; und das war ein Ergebnis der aktuellen politischen Situation. Das bedeutet natürlich nicht, daß Kafkas Bücher von da an »veraltet« seien. Höchstens könnte man sagen, sie seien »sozial veraltet«, es wird jedoch immer Personen geben, für die sie eine persönliche Aktualität haben. Wie der Kafka der zwanziger Jahre eigentlich eine Person aus den fünfziger Jahren war, so leben vermutlich in jedem Augenblick der Geschichte Individuen, die allen sozialen Stadien aus der Vergangenheit und in der Zukunft entsprechen. Daher entstehen auch ständig in jedem Augenblick gleichzeitig die unterschiedlichsten Kunstwerke. Sozial gesehen sind einige ihrer Zeit voraus, andere befinden sich auch sozial genau in Übereinstimmung mit ihrer Zeit, einige hinken ihrer Zeit sozial hinterher. Zu letzteren gehören die impressionistischen Porträts, die immer noch gemalt, die romantischen Symphonien, die immer noch komponiert, die psychologischen Romane, die immer noch geschrieben werden. Wie etwa Koestlers *Sonnenfinsternis.* Trotz der Aktualität des Themas – Sowjetfunktionäre, die Selbstkritik üben – ist dieses Buch kein Ausdruck seiner Zeit, sondern gehört ins neunzehnte Jahrhundert. Das Echo dieses Romans war ausschließlich politisch motiviert; seit dem Ende des Kalten Krieges liest ihn kein Mensch mehr, und das wird auch so bleiben. Nicht Koestler, sondern Ionesco mit seinem sinnlosen Gerede war ein Ausdruck des Kalten Krieges, die gestörte Kommunikation – und es wird immer Menschen geben, die seine Stücke aus diesem Grund sehen möchten. Nicht Bilder mit angsteinjagenden Szenen drückten den Kalten Krieg aus, sondern abstrakte Gemälde; denn furchteinflößende Szenen gehören zur Romantik, das war vor einhundertfünfzig Jahren, und ist daher momentan zweitrangig. Deshalb war auch der »sozialistisch-realistische« Roman der Stalinzeit nicht Ausdruck des sozialistischen Heilsstaats, wie er es glauben machen wollte, sondern ein zweitrangiger Ausdruck der versteinerten Bürokratie, die ihn ja tatsächlich auch hervorgebracht hatte, wie seine hundert Jahre alte bürgerlich-realistische Form beweist.)

6. Zunehmende Vergiftungserscheinungen

Mit dem Verschwinden von Truman und Stalin setzte das sogenannte »Tauwetter« ein. Eisenhower machte dem Korea-Krieg ein Ende, in dem Tausende von ehemaligen SSlern unter der UNO-Flagge für das christliche Abendland gekämpft hatten, und in der Sowjetunion schloß Malenkow die Konzentrationslager. 1955 begann Chruschtschow mit der Entstalinisierung und konferierte in der Schweiz mit Eisenhower: Das nannte man den »Geist von Genf«. Auf dem XX. Parteikongreß im darauffolgenden Jahr kündigte er die »friedliche Koexistenz« an: die Anpassung der Weltrevolution an die atomare Realität, oder, mit anderen Worten, die Liquidierung der Weltrevolution

Die weiße Welt begann langsam nach Frieden zu riechen (ein herrliches Parfum, das zeitweise den Leichengeruch der Dritten Welt vertrieb, wie der Effekt einer Sprühdose auf dem Scheißhaus), und natürlich wurde das nicht besonders gern in den Kreisen gesehen, die auf eine endgültige Vernichtung des Kommunismus aus waren. 1956 kam ihnen der ungarische Zwischenfall auch wie ein Gottesgeschenk gelegen. Die Entspannungsoffensive demaskiert! Hurra! Der rote Koloß erstickte den Freiheitsdrang eines kleinen Volkes! *Da sieht man es wieder!* Wenn die ganze Sache auch nicht so schön war, und wenn auch der große ungarische Freiheitsheld Pal Maleter früher der SS angehört hatte, ein erfreulicher Vorfall war es keinesfalls. Als die Vereinigten Staaten jedoch ein paar Jahre später, mindestens ebenso reaktionär, den politischen Veränderungen in der Dominikanischen Republik ein Ende machten, ebenfalls durch eine militärische Invasion, da blieb es in der freien westlichen Welt mucksmäuschenstill.

(Proteste gab es erst, als Amerika zur Auslöschung der Vietnamesen überging, gegen die die russische Aktion in Budapest eine Bagatelle war; dagegen wurde jedoch die russische Besetzung der Tschechoslowakei wieder aufgerechnet: einige Dutzend Tote in Straßenkämpfen wurden aufgewogen gegen systematischen Völkermord. Daß wir selbst den drohenden Abfall eines Bundesgenossen mithilfe eines totalitären Coups von NATO-Offizieren mit NATO-Waffen und NATO-Einsatzplänen verhindern, und jetzt spreche ich von Griechenland, das wird natürlich nicht gerne als Vergleichsmaterial herangezogen – und sei es nur, weil es peinlich die Aufmerksamkeit darauf lenkt, daß die NATO-Heere, genau wie die Warschauer-Pakt-Heere, schon lange nicht mehr dazu da sind, sich gegenseitig zu bekämpfen, sondern nur noch zur eventuellen Unterdrückung der Völker dienen, aus denen sie rekrutiert sind.)

1956 war der Anfang des Vergiftungszustandes, von dem ich sprach. Nachdem das Zimmer jahrelang nicht gelüftet war, begann man, DDT hineinzusprühen. Die rechte wie die sogenannte linke Presse, der Rundfunk, auf der ganzen Linie begann wieder eine antikommunistische Hetze, die in keinem Verhältnis mehr zu den veränderten Verhältnissen im Kreml stand. Als 1957 auch noch der erste Sputnik ins Weltall geschossen wurde und Amerika damit auf seinem ureigensten Terrain, dem der Technologie, eine Niederlage hinnehmen mußte, entstand in den Vereinigten Staaten eine echte Nervenkrise. Auf's Neue eine Hexenjagd; die Folgen waren bis in die Niederlande zu spüren. Meine damalige Freundin verlor ihre Stelle bei der Post, weil ihre Mutter nach dem Krieg einige Jahre die kommunistische Tageszeitung »Die Wahrheit« gelesen hatte. Ich selbst war auf einmal ein Bolschewik, weil ich nicht bei antikommunistischen Säuberungsaktionen in literarischen Vereinen mitmachen wollte, in Gang gesetzt von einem Haufen Kryptokapitalisten. Es handelt sich dabei übrigens um noch größere Stümper als die Kryptokommunisten, weil jene immerhin noch Kommunisten sind, während Kryptokapitalisten Kapitalisten ohne Kapital sind, d.h. solche Figuren wie der von mir erfundene Butler in dem zwölften Haus des Monsieur Zimbalist.

Und – nachdem sie elf Jahre bestanden hatte – wurde ausgerechnet in der Bundesrepublik Deutschland die kommunistische Partei wieder verboten. (Zwölf Jahre lang dauerte es, bis sie wieder zugelassen wurde, genauso lang wie das Verbot unter Hitler). Dabei kam wieder die faschistische Fratze des Kapitalismus zum Vorschein. Endlich war es soweit, daß der allererste Tagesordnungspunkt des freien Westens, nämlich die Freiheit, die gegen die sowjetischen Henker verteidigt werden mußte, in Gefahr war, durch eben diese Verteidigung ausgelöscht zu werden. Offensichtlich wurde in Wirklichkeit etwas anderes verteidigt: nicht so sehr die persönliche Freiheit – denn die wurde jetzt angegriffen –, sondern viel mehr der kapitalistische *free enterprise*, das freie Unternehmertum, nämlich die Freiheit, einem anderen in wirtschaftlicher Hinsicht das Genick zu brechen. Die jungen Männer aus der atlantischen Gemeinschaft mußten bewaffnet werden, um ihre Freiheit, sozialökonomisch unfrei zu sein, zu verteidigen.

Der Westen begann, sich selbst aufzufressen, die Lage wurde von Tag zu Tag grotesker. Chruschtschow schlug in der UNO mit dem Schuh auf den Tisch, Eisenhower bekam vor Schreck einen Herzanfall. Im Herzen New Yorks, mitten in Harlem, führte Chruschtschow seine unnachahmliche Balkonszene auf bei einem Besuch des gerade installierten Staatschefs Kubas, Fidel Castro, der kurz zuvor mit seinen *comandantes*, dem schwarzen Chef seines Generalstabs und anderen jungen Leuten, aus einem schicken New Yorker Hotel herausgeflogen war, weil sie Zigaretten auf den Perserteppichen ausgetreten und auf dem Parkett Hähnchen gegrillt hatten, wie sie das während der Revolution in der Sierra Maestra auch getan hatten.

Die tatsächliche politische Situation stimmte immer weniger mit dem offiziell verbreiteten Bild überein. Offiziell stand die Zeit still, sie veränderte sich jedoch. Der Wohlstand kam in Schwung. Das spiegelte sich im *nouveau roman* wider, in dem die *Dinge* plötzlich wieder aus der Abstraktion auftauchten, jedoch in einer stokkenden, sich selbst permanent wiederholenden Zeit, wie in Alain Robbe-Grillets Roman *Die Niederlage von Reichenfels* (1957) oder in Michel Butors Werk *Der Zeitplan* (1956), in der sich die Zeit auf eine wieder andere Weise in sich selbst verstrickte. Irgendwo, jenseits der Zeit, wurden die Dinge wieder sichtbar, jetzt ohne den Ekel, mit dem sie bei Sartre in *Der Ekel* in der Abstraktion verschwunden waren. (Dieses Buch wurde zwar bereits 1938 geschrieben, jedoch erst im Kalten Krieg zur Ikone – und das ist der Aspekt, der hier immer wieder zur Debatte steht.)

In den Kaufhäusern begannen sich die Dinge zu vermehren, wie die Motorroller und die Autos auf den Straßen, in denen abends Menschenscharen vor den Schaufenstern der Radiogeschäfte standen und in den ausgestellten Geräten die Fernsehprogramme verfolgten, in denen das Licht genauso kalt und emotionslos war wie die Welt des *nouveau roman*.

7. Der Kalte Krieg bekommt Risse

Und plötzlich wurde nach Wegen gesucht, der permanenten Berieselung durch die Propaganda zu entkommen, die nicht mehr den realen Verhältnissen der Gesellschaft entsprach. Plötzlich verzogen sich die Rauchschwaden des Kalten Krieges, und man sah, was man mit solcher Furcht zu verbergen suchte: den Zweiten Weltkrieg. In meiner eigenen Biographie steht dafür das Schreiben eines Romans (*Das steinerne Brautbett*) über einen amerikanischen Bomberpiloten, der elf Jahre nach dem Krieg zum Schauplatz des Verbrechens zurückkehrt: nach Dresden. Als sich dieses Buch über die Konfrontation mit dem Krieg 1956 aus dem alten Manuskript *Gnadenerlaß für die Toten* herauszuentwickeln begann, mochte niemand solche Töne hören; bei seinem Erscheinen drei Jahre darauf standen lange Warteschlangen vor den Kinos, in denen die Dokumentarfilme über das Dritte Reich gezeigt wurden, die ich zehn Jahre früher in schmucklosen Hinterzimmern gesehen hatte. Nicht nur die erste Nachkriegsgeneration erfuhr endlich, was tatsächlich geschehen war; auch für den größten Teil der Eltern, waren diese Informationen neu, die den Krieg lediglich in der zusammengeschrumpften kleinen Welt des Überlebenskampfes und ihrer täglichen Bedürfnisse erlebt hatten. Auch sie hörten eigentlich zum erstenmal, wie es in den Vernichtungslagern zugegangen und was dem polnischen und dem russischen Volk angetan worden war. Und das Wichtigste: Man sah, daß der Erzfeind des Faschismus der Kommunismus gewesen war.

Bald begann eine Hitlerbiographie nach der anderen zu erscheinen, gefolgt von einer endlosen Reihe Sachbüchern mit Dokumenten über die Nazizeit, jedes ein Bestseller. Der Kalte Krieg hatte sich selbst überlebt. Dieses Symptom wurde jedoch nicht verstanden, als Symptom negiert, oder auch ganz selten einmal sogar von der rechten Intelligenzija als solches geleugnet. Die antikommunistische Propaganda von rechts bis zur sogenannten Linken ging unverändert weiter, und man versuchte jetzt sogar, den Zweiten Weltkrieg vor seinen Karren zu spannen, indem verzweifelt vom »roten Faschismus« gesprochen wurde. Es waren fast ausnahmslos *schwarze Kommunisten*, die so sprachen: Abtrünnige, Renegaten, jetzt die Stalinisten des Kapitalismus.

Wie schon im Krieg, als die Medien von den Nazis kontrolliert wurden, wurde die Kluft zwischen Berichterstattung und Wirklichkeit langsam immer tiefer. Jetzt standen sie unter der Kontrolle der Anzeigenkunden, die sorgfältig darauf achteten, was auf der Rückseite ihrer Anzeigen zu lesen war.

Eines der Symptome des Vergiftungszustandes waren die *sick jokes*, die schwarzen Witze, die man sich in dieser Zeit erzählte:

»Fritzchen, nimm die Finger aus Omas Nase, sonst machen wir den Sarg zu.«

Oder:»Mäxchen, hör auf, dich zu drehen, sonst nagle ich dir auch noch die andere Hand fest.«

Wir waren das Fritzchen, und die Oma war der Antikommunismus. Das Mäxchen und der Nagel, um den wir uns drehten, war der Kalte Krieg.

»Mama, darf ich draußen spielen?«

»Nein, Schatz, sonst rosten deine Scharniere.«

Aber wir spielten trotzdem draußen.

Mit dem Prozeß gegen Eichmann und dessen Hinrichtung 1962 erreichte das Interesse am Zweiten Weltkrieg einen Höhepunkt. Das Urteil in Jerusalem war Symbol für eine neue Zeit, als deren Beginn man politisch die Kuba-Krise desselben Jahres sehen kann. In dieser Situation wurde klar, daß es keinen Krieg geben würde, zumindest nicht zwischen den Vereinigten Staaten und der Sowjetunion. Der Kalte Krieg, das Zeitalter der Angst, war vorüber – aber wer bekannte sich dazu öffentlich in den Niederlanden? Kaum einer. Die Frauen ließen sich von Rußland inspirieren und trugen Pelzmützen und Stiefel, im Westen jedoch ging allerorten die Hexenjagd von der Rechten bis zur sogenannten Linken wie gehabt weiter.

Diese unausgewogene Situation kam zustande, weil Chruschtschows Rückzug aus Kuba nicht als Zeichen einer veränderten Mentalität des Kreml interpretiert wurde, sondern als Erfolg der harten Linie während des Kalten Krieges. Kennedy, der es besser wußte, wurde aus diesem Grund eliminiert; und der Kalte Krieg wurde wider besseres Wissen weitergeführt; in Amerika bedeutete das den Sieg der furchtbarsten Mächte der imperialistischen Gewalt, die bald darauf in Johnson Gestalt annehmen sollten.

In meiner negativen Bibliographie spiegelt sich dieser überholte Sachverhalt in einem unvollendet gebliebenen Theaterstück: *Der Stuhl Petri*. Die Vorlage zum Thema stammte aus der »Pornokratie«, dem Papsttum des neunten Jahrhunderts. Nach der Ermordung von Papst Formosus am 4. April 896 wurde Bonifacius VI. für zwei Wochen sein Nachfolger, vom 11. bis zum 26. April; nach seiner Liquidierung wurde Stephanus VI. Stellvertreter Christi auf Erden. Er berief eine Synode ein, ließ Formosus exhumieren, kleidete die bereits zerfallende Leiche in päpstliche Gewänder, setzte sie auf den Thron und begann einen Prozeß. Das Urteil lautete auf Enthauptung und Abhacken der drei Finger an der rechten Hand, mit denen der Verurteilte zu Lebzeiten den Segen erteilt hatte. Darauf wurde der ganze Modder in den Tiber geworfen – und es endete damit, daß Stephanus VI. gelyncht wurde.

Im nachhinein kenne ich noch immer kein besseres Bild für die politische Situation der beginnenden sechziger Jahre.

Plötzlich geschah jedoch etwas Bemerkenswertes. *Ein Gott der keiner war* und ähnliche distinguierte Kriegshetzereien waren bereits seit geraumer Zeit ersetzt worden von einem unablässigen Strom Schauergeschichten in Zeitungen, Wochenblättern, Monatsheften und Frauenzeitschriften, die über die Mißstände hinter dem »Eisernen Vorhang« berichteten – diesmal nicht allein antikommunistisch, sondern oft auch in unverschämt antirussischem Ton – und von regelrechten CIA-Büchern, wie dem von Kravchenko, *Ich wählte die Freiheit*, in denen sadistische Sowjetschergen in düsteren NKWD-Kellern einen anständigen Kerl nach dem anderen abschlachteten. Was jetzt auf einmal geschah, war, daß dieses Genre reibungslos und fast unmerklich in die Bücher Flemings und deren Verfilmungen überging: mit dem Helden *James Bond;* damit wurde der Kalte Krieg plötzlich zur Unterhaltungsindustrie, nachdem er lange Zeit von anderen Industrien beköstigt worden war.

Der einzigartige und unglaubliche Erfolg von James Bond kann nur als ein tiefliegendes soziales Geschehen erklärt werden, nämlich als die Katharsis des Kalten Krieges. Das erlösende Wort war gesprochen: Es war zum Lachen. 1962, nach der Premiere von *James Bond jagt Dr. No* und mit dem kurze Zeit später folgenden Film *Liebesgrüße aus Moskau*, setzte sich das Beben dieses Ereignisses bis in die abgelegensten Regionen fort. Der Umsatz von Bonds Lieblingschampagner, Taittinger, stieg um 40%. Es gab 007-Hemden, 007-Koffer, 007-Clubs, 007-Parfums, 007-Damenstrümpfe, 007-Unterwäsche. Flemings Romane wurden millionenfach verkauft (selbst Kennedy war Bond-Fan), und auch die Filmmusik führte die Hitparaden an; ja sogar Filme, in denen Bond-Imitatoren auf die Nummern 017, 107 oder 070 hörten, füllten die Säle; schließlich gab es sogar einen weiblichen James Bond in den Kinos.

Mit James Bond, Agentencomics und sick jokes (wie auch der Modewelle der Vampirfilme) versuchten wir uns mit einem Lachen von dem permanenten Druck zu befreien – aber das einzige Fenster, das sich öffnete, gab den Blick frei auf die Vergangenheit: auf Gaskammern und Massengräber. Die Zukunft blieb völlig dunkel.

8. Das Zeitalter der Entfremdung

Damit waren wir aus dem Zeitalter der Angst ins Zeitalter der Entfremdung eingetreten.

Mit einem Mal kehrten Gegenstände und Fakten wieder in die Kunst zurück, wurden jetzt jedoch als verfremdet gesehen. Wie die James Bond-Filme den Kalten Krieg verfremdet hatten und die sick jokes vielleicht den Humor an sich, so verfremdete die Popart die Alltagsgegenstände. Die abstrakte Malerei wurde mit einem Schlag völlig uninteressant, als Roy Lichtenstein 1962 seine Werke ausstellte. Er verfremdete in diesen Gemälden die Wirklichkeit in zwei Schritten: zunächst im Verzicht auf die Darstellung von Gegenständen, ihrer Abbildungen, etwa das Gesicht einer jungen Frau aus einem Comic, und zweitens in der riesigen Vergrößerung, durch die sowohl die abgebildete Frau als auch die ursprüngliche Abbildung verfremdet wurden. Zur selben Zeit kehrte die Melodie in die Musik zurück. Nach dem ziemlich obskuren Auftakt mit den Schmalzlocken-Rockbands waren es in der populären Musik die Beatles, die mit verblüffendem Erfolg die Melodie elektronisch verfremdeten und so den melodievergessenen Jazz in die Dunkelheit zurückschickten, aus der er hervorgegangen war. Und in den Konzertsälen wurde die atonale Musik von Kompositionen abgelöst, in denen die Melodie in Form verfremdeter Stilzitate aus der Musikgeschichte zurückkehrte. Ein Pendant dazu gab es in vielfältigster Weise auch in der Literatur. Die Grammatik kehrte durch Zitate aus Zeitungen, Flugblättern, Klassikern, aus aufgefangenen Gesprächsfetzen in die Lyrik zurück. Auch auf der Bühne wurde das absurde Theater durch eine verfremdete Realität verdrängt: anstelle von Initialen oder Pseudonamen (»Hamm«) bekamen die Personen jetzt echte Namen, keine erfundenen mehr, sondern historische, wie Pius XII. Im Theater, das typisch für diese Jahre war, wurden historische und politische Fakten auf die Bühne gebracht, jedoch immer durch allerlei Kunstgriffe verfremdet und so zu einem Urteil zwingend. Peter Weiß zeigte die Französische Revolution, indem er sie unter der Regie de Sades in einem Irrenhaus aufführen ließ. Wie im Zeitalter der Angst das Wort »irgendwie« modern war, entstand jetzt die Angewohnheit, allerhand Abstracta wie Gegenstände zu behandeln: »ein Stück Verantwortlichkeit«, oder, wie ich einen Pfarrer im Radio sagen hörte: »Es lag ein Stück Schmerz in dieser Seele«. Einen noch anderen Aspekt der Entfremdung verkörperte das Werk von Luis Borges, das plötzlich zu Weltruhm gelangte; hier war der verfremdete Gegenstand die Welt des Buches, die Welt des Lesers, die Geschichte der Literatur und Philosophie. Günter Grass verfremdete den Zweiten Weltkrieg mit einem Roman über den Hund Hitlers; die darin vorkommenden Telegramme aus dem Führerhauptquartier verfremdeten den Stil Heideggers. Im Kino wurde der Film, zum Beispiel in Federico Fellinis *8 1/2,* verfremdet – übrigens ein Titel, der wiederum das Faktum »Titel« verfremdete, wie es auch mit Titeln wie *Die Verfolgung und Ermordung Jean Paul Marats, dargestellt durch die Schauspielgruppe des Hospizes zu Charenton unter Anleitung des Herrn de Sade* geschehen war. In den Vereinigten Staaten wurde das Ende des Kalten Krieges und der Angst sogar mit Büchern wie *Gott ist tot* gefeiert, mit denen die Entfremdung der Theologie eingeleitet wurde – das heißt, mit ihrer Fortsetzung, nicht mit ihrem Ende, wie ein Laie bei einem solchen Titel assoziieren könnte.

Das Wort Entfremdung ist genauso stark belastet wie das Wort Angst – dessen Tradition über Heidegger auf Kierkegaard zurückgeht. (Natürlich gibt es auch einen psychologischen Aspekt der Angst, aber das gehört in diesem Zusammenhang so wenig zum Thema wie eine Psychologie der »Entpersonalisierung«, wenn wir hier über Entfremdung sprechen.) Brecht führte in den dreißiger Jahren den theatertechnischen Terminus »Verfremdungs-Effekt« ein – zur gleichen Zeit, als Sartre in

Der Ekel zum ersten Mal die Dinge verfremdete, und damit ebensowenig Aufsehen erregte; jedoch ohne den »Ekel«, der diesem Buch bereits im Kalten Krieg zu öffentlicher Aufmerksamkeit verhalf. Brecht ging es bei der Verfremdung gerade darum, Gefühle auszuschalten, damit der Verstand weiterarbeiten kann. Im »Epischen Theater« geht es nicht um Einfühlung, sondern um Urteile, und die Verfremdung wurde durch die Montage von Songs erreicht, durch das Aufhängen von Texten, das Sichtbarmachen der Beleuchtungsinstallation, und natürlich durch einen besonderen Stil des Darstellens, bei dem der Schauspieler sich nicht in die Figur des Stücks »verwandelte«, sondern dessen Text *zitierte* wie ein Zeuge vor dem Richter.

Ich will hier zeigen, daß Brecht in den sechziger Jahren plötzlich einen Durchbruch beim großen Publikum erlebte. Außerdem war er Kommunist, und das nicht nur zum Schein (wenn er auch nie Mitglied der kommunistischen Partei wurde), und das war ein zusätzlicher Widerspruch zur NATO-Propaganda, die auch nach dem faktischen Ende des Kalten Krieges auf den Rückseiten der Wirtschaftsanzeigen gehorsam weiterfunktionierte.

Wie die Tradition der Angst bis auf Kierkegaard zurückgeht, reicht die Tradition der Entfremdung bis zu einem anders gearteten Schüler Hegels zurück: zu Marx.

In seinen *Ökonomisch-philosophischen Manuskripten* von 1844 – Marx war damals sechsundzwanzig (Nietzsches Geburtsjahr) – verwendete er den von Hegel stammenden Terminus »Entfremdung«. Die Kategorie der »Entfremdung« ergibt sich bei Marx aus einer Analyse des Verhältnisses zwischen dem Arbeiter und dem Produkt, das er herstellt. Das Ding, das durch seine Arbeit hergestellt wird, und daher die Vergegenständlichung dieser Arbeit darstellt, steht dem Arbeiter als ein fremdes Wesen gegenüber. Die Verwirklichung der Arbeit ist die Entwirklichung des Arbeiters: je größer seine Arbeit, desto stümperhafter er selbst, je wohlgestalteter sein Produkt, desto mißgestalteter er selbst, je mehr Werte er produziert, desto wertloser wird er selbst, je mächtiger die Arbeit, desto machtloser er selbst. Alles, was er herstellt, wird von ihm selbst abgezogen: Das ist seine Entfremdung. Weil er selbst nichts ist, scheinen ihm ein Kühlschrank, ein Fernsehapparat, ein Auto alles zu sein. Selbst höhere Löhne können seiner Arbeit keine menschliche Würde verleihen, denn der Lohn selbst, das Eigentum als solches, ist unmittelbare Folge der entfremdeten Arbeit. Geld ist die vollkommene Herrschaft der Entfremdung über den Menschen. Die Folge aus all dem ist die »*Entfremdung des Menschen von dem Menschen. Wenn der Mensch sich selbst gegenübersteht, so steht ihm der andere Mensch gegenüber.*«

Merkwürdigerweise wurden auch diese Manuskripte zum ersten Mal in den dreißiger Jahren veröffentlicht, also gleichzeitig mit Brechts Werken. (Während des Kalten Krieges wurden diese Texte übrigens nicht in die russische Neuauflage aufgenommen.) Hier ist jedoch kaum der Ort, zu verfolgen, worin der Zusammenhang zwischen Marxens »Entfremdung« und der »Verfremdung«, die nach 1960 überall auftauchte, besteht; hier geht es allein um die sekundäre Feststellung, daß Anfang der sechziger Jahre »der junge Marx« plötzlich in den Mittelpunkt des Interesses rückte und daß auf beiden Seiten des »Eisernen Vorhangs« der Diskurs über den Marxismus wieder in Gang kam, der unter dem Etikett Marxismus-Leninismus zum Stalinismus erstarrt war.

(Im Stalinismus war der Begriff der Wirklichkeit durch das Dekret ersetzt worden; wenn die Tatsachen nicht der amtlichen Vorhersage folgten, antwortete man auf diese Ungehorsamkeit mit der Hinrichtung des verantwortlichen Funktionärs – so Sartre in seiner *Kritik der dialektischen Vernunft* von 1960. So sah am Ende die Erfüllung von Platos Ideal aus, ein Philosoph auf dem

Thron. Weil Sartres Ziel nicht die soundsovielste »Widerlegung« des Marxismus war, sondern ein Versuch, ihn aus seinem pervertierten Zustand herauszuholen – was nur aus dem Marxismus selbst möglich war –, mußte seinem Unternehmen eine Kritik seiner eigenen existentialistischen Position vorangehen, wie wir sie in *Das Sein und das Nichts* finden; ehe er, natürlich über Hegel, den Schritt von Kierkegaard zu Marx tut, nennt er seinen Existentialismus eine »Ideologie«, einen »Schimmel am Rand des Marxismus«, der nicht nur keineswegs erschöpft sei, sondern ganz am Anfang seiner Entwicklung stehe. – Es muß übrigens gesagt werden, und das habe ich noch nie jemanden sagen hören, daß etwas Eigenartiges an der Behauptung ist, die Dialektik sei unter Stalin erstarrt. Das soll ein Paradox sein, ein innerer Widerspruch: das Gesetz der Bewegung sei zum Stillstand gekommen. Aber dieses Gesetz der Bewegung ist selbst nichts anderes als ein innerer Widerspruch, und genau darin liegt seine Kraft: Die Dialektik ist das Paradox der Bewegung und die Bewegung des Paradoxes. Es liegt im antinomischen Charakter der Dialektik, daß sie sich eines Tages selbst dialektisch aufhebt. Das wußte bereits Hegel. Bei ihm hob sich die Dialektik in der »absoluten Idee« auf, die politisch Gestalt angenommen haben sollte in dem Polizeistaat, in dem er Professor war. Zum Glück haben sich weder dieser Polizeistaat noch der Stalins als das Endergebnis erwiesen – und ob das mit Marxs Ende, der »klassenlosen Gesellschaft«, auch so sein wird, wird die Zukunft zeigen, vielleicht die Entwicklung Chinas –, aber das ficht nicht die Tatsache an, daß die Idee eines *Endes* das paradoxe Herz des paradoxen Gesetzes der Bewegung bildet. Ohne das wäre die Dialektik nicht die Dialektik, denn die Dialektik ist auch *nicht* die Dialektik.)

Aber wie sich die Entfremdung des Christentums nicht durch das Zweite Vatikanischen Konzil, sondern in der Gott-ist-tot-Theologie manifestiert, so muß das Wiederaufleben des Marxismus nicht mit seiner Entfremdung verwechselt werden. Auf die Frage, wo sich diese denn manifestiere, gibt es zwei Antworten: laut Moskau in Peking und laut Peking in Moskau. Ich persönlich rate jedem, auf Havanna zu setzen.

Während in den Buchläden die Kierkegaard-Literatur aus dem Zeitalter der Angst durch Monographien über Marx und Neuauflagen seiner Werke abgelöst wurde, war eine typische Entfremdung aus dem Beginn der sechziger Jahre noch die der Kreativität als solche: Das Happening – der Ausbruch einer ganzen Generation, die das Märchen von der Angst, mit dem man sie erzogen hatte, erleichtert von sich abwarf.

Diese Entfremdung in der gesamten Kultur hatte zur Folge, daß die Regierungen und Medien den Kalten Krieg kaum vermindert in Gang hielten, der ja während der kubanischen Raketenkrise angeblich so fruchtbar gewesen war. Wenn es also richtig ist, »Verfremdung« und »Entfremdung« gleichzusetzen, und wenn es weiter richtig ist, wie Marx den kulturellen »Überbau« als solchen bereits als Entfremdung anzusehen, dann wurde jetzt die Entfremdung entfremdet – dann fand die Entfremdung dialektisch zu sich selbst zurück und *zeigte* sich in paradoxer Weise als das, was sie immer gewesen war: entfremdet. Das würde jedoch einerseits bedeuten, daß der Anfang der sechziger Jahre die Art von Gesellschaft, in der wir seit 1789 leben, grundlegend gezeigt hat, andererseits, daß das dialektische Ende dieser Gesellschaft in Sicht kam.

Drittes Kapitel

Entwurf der deutschen Gegengeschichte:
9 – 1933

1. Ein Labyrinth in Berlin,
Anno 1931

In dieser doppelt entfremdeten Welt um 1962 – als unzählige Schriftsteller anfingen, über Schriftsteller zu schreiben – nahm ich meinen doppelt entfremdeten Plan wieder auf, *Die Zukunft von gestern* zu schreiben: einen Roman, in dem Deutschland den Krieg gewonnen hätte, und in dem eine Romanfigur ebenfalls eine Geschichte *Die Zukunft von gestern* schreiben würde, in dem Deutschland den Krieg verloren haben würde.

Sowohl *Das steinerne Brautbett* wie auch mein Buch über den Eichmann-Prozeß (*Strafsache 40/61*) sind bis zu einem gewissem Grad aus dem alten Manuskript *Gnadenerlaß für die Toten* hervorgegangen. Was dann noch von diesem Komplex übriggeblieben war, sollte in *Die Zukunft von gestern* seinen Platz finden – aber es war, als ob ich mich jetzt, nach dem Tod des Minotaurus Eichmann, nun selbst in diesem Labyrinth verirrt hätte und den Ausgang nicht mehr finden könnte.

Ich sage Labyrinth, weil es ein Labyrinth ist (wer dies liest, hat bereits die ersten Schritte hineingesetzt), aber auch, weil Labyrinthe für mich unzertrennlich mit Deutschland verbunden sind – genauer: mit dem Berlin von 1931. Hitler war damals noch nicht an der Macht, Hindenburg war Reichspräsident, aber ich besuchte bereits die Reichshauptstadt mit Frieda, unserer Haushälterin. Ihr Bruder wohnte dort; ich glaube, meine Eltern wollten wieder einmal ungestört miteinander verreisen; ich war vier Jahre alt. Außer einer Erinnerung, ohne die ich ein anderer geworden wäre, als ich bin, und auf die ich im weiteren Verlauf noch zu sprechen komme, ist mir von diesen Berliner Tagen nichts im Gedächtnis geblieben als dem Labyrinth im Tiergarten. Obwohl, eigentlich ist auch das schon zuviel gesagt. Das einzige, woran ich mich wirklich erinnere, ist das vage Bild eines *Schupos*, eines Polizisten, auf der Treppe in einem Hauseingang; sonst habe ich nur die Fotos. Ich stehe auf der Freitreppe von Sans Souci, dem Sommerschloß Friedrichs des Großen, vor einem gewaltigen schmiedeeisernen Gitter; von einer Steintreppe schaue ich zu den Schwänen auf einem imposanten Teich; aber das alles weckt keine Erinnerung in mir – außer dem einen Foto im Labyrinth. Hinter mir ist ein Teil davon zu sehen: im Labyrinth drei Frauen, die gehetzt unter winterlichen Bäumen den Weg suchen, voneinander getrennt, die eine von Kopf bis Fuß in Schwarz, die zweite mit einem weißen Hut, die dritte kaum erkennbar. Im Vordergrund, neben einem weggeworfenen Fetzen Papier, stehe ich: bleich, kränklich, bedrückt, in einem komischen Anzug. Dort, in diesem Labyrinth wurde ich von etwas getroffen, das ich zwar spüren, aber auch heute noch nicht ausdrücken kann – oder nur so, indem ich das Labyrinth aufzeichne, das ich jetzt endlich aufzeichne.

2. Der Rhein als mythische Gegebenheit

Statt in *Die Zukunft von gestern* das Labyrinth aufzuzeichnen, drohte ich darin umzukommen; aber mit meinem unverwüstlichen Instinkt baute ich mir Flügel und flog davon: nehmen wir einmal an nach Kuba, nach Paris – ins Jahr 1968. Als ich mich über das Labyrinth erhob, hatte ich plötzlich mit einem Augenaufschlag den Grundriß erkannt und damit den Grund, weshalb ich mich verirrt hatte, und die Ursache, weshalb mein Buch ungeschrieben blieb. Als ich jedoch von den Orten zurückkehrte, zu denen ich geflogen war, stellte sich heraus, daß ich mich zwar *aus* dem Labyrinth, aber nicht *von* dem Labyrinth befreit hatte – und ich ging nach

Deutschland, um das Vorgestern des Gestern zu suchen,
dessen Zukunft ich hatte beschreiben wollen.

Bei Oberhausen fing der Nebel an. Es war Winter. Die
Tannenbäume standen voller Rauhreif im Nebel. Da und
dort malte ein einzelner Sonnenstrahl einen Fleck in
den weißesten Wahnsinn einer Welt im Negativ. Nach
einer Weile tauchten rauchende Schornsteine auf, die
Raffinerien, die Hochöfen, und die Landschaft wurde
grauer; die Autobahnen füllten sich mit Kanonenkugeln
auf Rädern, manchmal vorne ein Chauffeur mit Mütze,
auf der Rückbank ein duftender Herr, der mit überein-
andergeschlagenen Beinen in seinen Akten las und hin
und wieder den Blick auf die Fabriken rechts und links
der Straße wandte, in denen Arbeiter mit den Armen bis
zu den Achselhöhlen in Eisen und Stahl standen. Auf
der Erde Bodennebel, am Himmel der Dreck der Menschen. In der Nähe, hinter den Fabriken: der Rhein.
Der Nebel ist in der Atmosphäre das meteorologische
Pendant zur Legende, die unhistorische Vergangenheit.
Daher ist der Nebel deutsch und deshalb war der Rhein
– wenigstens bis zum 30. April 1945 – für Deutsche
nicht einfach ein Fluß in seinem natürlichen Bett, wie
für die Schweizer, sondern eine Legende. In den Niederlanden mit dem klaren, merkantilen Wetter unter einem
stets grauen Himmel, der nicht blendet, dem Licht, das
wie in einem Maleratelier diffus von irgendwoher
kommt – in den Niederlanden ist der von Menschen ge-
schaffene Boden ohne jedes Geheimnis sichtbar –, dort
ist der Rhein ein Teil des *Wasserhaushalts*, ein Ge-
brauchsgegenstand, eine Wasserstraße, auf der man
Frachtgut verschiffen kann, um es andernorts teurer zu
verkaufen, als man es selbst eingekauft hat; dazu wird
er eingedeicht, und deshalb baut man an seiner Mün-
dung den größten Hafen der Welt. Hier ist er Terrain
von Kaufleuten und Ingenieuren, nicht von Sängern. Bei
uns wohnt die Legende abstrakt hoch oben, hinter Re-
genwolken, und einen legendären Strom entdeckt man

nicht im Raum sondern höchstens in der Zeit, im deutschen Blut, das verborgen von Wilhelm von Oranien zu Königin Juliana strömt.

Aber in Deutschland hängen die Wolken bis auf die Erde, und dort wurde der gottgegebene *Boden* zur Legende, der Rhein, *ein deutscher Fluß*, gleichzeitig konkret und abstrakt, eine Aorta, durch die mythisch-nationale Lebenskraft floß. Wagner ließ sogar einen Aufzug einer seiner Opern *im* Rhein spielen, unter Wasser, wodurch der Fluß so etwas wie ein Bildnis der Nationalseele wurde. Von Schaffhausen bis Lobith ist er all das, was der Jordan für die Juden bedeutet und der Ganges für die Hindus. Geistig tauchten sie in das Heilige Wasser ein, das dulden, leiden und zwischen den Hügeln mit den Ruinen der Raubritterburgen sogar manchmal schreien konnte; bei Clemens von Brentano sang die Lorelei dem einfachen Schiffer das Hemd vom Leib, und selbst die besten Sänger sangen weiter, wie Hölderlin und Heine:

Ich weiß nicht, was soll es bedeuten...

aber nicht länger als bis zu diesem 30. April 1945, als Hitler tief unter dem blutgetränkten Boden Berlins endlich wußte, was es zu bedeuten hatte – und Gift nahm.

Von da an begann die Verschmutzung der Legende durch die Abfallstoffe der Industrie, durch die thermische Zerstörung aus Frankreich; tote Fische trieben den Rhein hinab. Hitler hatte den Krieg verloren. Der Rhein war auch in Deutschland endlich dabei, zu einer natürlichen Erscheinung zu werden – und wieviel Gift er heute auch enthalten mag, so giftig wie damals, als er noch kristallklar war, kann er nie wieder werden.

3. Von *Arminius* bis *Bismarck*

Dem nationalsozialistischen Entwurf einer ahistorischen Zukunft, dem Tausendjährigen Reich, ging die Blaupause einer ahistorischen Vergangenheit voraus und machte jenen erst möglich. Diese Legende wiederum war entstanden als Reaktion auf die Geschichte, auf die Veränderung, natürlich in ihrer reinsten Form: der Revolution. Zuerst als Reaktion auf die Revolution von 1789, dann auf die von 1830, dann auf die von 1848, dann auf die von 1871, dann auf die von 1917: fünf unheilvolle Stadien, die unausweichlich zu Vernichtung und Selbstvernichtung führten, zum Mord an der Zeit selbst: zum Tausendjährigen Reich.

In der deutschen Literaturgeschichte nennt man die feudal-nationalistische Reaktion auf die Französische Revolution Romantik. Selbstverständlich erschöpft sich die Romantik nicht in ihrer politischen Bedeutung – aber das ist der Aspekt, unter dem ich sie jetzt betrachten möchte. Sie darf auch nicht mit der französischen oder der englischen Romantik verwechselt werden, die von einem völlig anderen Kaliber sind; Männer wie Shelley und Byron hatten eine progressive Einstellung, die bei keinem ihrer deutschen Kollegen zu finden ist.

Die deutsche Romantik setzte mit den Fragmenten und Gedichten von Novalis (*Hymnen an die Nacht*) und mit den Aufsätzen Friedrich Schlegels ein. Bereits kurz danach wandte sie sich voll und ganz dem katholischen Mittelalter und noch früheren Zeiten zu; die Gebrüder Grimm begannen, deutsche Märchen und Legenden zu sammeln, andere Autoren versuchten, das *Nibelungenlied* zu einem Pendant der *Ilias* hochzustilisieren. Der viel ältere Goethe, ein Internationalist, der noch von der Aufklärung geprägt war, lebte damals noch – er starb erst 1832 und überlebte fast alle Romantiker, die, einer nach dem anderen, an Schwindsucht dahinsiechten, Selbstmord begingen oder einfach umfielen. Aber Goethes Beliebtheit sank rasch auf einen Tiefpunkt (und das sollte bis zum Ende des Jahrhunderts so bleiben), wie später auch die Nazis nichts von diesem Weltbürger wissen wollten; sie hielten sich lieber an die nationalistischen Züge Schillers.

Um ohne die Revolution auskommen zu können, wurde der Stammbaum des deutschen Geisteslebens von nun an nicht mehr über die Renaissance zur klassischen Antike zurückgeführt, sondern über das Mittelalter zum Barbarentum. Als Napoleon wenig später die Revolution über die Grenzen der absolutistischen deutschen Fürstentümer trug, wenn auch in der Form seines kaiserlichen Imperialismus, rettete er dadurch die gesamte progressive, nicht-romantische deutsche Intelligenzija vor dem Galgen – wenn sie auch, wie Heine in *Die romantische Schule* schrieb, zu republikanisch war, ihm dafür zu huldigen. Aber der Klassizist Goethe war sich zu Recht nicht zu schade, Napoleon in seinem Hauptquartier aufzusuchen. Der viel rückständigere Kleist dagegen schrieb im gleichen Jahr *Die Hermannschlacht*: ein Drama, das eine Parallele zwischen der französischen Besatzung und der römischen Niederlage im Teutoburger Wald zieht – und so hat der Stammbaum der ahistorischen Vergangenheit seine Wurzeln gefunden.

»Hermann« ist die sprachwissenschaftlich kaum zu rechtfertigende Verdeutschung von »Arminius«. Als Anführer einer germanischen Legion in römischen Diensten war er römischer Bürger geworden, und Augustus selbst hatte ihn in den Adelsstand erhoben. In dieser Funktion war er der Vertraute des römischen Statthalters in Germanien, Quintilius Varus. Dieser hatte sich bereits früher in Palästina Verdienste erworben, als er einen Aufstand gegen die römische Herrschaft niedergeschlagen hatte, der nach dem Tod des Herodes ausgebrochen war. Durch den von Arminius sorgfältig vorbereiteten Verrat – er hatte einige germanische Stämme vereinen können – ging Varus mit seinen Legionen im

September des Jahres 9 in die Falle und beging Selbstmord. Seine Offiziere versuchten, den Leichnam zu verbrennen, ehe sie selbst umgebracht wurden, und begruben ihn schließlich; Arminius ließ den Leichnam jedoch wieder ausgraben, schlug ihm den Kopf ab und schickte diesen dem böhmischen König Marbod als Einladung, sich der germanischen Vereinigung anzuschließen.

Die Bezeichnungen der vernichteten Legionen (XVII, XVIII, XIX) wurden nie wieder verwendet, und Sueton berichtet, der Kaiser in Rom sei derart entsetzt gewesen, daß er monatelang Bart und Haare nicht schneiden ließ, immer wieder mit dem Kopf gegen den Türpfosten schlug und dabei ausrief: »Varus, Varus, gib mir meine Legionen wieder!« *»Liberator haud dubie Germaniae«* nennt ihn Tacitus, »ohne Zweifel der Befreier Germaniens«. Noch Jahre später fanden römische Kommandos im Wald Skelette gefallener Römer; ihre Schädel waren an Baumstämme genagelt. Im Wald standen auch noch germanische Altäre, auf denen die Offiziere geschlachtet und geopfert worden waren.

Der erste Deutsche nannte, nicht ganz zu Unrecht, ein gewisser Kutzleb seinen Roman über Arminius, alias Hermann, der im zweiten Jahr von Hitlers Herrschaft das Licht der Welt erblickte. Dieser allererste Versuch, die germanischen Stämme durch einen gemeinsamen Krieg zu vereinigen, erdacht von einem einzigen Mann, wurde von jetzt an als der Beginn des Deutschtums betrachtet.

Seit das neunzehnte Jahrhundert diesen legendären Barbarenfürsten an den Anfang der ahistorischen deutschen Vergangenheit gestellt hatte, waren die geistigen Orientierungspunkte nicht mehr Akropolis und Forum Romanum, sondern die nebligen Sümpfe Deutschlands. Nach Metternichs post-napoleonischer Restauration zog sich das nationalistische Denken immer mehr um dieses schlammige Zentrum zusammen; dieser Trend wurde noch verschärft durch die Repression im Anschluß an die Revolten von 1830. Dann war es schließlich soweit gekommen, daß die Handvoll internationalistischer Demokraten, die sich nicht der immer kleinbürgerlicher und gefährlicher werdenden Romantik anschließen wollten, wie Büchner, ständig auf der Flucht vor der Polizei sein mußten, oder, wie Heine, nach dem Verbot ihrer Bücher in die Emigration getrieben wurden.

Diese Entwicklung wurde jedoch erst durch die Reaktion auf die hoffnungsvollen Revolutionstage von 1848 fatal. Bismarck ging daraus als starker Mann hervor, der kompetent und mit unverzeihlicher staatsmännischer Begabung alle Versuche vereitelte, die deutschen Staaten in einer parlamentarisch-demokratischen Weise zu vereinen, und zwar mehr oder weniger von unten und in Freiheit. Er hatte nur ein Ziel: ein vereintes Deutschland unter preußischer Hegemonie – und das war nur von oben nach unten, unfrei und gewalttätig möglich: durch Krieg. Methode Arminius – nur mit dem Unterschied, daß Arminius immerhin gegen eine Fremdherrschaft Widerstand geleistet hatte, während Bismarck Angriffskriege forcieren mußte. Nach einem heldenhaften Krieg gemeinsam mit Österreich gegen Dänemark, mußte er Österreich wieder loswerden; denn was ihm vorschwebte war ein vereinigtes *Kleindeutschland*, d.h. ohne Österreich – denn das war damals zu mächtig, als daß es sich in das preußische Konzept gefügt hätte. Also griff er mit den anderen norddeutschen Staaten Österreich an. Die süddeutschen Staaten, die auf der Seite Österreichs kämpften und verloren, mußten im weiteren Verlauf wieder die Gelegenheit erhalten, auf das Boot aufzuspringen; Anlaß dazu bot der provozierte Krieg mit Frankreich.

Kurzum, die Sache war schnell erledigt, und am 18. Januar 1871 fand in Versailles die *Reichsgründung* statt, bei der der König von Preußen zum *Deutschen Kaiser* (und nicht zum »Kaiser von Deutschland«) ausgerufen wurde.

Das ist der Brennpunkt der konterrevolutionären deutschen Vergangenheit. Alles, was davorliegt, ist Vorspiel, alles was darauf folgt, Nachspiel – einschließlich des Tausendjährigen Reichs. Nicht nur wegen dieser Vereinigung, sondern auch wegen des symbolischen Umstands, daß kurz darauf im eingekesselten Paris die Commune ausgerufen wurde, die Keimzelle des Sozialismus. Bismarck lieferte Thiers Kriegsgefangene, um die Commune zu zerschmettern; Deutschland gründete so seine Welt der Zukunft auf einem Mordanschlag:

> O Stadt der Schmerzen, Stadt, schon fast dem Tod erkoren,
> Das Haupt, die Brüst beid' der Zukunft stolz geweiht,
> Die, Bleiche, dir sich auftut mit Milliarden Toren,
> O Stadt, des Segens wert dunkler Vergangenheit, ...

schrieb Rimbaud in *Pariser Orgie oder Die Pariser kehren zurück*. Daß die historische Commune der Zukunft mit unzähligen Toren offenstand, dessen war sich in diesem Augenblick nur ein einziger Deutscher bewußt: Karl Marx – im Londoner Exil.

Alle möglichen deutschen Karrieren, von Karl May bis Wilhelm Busch eignen sich dazu, die schicksalhafte Entwicklung von 1848 bis 1871 zu illustrieren. Zum Beispiel auch die von Ernst von Bandel, der völlig zu Recht ganz und gar vergessen ist. 1800 geboren, erzählte ihm sein Vater während der napoleonischen Besetzung, offenbar unter dem Einfluß Kleists, in grauer Vorzeit sei bereits schon einmal eine solche nationale Schande vorgekommen, jedoch habe sich ein Befreier erhoben – worauf der Junge beschloß, Arminius ein Denkmal zu errichten. Solche Entschlüsse wurden im letzten Jahrhundert öfter gefaßt: man denke an Schliemann, der sich als Knabe vornahm, das legendäre Troja auszugraben, und es als Erwachsener auch in die Tat umsetzte. Die Geschichte des Hermannsdenkmals spiegelt detailliert die politische Entwicklung.

Weil der genaue Ort der Feldschlacht im Teutoburger Wald unbekannt war und heute noch ist, suchte Bandel selbst eine schöne Stelle aus: den Gipfel des Teutberges bei Detmold. 1838 begann er mit den Vorbereitungen, drei Jahre später wurde unter überwältigendem Interesse der Grundstein gelegt. (Im gleichen Jahr entstand auch das *Deutschlandlied* und *Die Wacht am Rhein*.) 1846 war der 28 Meter hohe Sockel fertig; das Wiederaufleben der Geschichte um 1848 unterbrach jedoch Bandels ahistorisches Werk für sechzehn Jahre; es kam kein Taler mehr herein, und er mußte seinen Lebensunterhalt mit allerhand Hilfsarbeiten bestreiten. 1862 begannen die Zeiten wieder zu versteinern; Bismarck wurde preußischer Ministerpräsident; Gymnasiasten organisierten Spendenaktionen; man konnte damit beginnen, das gigantische Denkmal aus Kupfer zu schmieden; und aus diesem grauenhaften Provinzialismus heraus, der nach der Erfindung von *Kleindeutschland* in Versailles begann, stellte der Reichstag alle nötigen Mittel zur Verfügung. Kaiser und Kronprinz und Zigtausende waren bei der Enthüllung 1875 zugegen und huldigten dem inzwischen erblindeten Bandel.

Wenn ich heute zu dem Denkmal komme, sehe ich keine Menschenseele mehr. Im eisigen Ostwind steht das nächtliche Monstrum mit geflügeltem Helm, 54 Meter hoch vom Boden bis zur Spitze des erhobenen Schwertes – das furchterregende Symbol der Reaktion, die Kristallisation des konterrevolutionären Denkens, die konservative Gewalt von oben, die absolut verächtliche Ausspielung einer nationalen »Freiheit« zur Aufrechterhaltung sozialer Ungerechtigkeit. Es gehört bereits zum Tausendjährigen Reich. Unter diesen gigantischen Steinen konnten sich die Kakerlaken und Schaben einnisten, deren Kinder 1933 an die Macht kamen.

DEUTSCHE EINIGKEIT MEINE STÄRCKE
MEINE STÄRCKE DEUTSCHLANDS MACHT

steht in vergoldeten Lettern auf dem Schild, auf das sich der Barbar stützt. Und inzwischen hört man aus den bewaldeten Hügeln auf der anderen Seite des Tals, auf das Hermann seinen entschlossenen Blick gerichtet hat, ununterbrochen das Dröhnen und Rattern von Geschützen und Maschinengewehren. Starfighter jagen immer wieder, mit ihren Bordkanonen knatternd, über die Hügelkämme. Das sind die Bundeswehrsoldaten, die gleich in der »Rommel-Kaserne« in Detmold Eisbein essen werden. Rommel war der General, der für Eichmann den Weg nach Palästina durch Nordafrika freiräumen sollte.

4. Barbarossa

Hinter Kassel werden die Straßen immer ruhiger. Die Straßen scheinen hier zu enden, und niemand kann genau sagen, welche Strecke man fahren muß. In den eingeschneiten Dörfern vermitteln manche Leute den Eindruck, daß sie damit nichts zu tun haben wollen, und gehen schnell weiter. Auch Verkehrsschilder geben keine Auskunft, die Nacht bricht herein, das Straßenpflaster wird schlechter – und plötzlich zeigt ein Schild, daß man noch immer richtig fährt:
US-PERSONNEL
HALT!
Rote Lampen. Schlagbäume. Soldaten mit Maschinenpistolen. Wieder Schlagbäume. Ein großes Schild mit der Aufforderung, nach der Rückkehr jedes unangenehme Vorkommnis, das einem dort drüben widerfahren ist, zu melden. Erneut Schlagbäume. Man wird schnell durchgewunken. Aber nach einigen hundert Metern Dunkelheit sitze ich fest in einer neuen Umgebung aus Schlagbäumen, Scheinwerfern, Absperrungen, Schlaglöchern, Stacheldraht, Mauern, Wachtürmen, Volkspolizei, Schäferhunden; und wenn ich an die Früchte von fünfundsiebzig Jahren deutscher Einheit zurückdenke, erfüllt mich der Anblick von all dem Beton und Stacheldraht mit Freude und Erleichterung. Deutschland hat den

Krieg verloren; auf Hitlers Grab in Berlin steht die Mauer: sein Denkmal. Aber diese eine Grenze hat *nach* der deutschen Einheit einen ganz anderen Charakter als die zahllosen Grenzen davor. Es ist keine Grenze zwischen zwei gleichgearteten Ländern, sondern eine Grenze zwischen zwei ungleichen Welten. Die Bundesrepublik ist in gewisser Weise eine Fortsetzung der Weimarer Republik, die nach dem Ersten Weltkrieg und der Flucht des Kaisers zustande kam: d.h. sie steht für die bürgerlich-kapitalistische Französische Revolution, durch die zu Beginn des neunzehnten Jahrhunderts als Reaktion die deutsche Misere ihren Lauf nahm (wie der Nationalsozialismus Nachfolger der Weimarer Republik wurde). Aber die D.D.R. ist, wie verkrüppelt auch immer, eine Fortsetzung der proletarisch-sozialistischen Commune von Paris, auf deren Trümmern die deutsche Misere ihren ersten Höhepunkt erlebt hatte. Der Unterschied zwischen West- und Ostdeutschland ist der Unterschied zwischen dem jungen Hegel und dem alten Marx.

Natürlich ist meine Freude schnell verflogen, als ich nur noch grüne Hintern in Uniform aus meinem Auto ragen sehe. Es werden beschlagnahmt: eine nicht mehr ganz druckfrische niederländische Abendzeitung, ein zerknittertes, im Auto vergessenes Flugblatt der Marxisten-Leninisten aus der Universität von Amsterdam, ein Stapel Faltblätter vom Kuba-Solidaritätskomitee. Auf der Rückreise wird mich die westdeutsche Polizei ebenfalls freundlich nach Propagandamaterial fragen, aber sie werden nicht danach suchen. Formulare. Stempel. Zollerklärungen. Geld. Westdeutsches. Ostdeutsches. *Zwei Seelen, ach ...* Mit der Hotelreservierung ist etwas nicht in Ordnung. Ich muß mein linkes Ohr freimachen – bestimmt, um zu kontrollieren, ob sich nicht etwa Richard Wagner darin verbirgt. Ob ich kurz das Handschuhfach öffnen könnte. Was ist das dort? Und das? Hier bitte, eine Unterschrift. Und hier. Und hier. Und hier. Was habe ich in der DDR vor? Bad Frankenhausen? Mitten im Winter? Bei dem Wetter? Ich muß mich dort gleich nach der Ankunft umgehend bei der Polizei melden. Alles trieft, ist schlammig, dunkel, verlassen, furchterregend. Polizisten in Regencapes mit russischen Fellmützen. Aber ich komme jedesmal ein Stückchen voran, durch weitere Schlagbäume, die sich heben, von unsichtbarer Hand bedient. (Bei meiner Rückreise werden sie mit einem Spiegel auf Rädern die Unterseite meines Autos inspizieren und mit einem Stahldraht im Benzintank stochern.) Obwohl ich der einzige Reisende an diesem Grenzposten bin, dauert es anderthalb Stunden, bis ich endlich mein Visum habe.

(In umgekehrter Richtung funktioniert das nicht immer so gut, denn als meine tschechische Nichte vor einigen Jahren ein Reisevisum für ein paar Ferienwochen in den Niederlanden bekam, verschleppte die Amsterdamer Fremdenpolizei ihre Aufenthaltsgenehmigung genau solange, bis das Visum abgelaufen war.)

Nach einer letzten Paßkontrolle habe ich es geschafft; die Schlagbäume heben sich, ich gebe Gas – und muß hundert Meter weiter schon wieder vor Schlagbäumen anhalten. Links und rechts der Straße stehen bemannte Jeeps mit laufendem Motor. Aus einem Häuschen kommt ein Volkspolizist. Den Paß. Ob ich den weißen Streifen nicht gesehen habe? Weißen Streifen? *»Steigen Sie mal aus.«* Er zeigt mir drei Meter hinter meinem Auto einen undeutlichen weißen Strich, im nassen Schnee kaum erkennbar. Was ich mir denn eigentlich denke? Warum der Streifen wohl dorthin gemalt ist? Nur so zum Spaß? Vielleicht, um darüber wegzufahren? *»Sofort einsteigen«* und zurücksetzen. Und zehn Mark Strafe.

Bebend vor Wut fahre ich auf die gottverlassene Autobahn Richtung Erfurt, an Eisenach vorbei, wo in der Nacht die Wartburg steht, und gespenstisch höre ich Fetzen aus Hoffmanns *Sängerkrieg* durch die Nebelschwaden dringen; Wagners *Tannhäuser*, der Geist von Hanns Sachs springt mir auf die Kühlerhaube, und Luther wirft dem Teufel das Tintenfaß an den Kopf. Das

Ergebnis kann man immer noch besichtigen: die halbe Mauer des Zimmerchens ist weggesprengt. Der Teufel muß aus Antimaterie gewesen sein.

Wie *Siegfried* als Name für die militärische Linie an der französischen Grenze diente, war *Fall Barbarossa* das Codewort für Hitlers Angriff auf die Sowjetunion.

Barbarossa bildet das mittelalterliche Bindeglied im Stammbaum von Nacht und Nebel: *Hermann –> Barbarossa –> Bismarck –> Hitler.* Friedrich I., der Hohenstauffenkaiser aus dem zwölften Jahrhundert, führte den dritten Kreuzzug an, ertrank jedoch auf halbem Wege – nein, er ertrank nicht, gewiß nicht, ganz bestimmt nicht: Er verschwand unter mysteriösen Umständen, zog sich in den Kyffhäuser zurück, auf dem seine Burg stand. Dort schlummert er noch immer, umgeben von seinen schlafenden, bis an die Zähne bewaffneten Soldaten und ihren ebenfalls schlafenden, aber noch immer gesattelten Pferden. Sein roter Bart ist neunmal um den Tisch gewachsen, und in jedem Jahrhundert schickt er einen Boten aus, um nachzusehen, ob die Raben der deutschen Uneinigkeit noch immer umherfliegen. Wenn sie verschwunden sind, wird er in der Nacht zu Christi Himmelfahrt aus dem Berg kommen und aufs Neue das Kaiserreich errichten.

Und um all dem noch die Krone aufzusetzen, entdeckten Bergleute bei Bad Frankenhausen 1865 in der Weihnachtswoche, als der deutsche Nationalismus fast seinen Höhepunkt erreicht hatte, eine riesige Höhle im Kyffhäuser.

Nicht weit davon entfernt bleibe ich am nächsten Tag bei Rottleben im Schnee stecken, ich komme weder vor noch zurück und wate zum Haus des Verwalters der Höhle. Der alte Mann ist bereit, sie mir kurz zu zeigen, wenn ich schon von so weit her gekommen bin. Sein Schlüssel knirscht im Eisentürschloß der Bergwand. Ein halbrunder, gemauerter Gang führt in die Tiefe und verschwindet nach einhundertfünfzig Metern hinter einer leichten Kurve. Kleine Lampen in regelmäßigem Abstand erzeugen die Illusion von Unendlichkeit, genauso als stünde man zwischen zwei Spiegeln, nur kann ich mich nicht selbst sehen. Drinnen ist es wärmer als draußen. Während ich durch den engen Gang in die Erde hineingehe, erfüllt mich allmählich eine atemlose Nostalgie, ein Heimweh, deren Ursprung genauso unsichtbar bleibt wie das Ende des Ganges; und doch weiß ich, was es ist, ich entziffere es aus dem *Bild*, das ich erlebe und von dem ich einen Teil ausmache: Es ist die Erinnerung an meine erste Reise, als ich meinen Vater durch einen langen Gang verließ und in meine Mutter hineinschwamm – es muß Ende Oktober 1926 gewesen sein. Hinter der Kurve endet der Gang in einem schwarzen Loch; mein Führer zündet das Licht an, und mit dem nächsten Schritt stehe ich in der warmen, feuchten, unbewegten Stille der Höhle.

Ohne sich dessen bewußt zu sein, daß ich bereits mit einer viel grundsätzlicheren Mythologie beschäftigt bin, führt mich der alte Herr durch den »Empfangssaal« des Kaisers, durch den »Tanzsaal« zum »Dom«, und was es sonst noch zu sehen gibt; aber als geübter Bürger des Arbeiter- und Bauernstaates vergißt er nicht, darauf hinzuweisen, daß die ganze Barbarossakirmes vor allem von Baron von Rücksleben in Gang gesetzt worden war, »der die Höhle sein Eigentum nannte«, um damit mehr Geld herauszuschlagen. Von den grauen Gewölben hängt der Stein in dicken, meterlangen Spiralen, und Blasen und Fetzen, die sich in kleinen grünen Seen spiegeln, unbewegt wie Glas. Kristalle glitzern, Stein spitz wie Nadeln, glänzend wie Speck, alabasterne Augen, Gipsschlangen an den Wänden, 24.000 Quadratmeter voller Geheimnisse, jedoch kein Kaiser. Und nachdem wir eine halbe Stunde gegangen sind, in Grotten hinein, aus Grotten heraus, sagt der Führer: »*Passen Sie auf!*« – und knipst das Licht aus.

Wie festgenagelt stehe ich in der Nacht der Erde, tief in dieser blauen Kugel, wie wir sie vom Mond aus auf Fotos sehen; mir sausen die Ohren, mein Herz rast vergeblich. Ich werde draußen geboren in einem vergessenen Schneesturm, in kalter Luft und dem unvergeßlichen Licht dieses Augenblicks. Natürlich hätte ich es damit gut sein lassen, bei einem Glas Weißwein Harry Heine lesen sollen:

> »Herr Rotbart« – rief ich laut-, »du bist
> Ein altes Fabelwesen,
> Geh, leg dich schlafen, wir werden uns
> Auch ohne dich erlösen.
> (...)
> Das beste wäre, du bliebest zu Haus,
> Hier in dem alten Kyffhäuser –
> Bedenk ich die Sache ganz genau,
> So brauchen wir gar keinen Kaiser...«

Aber ich ließ es damit nicht gut sein.

Nachdem mir der alte Herr aus dem Schnee geholfen hatte, fuhr ich den Berg hinauf, zur Burgruine Hohenstauffen, besungen von den Romantikern, von Rückert und Geibel, und später von der SS vollständig ausgegraben. Die Trümmer bleiben durch die ungeheuren, stiebenden Schneemassen unerreichbar. Aber dort steht – nein, es ist *zum Kotzen*, langsam hängt es mir wirklich zum Hals heraus – auf dem Terrain der alten Burg steht in dem schneidenden Schneesturm, der über den Harz fegt, das Denkmal für Bismarcks Kaiser Wilhelm I. Ich kann kaum den Blick nach oben richten. Ein abscheuliches Bauwerk aus rotem Stein, mitten im wirbelnden Unwetter und beinahe unsichtbar, ein Turm, aus dem der Kaiser hoch zu Roß geritten kommt; er wird flankiert von einem Krieger und einer Frau mit einem *Lorbeerkranz*, die die Geschichte symbolisieren soll. Aber es ist die Gegengeschichte, die Nacht, der Abend bricht herein, ich bin hoch über der Landschaft, und hier ist es einsamer als im Inneren der Erde; Schnee liegt wie Gletschereis auf den gewaltigen Treppen, vom Sturm hin- und hergeweht suche ich Schutz unter den bombastischen Bogen über der Terrasse mit der imperialisti-

90

schen Aussicht. *Der Gott, der Eisen wachsen ließ.* In einem tiefen Brunnen am Fuß des Turmes, in den der Schnee hineinwirbelt, hat man die Felsblöcke unversehrt gelassen, und dort sieht man ihn, Barbarossa, aus dem Stein gehauen, wie er sich in den Bart greift, im Augenblick des Erwachens. Hier kamen sie zusammen, Lieder schmetternd und Fahnen schwingend, die Mitglieder des *Kyffhäuserbundes* (der in West-Deutschland noch existiert, wie auch die *Loge der Hermannssöhne*) – langsam werde ich dort oben krank, bekomme ich Fieber: nicht vom Wetter, sondern vom Tod, dem Tod.

5. *Richard Wagner als Drehpunkt der deutschen Geschichte*

Zwischen 1871 und 1914 wurde die Arminiuslegende fünfundfünfzigmal allein für das Theater bearbeitet. Die Revolutionstage nach dem Ersten Weltkrieg zeigten eine rückläufige Tendenz; nachdem die nationalsozialistische Reaktion auf den Bolschewismus gefolgt war, schnellten die Kurse der germanischen Aktien wieder in die Höhe. Aber der Nebel wurde dichter, die Sicht immer schlechter, die Konturen flossen ineinander über: Hermann begann mit Siegfried zu verschmelzen, nahm selbst Züge von Jesus an. Das kam durch den Einfluß eines Mannes, der, hat man ihn erst einmal ins Auge gefaßt, sich als die herausragendste Figur dieser Periode erweist, die als solche für die ganze deutsche Misere in den Zeiten davor und danach signifikant ist: Richard Wagner.

1813 geboren, im Jahr von Napoleons endgültiger Niederlage, ganz bestimmt während eines Gewitters: des gleichen Gewitters, das beim Tod Beethovens wüten wird. Jedenfalls betrachtete er sein Werk als eine Fortsetzung von Beethoven; er arbeitete dort weiter, wo Beethoven aufgehört hatte: bei der Neunten, mit ihrer symphonischen Liaison von Musik und Wort. Damit wird in der Kunst zum erstenmal der Entwicklungsgedanke eingeführt, der gleichzeitig bei Darwin eine evolutionäre und bei Marx eine revolutionäre Entsprechung findet – und genau darin liegt erst einmal Wagners Modernität.

Auch das Theater mußte sich entwickeln. In seiner autobiographischen *Mitteilung an meine Freunde* (zu denen ich mich bis zu einem Punkt, den ich noch genau bezeichnen werde, auch zähle) schreibt er:

> So war ich von meinem künstlerischen Standpunkte aus, namentlich auch auf dem bezeichneten Wege des Sinnens über die Umgestaltung des Theaters, bis dahin gelangt, dass ich die Notwendigkeit der hereinbrechenden Revolution von 1848 vollkommen zu erkennen imstande war.

Er trifft Bakunin, der nach der Pariser Februar-Revolution zu Beginn der politischen Unruhen als reisender Revolutionär nach Dresden kommt, und dieser »Dr. Schwartz« beeindruckt ihn in außerordentlichem Maße. Er nimmt gemeinsam mit ihm am bewaffneten Aufruhr teil, der in schweren Straßenkämpfen von preußischen Truppen niedergeschlagen wird. Bakunin wird gefangen genommen, Wagner kann in die Schweiz entkommen – der Anfang eines dreizehnjährigen Exils.

Wie sah seine Revolution aus? In einem Zeitungsartikel, den er in jenen Tagen veröffentlichte, *Die Revolution*, hört man einen anderen Ton als den von Bakunin oder Marx:

> Ja, wir erkennen es, die alte Welt, sie geht in Trümmer, eine neue wird aus ihr entstehen, denn die erhabene Göttin REVOLUTION, sie kommt dahergebraust auf den Flügeln der Stürme, das hehre Haupt von Blitzen umstrahlt, das Schwert in der Rechten, die Fackel in der Linken, das Auge so finster, so strafend, so kalt, und doch, welche Glut der reinsten Liebe, welche Fülle des Glückes strahlt dem daraus entgegen, der es wagt, mit festem Blicke hineinzuschauen in dies dunkle Auge.

Man kann es nicht leugnen: Seine Revolution zeigt eine unangenehme Ähnlichkeit mit Bandels Hermann auf der Spitze des Teutberges – und hier zeigt sich sofort die Nebligkeit seiner stilistischen Position, die ihn zum Leitfossil der deutschen Misere machen wird. Seine Göttin verleugnet nicht ihre theatralische Herkunft, und aus dem fehlenden Beifall, aus dem Scheitern der Revolution, zieht er für sich die Konsequenz: Er streicht sie aus seinem Repertoire. Eine Schrift aus den darauffolgenden Jahren, *Das Kunstwerk der Zukunft*, war noch voller Bewunderung Feuerbach gewidmet, dem materialistisch-optimistischen Denker, der auch Marx geprägt hat, weil er ihn aus Hegels Idealismus befreit hatte. Einige Jahre später ist jedoch die Widmung aus den Neuauflagen verschwunden; ein neuer Stern ist an seinem philosophischen Firmament aufgegangen: Schopenhauer.

Dieser düstere Geist wurde Generationen von enttäuschten Revolutionären und anderen Mutlosen bis weit ins zwanzigste Jahrhundert Trost und Zuversicht. Sogar mein eigener Vater, der morgens beim Rasieren die große Arie aus *Lohengrin* zu singen pflegte, las jeden Abend im Bett *Die Welt als Wille und Vorstellung* – das hatte bei ihm denselben politischen Bankrott zur Folge und ließ ihn schließlich im Katholizismus enden. Bei Wagner ging das so weit, daß er verliebte Telegramme an seine Geliebte, Liszts Tochter, die damals noch mit einem seiner Freunde verheiratet war, mit *Will* unterschrieb, und Cosima ihm als *Vorstel* antwortete.

Langsam und unwiderruflich wird Wagner von der Nacht und dem Nebel verschlungen, die um ihn herum politisch Form annehmen. Das revolutionär-internationalistische Konzept sozialer Klassen verschwindet aus seinem Denken und macht dem konservativ-nationalistischen »Volk« Platz. Er berichtet, daß er sich lange Zeit in seinem Werk nicht für Geschichte oder Mythos entscheiden konnte – dazu muß man noch wissen, von welchem Begriff von »Geschichte« er bei diesem Entscheidungsproblem ausging: vom halb-legendären Barbarossa, der für die Funktion des mittelalterlichen Bindeglieds der ahistorischen Geschichte vorgesehen war, die mit Hermann ihren Anfang nahm. Wagners Entwurf für ein Barbarossa-Drama blieb lediglich Skizze. Er wählte den Mythos: die Edda, die Thidrekssaga, das Nibelungenlied, Siegfried – die ahistorische Welt von »*der wahre Mensch überhaupt*«, wie er es ausdrückte, d.h. des romantischen Kleinbürgers, betrachtet durch ein metaphysisches Mikroskop: seine Bestätigung (und nicht die Demaskierung, wie bei E.T.A. Hoffmann).

Wagner durfte zwar nach Deutschland zurückkehren, wo er in den Dienst eines der Fürsten trat, die er einst zu Fall hatte bringen wollen. Und die Geschichte endet dort, wo sie anfing: bei der Erneuerung des Theaters – nun will er nicht mehr die bestehende Ordnung umstürzen, sondern sie kopieren. Im *Gründungsjahr 1871* kam er zum ersten Mal nach Bayreuth und schrieb Elogen *An das deutsche Heer vor Paris*, komponierte einen *Kaisermarsch*, pfuschte einen unsäglich niederträchtigen Einakter voller Hohn auf die verhungernde und sich zu Tode kämpfende proletarische Bevölkerung der Pariser Commune zusammen und erhielt von Bismarck eine Audienz.

Mit Wagner wurde zum ersten Mal in der Geschichte ein Komponist Repräsentant einer ganzen Epoche. Die Situation war offenbar für die Klarheit der Sprache zu neblig, zu deutsch, zu musikalisch geworden. Aber er war ja auch Dichter, er wollte alle Künste in einem *Gesamtkunstwerk* vereinen – politisch gesehen ist das natürlich nichts anderes als eine Reproduktion der Einigung der deutschen Staaten unter der gewalttätigen Führung eines einzigen Mannes. Nicht nur Wagners Biographie steht für die Biographie Deutschlands, auch sein Werk ist Deutschland.

Man muß jedoch unmittelbar hinzufügen, daß Wagner intelligent genug war, diese Situation zu durchschauen. In seinen Notizen für einen Artikel mit dem geplanten

Titel *Das Künstlertum der Zukunft* schreibt er, die Vereinigung der Künste in seiner Zeit könne allein durch einen Einzelnen bewerkstelligt werden, weil es die Zeit des einsamen Genies sei; in der Zukunft sollte jedoch diese Vereinigung *»wirklich kommunistisch durch die Genossenschaft«* zustande kommen, denn das Genie käme dann nicht mehr als ein Vereinzeltes vor, sondern *»das Genie wird ein Gemeinsames sein«.*

Wagners Opern bestehen zum einen aus dem Text, zum anderen aus der Musik. Beide repräsentieren Deutschland, jedoch in völlig entgegengesetzter Weise.

Der Text, die mythische Quasi-Geschichte, die Wollust des Todes, die Gralsmystik, die Kolossalität, die Elite der Nacht, die nationale Legende, das »Volk«, all diese Erbstücke der Romantik proklamierte Wagner als die Welt der Zukunft – und mit dem Nationalsozialismus wurde sie es ja in der Tat.

Von Bismarck weiß man, daß er meinte, Wagner sei *»ein verdrehter Kerl«*; als Person war *der eiserne Kanzler* noch nicht in die Fänge der Nacht geraten, die von der Romantik in die Welt geworfen war. Mittelalter, Mythos und Symbole hatten für ihn keine Bedeutung; als es darum ging, welche Fahne das frischgebackene Kaiserreich haben sollte, schwarz-weiß-rot oder schwarz-rot-gold, sagte er: *»Meinethalben Grün und Gelb und Tanzvergnügen«.* Die Nacht, der Novalis seine Hymnen gewidmet hatte (nicht als »Faschist«, sondern als großer Dichter), erschien schließlich personifiziert in Hitler. Woran sich Arminius mit den germanischen Stämmen als Freiheitskämpfer versucht hatte, was Bismarck als Staatsmann mit den kleindeutschen Staaten gelungen war, versuchte Hitler – als Reaktion auf die bolschewistische Revolution von 1917 – mit Europa, ja, mit der ganzen Welt: die gewaltsam herbeigeführte Einigung von oben nach unten. Mit der Einverleibung des nach dem Ersten Weltkrieg amputierten Österreich wurde »Großdeutschland« eine Realität, die anderen europäischen Länder wurden ebenfalls im Gleichmarsch unterworfen, und am Ende ging er zu der nächtlichen Vernichtung des eigentlichen Feindes über, des »jüdischen Kommunismus«, d.h. zum Krieg gegen die Sowjetunion und zum Massenmord an den europäischen Juden.

Der Antisemitismus stand schon bei den Romantikern in Blüte, und Wagner (der aller Wahrscheinlichkeit nach selbst Halbjude war) hatte im letzten Satz seines Buches *Das Judentum in der Musik* bereits seine jüdischen Leser angeschnauzt:

Bedenkt, daß nur Eines Eure Erlösung von dem auf Euch lastenden Fluche sein kann: die Erlösung Ahasvers – der Untergang!

Erlösung und *Endlösung* waren hier bereits zusammengefallen.

Hitler war gern gesehener Gast in Haus Wahnfried in Bayreuth, wo sich Cosima bis 1930 mit einer üblen Clique von Reaktionären und Antisemiten umgab, von Gobineau und Houston Stewart Chamberlain bis zu Rosenberg. Ein einziger Hausfreund hatte sich bereits früher verabschiedet, Nietzsche:

Schon im Sommer 1876, mitten in der Zeit der ersten Festspiele, nahm ich bei mir von Wagner Abschied. Ich vertrage nichts Zweideutiges; seitdem Wagner in Deutschland war, kondeszendierte er Schritt für Schritt zu allem, was ich verachte – selbst zum Antisemitismus.

Mit ihm verlor Wagner seinen besten Freund – eine andere Art von Freund als Bakunin, der sich nur so lange für Menschen interessierte, wie sie für die Revolution nützlich waren. Niemand verstand Wagner besser als Nietzsche, dessen publizistische Aktivitäten 1872 mit der bewundernden und bewundernswerten Schrift *Die Geburt der Tragödie aus dem Geiste der Musik* eingesetzt hatten – und es war Nietzsche, der als erster durchschaute, daß Wagner das Riff, auf dem er Schiffbruch erlitten hatte, im nachhinein als Ziel seiner Reise ausgegeben hatte. Es ist auch dieses allzugroße Verständnis für die Dekadenz, durch das Nietzsche sich dafür zu eignen schien, von den Nazis usurpiert und mißverstanden zu werden; diese Facette offenbarte sich in seinem eigenen Leben als die Geisteskrankheit, der er schließlich zum Opfer fiel, wie bereits früher bei einer anderen verbindenden Figur zwischen Revolution und Romantik: Hölderlin.

Alles an Wagner war Zukunft. Wie seine Texte zu Hitler führten, so führte seine *Musik* zu Schönberg: zu einem Juden, der anfangs Wagner-Epigone war, jedoch bereits nach kurzer Zeit die Konsequenzen aus Wagners Chromatik und dessen Angriff auf die Tonalität zog und so Begründer der internationalen modernen Musik wurde.

Als Schönberg bereits 1933 vom Wagneranhänger Hitler von der Preußischen Akademie der Künste in Berlin als Hochschullehrer für Komposition entlassen wurde, zeigte sich darin die dramatische Doppeldeutigkeit von Wagners Werk, von der Nietzsche gesprochen hatte.

Hier liegt auch die Ursache, weshalb man sich immer wieder mit Wagner auseinandersetzen muß. Sein literarisches Interesse galt der Suche nach obskuren Sagen und Legenden, die deutsche Volksmusik hat er jedoch nie beachtet; musikalisch stand er in der europäisch-internationalen Tradition, die ohne Wagners Werk nicht mehr denkbar ist. Baudelaires Schock des Erkennens nach dem ersten Hören von Wagners Musik weist in eine andere Richtung als die des Faschismus; um von Thomas Mann ganz zu schweigen, der während des Nationalsozialismus für das historische Deutschland stand, für das Deutschland Goethes, und der sich sein Leben lang mit Wagner beschäftigte.

Vielleicht kann man es rechtfertigen, die Historizität

von Wagners Musik in der Rückschau als eine Wider-
spiegelung der positiven Seite der deutschen Einheit zu
betrachten, die Bismarck bereits schnell zu spüren bekam: mit dem möglichen Entstehen einer deutschen
Arbeiterbewegung. Nicht, daß diese große Veränderung
gebracht hätte. Im Ersten Weltkrieg marschierten auch
die deutschen Sozialdemokraten in den nationalistischen Krieg; nach dem Krieg kam es nicht zur Revolution, wodurch der anti-historischen Unterwelt der Weg
geebnet wurde, der zum Zweiten Weltkrieg führte. Und
dieser sorgte dann wieder für die Auflösung der deutschen Einheit – womit Bismarcks Werk zunichte gemacht wurde. Die parlamentarische Demokratie der
Bundesrepublik wurde der Bevölkerung jedoch auch
diesmal wieder mit Gewalt von oben aufoktroyiert,
durch ausländische Besatzer; das gleiche gilt für das
sozialistische Regime in der DDR.

6. Das Festspielhaus

Das Festspielhaus in Bayreuth jedoch hat das alles
überlebt und steht immer noch. Das ist nicht richtig. Wo
so viele Wohnungen zerstört wurden, wäre es nichts
anderes als moralisch und historisch korrekt gewesen,
das Schauspielhaus mit einem gut gezielten *blockbuster*
vom Hügel zu sprengen. Anders als die griechischen
Theater, die in Tälern liegen, steht Wagners Monstrum
auf dem Gipfel eines Hügels. Vor hundert Jahren, 1871,
hatte der Meister den Ort persönlich angewiesen: mit
einem manikürten und parfümierten Zeigefinger, modelliert in zarter, weißer Haut, die nur Seide vertragen
konnte – der Seide, aus der auch seine Unterwäsche
genäht war und mit der er Wände und Decken in Haus
Wahnfried hatte ausschlagen lassen.

An ein eigenes Theater hatte er schon gut dreißig Jahre
früher gedacht, 1850 in der Schweiz, dem erzwungenen

Exil nach seiner Teilnahme an der mißlungenen Revolution in Dresden vom Jahr zuvor. Und die Idee ergab sich aus einem künstlerischen Konzept aus den Tagen seiner revolutionären Begeisterung 1848, niedergelegt im *Entwurf zu einem Drama*. Der Wandel dieses Themas entwickelte sich parallel zur Versteinerung seiner Theateridee zum Verrat an seinen sozialen Überzeugungen und kongruent zu dem entstehenden konservativ-nationalistischen Bismarck-Deutschland.

Einmal in Zürich an der Arbeit, gab er seiner neuen Oper den vorläufigen Titel »Siegfrieds Tod«. Dieser Siegfried war als ein Revolutionär konzipiert, blieb es jedoch nicht lange: Im gleichen Maß wie sein Schöpfer die Lektionen Feuerbachs und Bakunins vergaß und sich für die trübsinnige Lehre Schopenhauers begeisterte, veränderte sich Siegfried in eine dem Tod geweihte, den Tod suchende, an Christus erinnernde Figur. Bald war von so etwas wie einem Drama keine Rede mehr; und weil auf der Bühne Aktion erwartet wurde und Wagner einfach nicht mehr weiter wußte, bemühte er sogar die Chemie: einzig der Trank der Vergessenheit konnte Siegfried noch zu Taten veranlassen – sonderbaren Taten, die mit menschlichem Handeln nichts mehr gemein hatten. Vom volkstümlichen Helden war am Ende genausowenig ein Held übrig, wie nie von einem Volk die Rede gewesen war. Daß es sich bei der Idee von einem »Volk« nur um einen reaktionären Versuch handelt, die Existenz sozialer Klassen zu verschleiern, wußte gerade Wagner mit seiner ideologischen Vergangenheit sehr genau; außerdem ist dieser Begriff par excellence unhistorisch und daher dramatisch nicht zu gebrauchen. Daher ist auch das »Volk« in seiner neuen Oper nicht zu finden – was stimmt, denn es existiert nicht. Die gesamte Handlung spielt ausschließlich zwischen höheren Wesen und Göttern. Diese Mischung hatte er von den Griechen abgekupfert und in die germanische Mythologie eingebracht. Daneben kommen nur noch allerhand Dämonen und Riesen vor, die sich übrigens zeitweise in Drachen verwandeln, und wer mit deren Blut bespritzt wird, versteht plötzlich die Sprache der Vögel, zumindest, wenn er gleichzeitig einen bestimmten Ring trägt, den nur erhält, wer ein garantiert unbesiegbares Schwert aus einem Baum zieht, das ... und so weiter und so fort. Aber Menschen mit bestimmten Interessen fehlen, deren Interessen wiederum den Interessen anderer Menschen entgegenstehen – wie solche Menschen auch für die Nazibonzen nicht existierten, die diese asoziale Idee von einem »Volk« in die politische Wirklichkeit umsetzen wollten. Das Volk hatte letztlich nur eine Aufgabe – zu sterben. In Berlin kämpfte es sich zu Tode, damit tief in der Erde, im Bunker der Reichskanzlei, groteske Heiratszeremonien vollzogen werden konnten: Die *Götterdämmerung* ist der Hochzeitsmarsch für Adolf und Eva.

Unter dem Titel *Götterdämmerung* wurde »Siegfrieds Tod« schließlich vollendet. Der Stoff war inzwischen jedoch auf drei weitere, ihm vorhergehende Opern angewachsen, die in dieser Reihenfolge die Namen *Das Rheingold, Die Walküre* und *Siegfried* bekamen. Die gesamte Tetralogie wurde *Der Ring des Nibelungen* genannt. Aus diesem gigantischen Projekt, geboren aus dem unverfälschten Geist des neunzehnten Jahrhunderts, erwuchs Wagners Plan für ein eigenes Theater. Der Mysterienzyklus mußte dem »Repertoiretheater« entzogen werden, er sollte ein großes Fest werden, an vier aufeinanderfolgenden Abenden in einem eigens dafür entworfenen Gebäude. Anfänglich dachte Wagner dabei an einen provisorischen Holzschuppen, der nach der Aufführung wieder abgebaut werden konnte und zu dem das Volk kostenlosen Eintritt haben sollte. Einige Jahre später lag dann der Plan für ein pompöses Theater in München auf dem Tisch, der nur deshalb nicht ausgeführt wurde, weil die Berater des labilen Bayernkönigs Ludwig II. es schafften, den Komponisten auszuschalten. Im nachhinein berührte ihn dieser Mißerfolg wenig, da in München noch so viel mehr Kultur geboten wurde, und er ja den Wunsch hatte, daß sein Publikum ausschließlich wegen des *Rings* kommen und sich dabei mit nichts anderem zerstreuen können sollte. Also machte er sich auf die Suche nach einer geeigneten Provinzstadt ohne Zerstreuungen und fand sie in Bayreuth.

Das Geld wurde durch öffentliche Einzeichnungen zusammengebracht. Der Khedive, der nur noch auf der Deckelinnenseite von ägyptischen Zigarettendosen überlebt hat, sandte 10.000 Thaler, und selbst der arme, brave Hans von Bülow, der bereits seine Frau an Wagner hatte abtreten müssen (wozu man ihm im nachhinein nur gratulieren kann, denn es war die schreckliche Cosima, die Tochter Liszts) schickte 40.000 Thaler, die er bei seinem Einsatz Abend um Abend zusammendirigiert hatte. Reiche Damen versteigerten Gemälde aus ihrem Besitz, der Wagner-Verein in Mannheim sammelte 51.000 Thaler, Sultan Abdul Asis spendete 9.000 Thaler – und so bot das einfache Volk Wagner nach und nach die Gelegenheit, am 22. Mai 1872, seinem neunundfünfzigsten Geburtstag, den Grundstein mit den Worten zu legen: »*Sei gesegnet, mein Stein, stehe lang und halte fest*«. Und fünf Jahre später erhob sich dort der Tempel, wie er heute immer noch steht: düster, riesig, kahl – der frischgekürte Kaiser, gerade zurück von der Einweihung von Bandels Monument, betrat die Fürstenloge, und nach Beethovens Neunter Symphonie setzte der *Ring des Nibelungen* ein mit der Ouvertüre des Vorspiels: *Das Rheingold*.

Ein halbes Jahrhundert später betritt ein anderer Fürst die Loge: Adolf Hitler. Inzwischen ist vieles klarer geworden, und er wird aus der Loge nicht mehr vertrieben werden können, jedenfalls nicht ohne die größte Anstrengung der halben Welt.

Nach Wagners Tod war es Cosima, die aus den Festspielen die letzten sozialen Anklänge eliminierte; ihr Sohn Siegfried war ein Schlappschwanz, der keine Veränderungen vorzunehmen wagte; und nach dessen Tod 1930 nahm seine Witwe Winifred die Zügel in die Hand

und machte im Galopp Hitlers Hoftheater daraus.
Manchmal machte sich der Führer Gedanken darüber,
ob nach ihrem Tod denn alles in guten Händen bleiben
würde; aber am 10. Juni 1942 notierte Henry Picker in
Tischgespräche im Führerhauptquartier, Hitler habe
eine leidenschaftliche Unterredung mit Winifreds Sohn
Wolfgang gehabt; danach habe er gesagt, Wolfgang sei
außergewöhnlich geeignet, das musikalische Erbe seines
Großvaters zu verwalten, wie es sein Bruder Wieland
für den technischen Part mit Erfolg leisten könne.

Der Führer konnte beruhigt sein. Nach der Wieder-
eröffnung des Festspielhauses 1951 regierte Wieland bis
zu seinem Tod 1966, danach übernahm Wolfgang die
Leitung und hat sie noch bis heute inne.

7. Faschistisches Kabuki in Bayreuth

Im August 1971 kam ich in Gesellschaft einiger Freunde
zu den Festspielen. Ich fühlte mich wie ein Ethnologe,
der ins Inland von Neuguinea gereist ist, um die letzten
Überreste kannibalischer Rituale zu studieren. Die
Hotels in Bayreuth sind im allgemeinen bereits ein
halbes Jahr im voraus ausgebucht, aber wir fanden zum
Glück ein paar Kilometer vor der Stadt ein Quartier in
einem kleinen ländlichen Hotel, in einem stillen Tal,
dem Friedrichstal, wo wir von Holztellern ein üppiges
Fleischgericht aßen, das als *Friedrichstaler Geheimnis*
angekündigt war. Menschenfleisch also.

Wir fingen auf der Terrasse in der Sonne an, uns auf
die kommenden Strapazen vorzubereiten. Wir hatten
eine kleine Bibliothek mitgenommen. Natürlich die
gesammelten Werke Richard Wagners, ohne die Partitu-
ren vierzehn dicke Bände, Nietzsches *Richard Wagner
in Bayreuth, Der Fall Wagner* und *Nietzsche contra Wagner*, die zahllosen Studien Thomas Manns, Adornos
*Versuch über Wagner, Mein Kampf, Alice im Wunder-
land* und auch einige andere Werke wie Robert Doning-
tons *Richard Wagners »Ring des Nibelungen«* und seine

Symbole. Ja, die Psychologen, darunter vor allem die Anhänger C.G. Jungs, mit ihrem kollektiven Unbewußten, stürzen sich natürlich darauf wie Ostfrontkämpfer auf eine Kanne heißen Kakao. Wenn die Hauptperson ein Ring ist, gibt es natürlich kein Ende, man muß nur hindurchkriechen und schon ist man in einem psychologischen Schlaraffenland: die gebratenen Bedeutungen fliegen einem ganz von selbst in den Mund. Das muß vor allem Engländer ansprechen, denn sie haben erst unlängst einen Schriftsteller wie Tolkien hervorgebracht, den Autor der Trilogie *Der Herr der Ringe* – auch ein Walpurgissack voller Mythen und Dämonen, dessen Leser man als eine Art geheimer Sekte ansehen kann.

Sonne und Stille auf unserer Terrasse. Dort saßen wir, die *kommunistische Genossenschaft*, die Wagner vorhergesagt hatte – Autoren eines gemeinsamen Gesamtkunstwerks: der Oper *Rekonstruktion*, die zwei Jahre vorher beim Holland Festival uraufgeführt worden war. Einige studierten die Partitur des *Rheingold*, andere arbeiteten den Text durch, ich hatte dieses Stadium übersprungen und bereits mit der Lektüre der Interpretation begonnen. Ab und zu leises Kichern. Einmal verschluckte sich einer. Hinter den Hügeln ratterte hin und wieder ein Maschinengewehr. Einer warf sein Textbuch über die Balustrade in den Bach, lehnte sich zurück und schloß die Augen. Als ich fragte, ob mir jemand erklären könne, wer Mime sei, kam es zu einem unbegreiflichen Streitgespräch zwischen denen, die alles gelesen hatten. Der eine meinte, Mime sei die Schwester Alberichs, der andere hielt ihn für den Onkel Frohs, ein dritter für die Nichte Fasolts, d.h. für die Tante von Donner. War das der Grund für Wotans Zweifel nach Erdas Warnung? Und Floßhilde? Wollten die Riesen Freia etwa nicht zurückgeben, denn Wotan wollte doch den Bau von Walhalla nicht bezahlen? Und war Alberich wirklich so edel? War er vielleicht edler als Loge? Oder war Fafner am edelsten?

Weia! Waga!
Woge, du Welle!
Walle zur Wiege!
Wagalaweia!
Wallala weiala weia!

Wir mußten uns beeilen, denn um vier Uhr begann die Vorstellung. Weil *Das Rheingold* nur das »Vorspiel« war, würde die Vorstellung heute abend nur drei Stunden dauern. In schwarzem Anzug und Krawatte traten wir um halb vier aus dem Hotel in die heiße Augustsonne und bedauerten, unseren ursprünglichen Plan nicht in die Tat umgesetzt zu haben. Weil die erste Szene von *Das Rheingold* unter Wasser spielt, wollten wir eigentlich in Badehose, mit Schnorchel, Taucherbrille und Schwimmflossen im Festspielhaus erscheinen. Aber die Angst vor einem Genickschuß hielt uns zurück.

Aus allen Ecken der Stadt glitten die Mercedes- und Rolls-Royce-Limousinen mit Festspielbesuchern den Hügel hinauf. Das Bayreuther »Volk« stand auf den Gehsteigen und betrachtete das Heranströmen der großen Welt – nichtsahnend, daß all das einmal für es bestimmt gewesen war – in einem Zelt und umsonst. Die Damen waren ausstaffiert, wie es heutzutage in den Niederlanden nicht einmal mehr auf den Festen der korporierten Studenten üblich ist (obwohl man in diesen Kreisen doch sein eigener Großvater und seine eigene Großmutter ist). Die Herren natürlich in Smoking, häufig mit schicken weißen Jacketts. Weil die Festspiele dieses Jahr im Zeichen der Jugend standen, war das geschätzte durchschnittliche Alter höchstens fünfundfünfzig. In den Gesichtern der Herren glänzten die Schmisse, links und rechts humpelten Wagnerianer auf Krücken oder wurden in Wägelchen geschoben, weil sie sich in Weltgegenden blicken ließen, in denen sie nichts zu suchen hatten; die Gesamtzahl der Beine war bei weitem nicht das Doppelte von der Anzahl der Anwesenden; viele hatten auch Hände und Augen in Rußland und Frankreich zurücklassen müssen. Aber was übriggeblieben war, hatte sich jetzt hier versammelt. Ich hatte das alles erwartet und sogar erhofft, aber als ich nun dazwischen stand, schauderte ich ein wenig.

Pünktlich viertel vor vier traten Trompeter auf den Balkon über dem Haupteingang, wo sich noch die Fußabdrücke des Kaisers und des Führers befanden, und bliesen das Siegfried-Leitmotiv in den heißen Himmel über Bayreuth. Ich muß zugeben, daß mein Herz schneller zu schlagen begann. Das wiederholte sich zehn Minuten später, aber da waren wir schon im Theater, von allen Seiten hochmütig gemustert und mit Blicken getötet, niedergeschossen, aufgehängt, vergast, weil wir unsere Krawatten abgenommen hatten. Die Inneneinrichtung war häßlich und überproportional groß. Wagner hatte in dem Gebäude zum erstenmal auf das traditionelle Logensystem verzichtet; alle Sitzplätze waren gleich und stiegen, wie im Amphitheater, von der Bühne her an – letzte Überreste sozialer Ideen. Das enorme Orchester, neben dem sich das Orchester des Concertgebouw in Amsterdam wie eine ulkige Jam session ausnahm, blieb unsichtbar. Im Saal hing dieselbe liturgische Atmosphäre, die in den Niederlanden die *Matthäus Passion* in einen solchen Verruf gebracht hat. Diese Liturgie kam auch dadurch zum Ausdruck, daß auf die Sekunde genau um vier Uhr das Licht im Saal langsam erlosch – genau wie ein Stierkampf nie mit Verspätung beginnt. Die achtzehnhundert Zuschauer wurden so still wie bei einer Totenfeier – mit dem Unterschied, daß es hier die Totschläger waren, die verstummten.

Ich hätte gern gewußt, ob das Theater auch ausgereicht hätte, die Menschen zu fassen, die von den Anwesenden umgebracht worden waren.

Aus dem mystischen Abgrund stieg der betäubende, gedämpfte Klang des Orchesters auf – und es war wieder die Seide von Wagners Unterwäsche, sehr berauschend, unbeschreiblich schön – und die Behauptung trifft zu, Wagners Musik habe noch nicht wirklich gehört, wer sie nicht in Bayreuth gehört hat. Die Akustik paßte ausgezeichnet dazu: verzögert, glatt, ein wenig ungenau. Ganz langsam öffnete sich der Vorhang – bei der Eröffnung auch eine Neuheit; damals zog man noch überall Vorhänge hoch, die erst die Beine zeigten, dann den Rumpf und erst am Ende den Kopf. Und auf der Bühne saß, wenn ich mich nicht irre, Woglinde und sang unter Wasser:

> *Weia! Waga!*
> *Woge, du Welle!*
> *Walle zur Wiege!*
> *Walaweia!*
> *Wallala weiala weia!*

Ich wußte es nicht genau, denn es war kaum etwas zu sehen. Obwohl sich beim Verneigen am Schluß zeigte, daß Beleuchtungsapparatur im Gebäude vorhanden war, hatte sich Wolfgang offenbar für die Vorstellung auf zwei Stehlampen links und rechts in den Kulissen beschränkt. In dieser *Dämmerung*, die die Handlung so geheim bleiben ließ, wie es zahllose andere *Reichssachen* im Dritten Reich waren, irrten diese verrückten Gestalten auf einem enormen Suppenteller umher, der natürlich aus der Ära Wielands stammte. Ich hatte mich auf einen Wotan mit langem Bart und einem Eisenhelm mit zwei großen Hörnern rechts und links gefreut, aber davon war nichts zu sehen. Wotan war modern, glatt rasiert und hatte nach hinten gekämmtes Haar wie bemalte Pappe, genau wie die Zuschauer.

An den nächsten drei Abenden schwitzten wir von vier bis zehn im Festspielhaus, mit jeweils zweimal einer Stunde Pause, die erste noch im hellen Sonnenschein. Auf der Bühne hellte es keinen Moment lang auf, die mythischen Dämpfe und die Urdämmerung umschlossen uns immer mehr. Manchmal ließen wir uns zu Wutausbrüchen, zum Weglaufen und zum Schwänzen ganzer

Akte hinreißen; dann wurden wir mit einem Mal doch wieder von der Musik verführt oder selbst von der ganzen verwerflichen Atmosphäre dieses faschistischen Kabuki-Theaters.

In ihrer Gesamtheit ist die Struktur der Tetralogie äußerst brüchig. Im Hintergrund steht offenkundig die *Orestie* von Aeschylos – aber das auszusprechen, diesen Namen nur zu nennen, ist in diesem barbarischen Kontext völlig absurd. Im besten Fall ist das Ganze ein Rorschachtest, der nichts bedeutet: ein Tintenklecks auf einem Stück Papier, das zusammengefaltet und danach wieder aufgeklappt wird. Wer einen Juden darin erkennt, wird Hauptsturmführer, wer einen Kommunisten darin sieht, wird Sturmbannführer, wer nur einen Tintenklecks wahrnimmt, wird erschossen. Im schlimmsten Fall ist es ein Polyp, der Wagner aus der Kloake seiner widerwärtigen Persönlichkeit erbrochen und sich dann im Stein auf dem Hügel von Bayreuth festgesaugt hat, angebetet von den grauenerregendsten Gruppen unserer Gesellschaft.

Wenn Deutschland den Krieg gewonnen hätte, wäre es dort genauso gewesen, wie es jetzt ist – nur ohne mich und noch ein paar andere Menschen.

Viertes Kapitel

Entwurf der nationalsozialistischen Gegenzukunft: 1945 – 1967

1. Prophezeiungen
sagen die Gegenwart voraus

Hätte ich am 6. Mai 1945 angefangen, *Die Zukunft von gestern* zu schreiben, wäre es ein Zukunftsroman geworden, aber bereits am nächsten Tag nicht mehr, als in Reims die *unconditional surrender* unterzeichnet wurde. *1984* dagegen ist ein Zukunftsroman, und das wird er auch 1985 noch sein, denn das Buch wurde bereits 1948 zu dem, was es ist, und das wird sich nicht ändern. Wenn Wells in *The Shape of Things to Come* 1933 die These aufstellt, der folgende Krieg werde 1940 wegen einer polnischen Frage ausbrechen, dann ist das eine Vorhersage, die am 1. September 1939 zwar zu einer *unrichtigen* wird, jedoch für alle Zeiten eine Vorhersage bleibt (und darüberhinaus eine ziemlich überraschende). Aber nun behauptet 1962 jemand, Deutschland habe den Zweiten Weltkrieg gewonnen. Vor dem Hintergrund der historischen Tatsache, daß Deutschland 1945 den Zweiten Weltkrieg verloren hat, ist das, logisch betrachtet, eine Unwahrheit, und – wenn derjenige weiß, daß es eine Unwahrheit ist – psychologisch betrachtet, eine Lüge. Dem wäre nichts mehr hinzuzufügen, wenn sich ein Zukunftsroman tatsächlich mit der Zukunft beschäftigen würde. Aber wie kann man sich mit etwas beschäftigen, das es per definitionem (noch) nicht gibt? Das ist dann nicht einmal »etwas«, sondern nichts, und wer über nichts spricht, kann nicht einmal der Unwahrheit oder der Lüge bezichtigt werden: Was er sagt, geht völlig daneben. Trotzdem beziehen sich Romane wie *1984* offensichtlich auf irgendetwas; weil das jedoch weder die Zukunft sein kann noch die Vergangenheit ist, kann es sich lediglich um die Gegenwart handeln, in der sie entstehen.

Darin unterscheidet sich Orwells Buch nicht von anderen Romanen, die seit 1948 im Kalten Krieg geschrieben wurden. Es unterscheidet sich dadurch, daß es sein Heute in Begriffen von Morgen beschreibt. Ein Zukunftsroman spricht nicht über die Zukunft seiner Gegenwart, denn das ist unmöglich, sondern er erörtert seine Gegenwart als Zukunft. Das Phantom einer Zukunft wird wie eine Maske über das Antlitz des Heute gezogen und zur Satire, weil die Maske nichts anderes ist als eine Karikatur des Gesichts. Die Gegenwart erhält das Aussehen einer Zukunft, indem Tendenzen der Gegenwart verlängert und verstärkt werden mit der Folge, daß sogenannte Zukunftsperspektiven oder Zukunftsvisionen noch viel gegenwärtiger sind als die Gegenwart, in der sie entstehen. Mit anderen Worten: wenn man eine Zeit kennenlernen möchte, muß man ihre Zukunftsvisionen studieren.

Autoren guter Zukunftsromane, wie etwa Aldous Huxley in *Schöne neue Welt*, verwenden diesen Mechanismus mit Absicht, um ein Porträt ihrer *Gegenwart* zu zeichnen. Aber auch die mehr oder weniger »wissenschaftlichen« Zukunftsvorhersagen, mit denen die zweite Hälfte des zwanzigsten Jahrhunderts das Jahr 2000 erwartet, beziehen sich alle auf eine Supergegenwart, und das ist weitaus brenzliger. Auch die »Futurologie« – die Nova Astrologia, die fade Vorausschau einer Supergegenwart, die unter dem Namen »Zukunft« firmiert – geht immer von einer Fortschreibung des bereits Vorhandenen aus. Aber die Welt entwickelt sich nicht durch einfache Vermehrung, sondern durch Veränderung. In der Idee von einem alleinigen *Wachstum* verbirgt sich die Ohnmacht der Zukunftsforschung; und zugleich auch die Erklärung, weshalb sie politisch immer konservativ ist; denn ihre Prognosen beruhen auf der Konservierung der Gegenwart. Natürlich müssen viele Straßen gebaut werden, denn es gibt viele Autos; aber im Jahr 2000 wird man vielleicht etwas erfunden haben, das Güter und Menschen durch die Aufhebung der Schwerkraft oder vielleicht sogar durch Transmutation radiographisch fortbewegt, so daß jeder Verkehr so unsichtbar, immateriell und schnell geworden sein wird wie die elektromagnetischen Radio- und Fernsehwellen, die unaufhörlich durch unsere Zimmer und sogar durch uns hindurchgehen, ohne daß wir sie spüren. (Es sei denn, man würde sie eines Tages als Krebserreger ausmachen.) Autos, Züge, Schiffe, Flugzeuge und Raketen werden zu Museumsstücken, die Straßen, Autobahnkreuze und Startbahnen werden wie verlassene Relikte einer vergangenen Kultur in der Landschaft zu finden sein, wie die antiken römischen Aquädukte. Man sollte sich einmal vorstellen, welche Unmenge von Kurbelwellen, Zahnrädern und Treibriemen es auf der Erde gäbe, wenn vorausschauende Planer vor hundert Jahren Vorkehrungen getroffen hätten, damit ich jederzeit in meinem Zimmer ein Symphonieorchester hören könnte, wie es jetzt mit einem Plattenspieler möglich ist. Und dabei handelt es sich nur um ein einfaches Orchester – wie hätte man es wohl bewerkstelligen können, daß jeder Erdenbürger *dabei ist*, wenn einer den Fuß auf den Mond setzt? Denn das ist der Kern, um den es geht: Jules Verne hatte zu seiner Zeit keine Andeutung, Tendenz oder auch nur eine Vorstellung, die er hätte verlängern, verstärken oder anwachsen lassen können, um *diese* Vorhersage zu treffen. Seine Rakete ist die Kanonenkugel Münchhausens, aktualisiert und als Chambre séparée eingerichtet – und das alles gehört zu dem Kupferschnörkel an seiner Gaslampe und nicht zu dem bewegenden, blauen Bild, das ich kürzlich auf meinem Fernsehschirm sehen konnte. Nichts ist charakteristischer für das neunzehnte Jahrhundert als das Werk von Jules Verne.

Wells sagte den Zweiten Weltkrieg voraus; die düstere Zeit des Niedergangs jedoch, die er danach heraufziehen sah, war nichts anderes als eine Reproduktion der dreißiger Jahre, in denen er seinen Roman schrieb. Nach dem wirklichen Zweiten Weltkrieg zeigten tatsächlich alle Grafiken die gleiche exponentielle Kurve: das Bevölkerungswachstum wie die wissenschaftliche, technologische und sozio-ökonomische Entwicklung. Das Wissen, das sich der Mensch in den letzten zwölf Jahren angeeignet hat, hat den gleichen Umfang wie das Wissen vom Anfang der Zeit bis vor zwölf Jahren (und in zehn Jahren wird es nach Meinung der Zukunftsforscher wieder so weit sein). Ein Wissenschaftler kann nicht einmal mehr einen Bruchteil der Publikationen lesen, die über sein winziges Spezialgebiet veröffentlicht werden – welche Bedeutung hat dann noch »Wissen«? Da es *den* Menschen nicht gibt, kann kein Mensch dieses Wissen besitzen; ein Fachmann ist heute, wer von nichts alles weiß. 95 Prozent aller Forscher, die es je gegeben hat, leben noch. Wegen dieser unglaublichen Beschleunigung muß aus jeder Vorhersage die Kubikwurzel gezogen werden, wenn sie sich der Wirklichkeit annähern soll. Rutherford sagte 1925, und er wiederholte es noch einmal 1937, über die Anwendungsmöglichkeiten der Atomenergie: »Das wird noch tausend Jahre dauern.« Nicht einmal zehn Jahre später war Hiroshima zerstört. Norbert Wieners Prophezeiung, wir würden uns einst durch die Verwandlung in immaterielle Wellen fortbewegen, wird erst in 25.000 Jahren eintreffen. Könnte es im Jahr 2000 bereits so weit sein?

Wer das sagt, macht wieder denselben Fehler: er geht davon aus, daß sich der gegenwärtige Zustand nicht verändert und sich alles im gleichen Maß weiterbeschleunigen wird. Man muß nicht Mathematiker sein, um zu begreifen, daß das unmöglich ist; ein Beispiel ist der Teer, den man seit neuestem am Strand zwischen die Zehen bekommt.

Der optimistische Fortschrittsglaube des neunzehnten Jahrhunderts wurde zum ersten Mal in den Laufgräben des Ersten Weltkriegs erschüttert, als die Maschinen wichtiger wurden als die Menschen. Um sich überhaupt weiterentwickeln zu können, mußte die Wissenschaft

114

eine Ideologie bekommen. Diese wurde von dem logischen Empirismus gestellt, der eine »Wertfreiheit« der Wissenschaft postulierte. Mit demselben Ideal – einst unter Blut und Tränen dem Christentum abgerungen – konnten SS-Ärzte in den Konzentrationslagern an lebenden Menschen experimentieren. Der Ideologie der Wertfreiheit stehen keine Argumente gegen diese Experimente zu Verfügung, da sie alle ethischen Aussagen ins Reich der unwissenschaftlichen Bedeutungslosigkeit verwiesen hat. Selbst verfolgt, und einige – wie Schlick – gar von den Nazis ermordet, wurden die Vertreter dieser Metaphysik – für die sogar Wittgenstein eine Art Krishnamurti war – von ihren eigenen Verfolgern und Mördern korrumpiert, und zwar nicht weniger sondern stärker als Heidegger; denn zu ihnen gehören nicht nur die Ärzte Dr. Mengele und Dr. Eisler, sondern auch die Physiker Dr. Oppenheimer und Dr. Teller. Den Verbrechen des Irrationalismus stehen die Verbrechen des Rationalismus gegenüber: Siegfried gegen Carnap. Auf faschistischer Seite wurden die Verbrechen irrational sanktioniert, die Gegenseite hatte die Frage der Sanktion rational abgeschafft. Trotzdem sind die Toten von Auschwitz nicht toter als die von Hiroshima.

2. Begegnung mit Herman Kahn

Aber mit einem Mal hat die gute alte Dialektik die Quantität wieder einmal in Qualität umschlagen lassen. Die industrielle Produktion nahm immer mehr zu, die Verkehrsdichte erhöhte sich, der Wohlstand wuchs, alles wurde mehr und mehr und mehr – und auf einmal, *schwuppdiwupp*, war alles anders: Plötzlich hatte jeder Teer zwischen den Zehen, plötzlich fing es überall zu stinken an, plötzlich mußte jeder husten, die Auspuffgase wurden von der Sonne in Zyklon-B umgewandelt, aus dem Wasserhahn Giftbecher abgefüllt und Fabriken aus umwelthygienischen Gründen bestreikt. Unter dem Druck der öffentlichen Meinung mußten einige Chemiewerke bereits in ganz Europa hausieren gehen, um eine Baugenehmigung zu bekommen – wie Hunde, die ihren Haufen nicht loswerden können.

Dieselbe exponentielle Kurve, die einst nur das Wachstum auf allen Gebieten ausdrückte, drückt heute das Anwachsen der Verminderung aus. Die Umweltverschmutzung, einsetzend in den Laufgräben von Verdun, fortgesetzt in Auschwitz und Hiroshima und danach in Vietnam im Gange, bedroht heute die gesamte Menschheit. Inzwischen gibt es keine einzige Universität mehr, an der nicht die Wissenschaft und ihre technologische Anwendung einer kritischen Prüfung unterworfen würde, während gleichzeitig die amerikanische Blamage in Südostasien beweist, daß die Wertfreiheit den Werten machtlos ausgeliefert ist: Dem riesigen technologischen Apparat der reichsten Nation der Welt gelingt es nicht, eine kleine, unterentwickelte Agrargesellschaft zu zermalmen.

Seitdem sind die Zukunftsforscher alter Prägung ein wenig ins Hintertreffen geraten. Das hatten sie merkwürdigerweise nicht für sich prophezeit. Man hört heute auch nur noch wenig von dem Mann, der sich noch vor ein paar Jahren als zukunftswissenschaftliches Supergenie feiern ließ: Herman Kahn.

Wenn im Jahr 2000 tatsächlich von einer ernsten Unterbevölkerung die Rede sein wird, dann wird das Tribunal, das den Dritten Weltkrieg verhandeln soll, vermutlich auch diesen Denker auf der Anklagebank sehen. Zu dem Zeitpunkt wird er achtundsiebzig Jahre alt sein und vermutlich nicht mehr seine 220 Pfund wiegen: Der Strick wird ihn schon tragen. Man wird ihm seine »Szenarien« als Kriegshetzerei anhängen. Es wurden schon Leute für weniger verurteilt – in den Niederlanden wurde nach dem Krieg ein Radiosprecher erschossen, weil er für das Eintreten in die SS geworben hatte. Kahn hetzte nicht Bürger auf, Mörder zu werden, sondern stiftete Generäle dazu an, unter gewissen Bedingungen zum

116

Massenmörder zu werden. Der Autor von *On Thermo-nuclear War*, von *Thinking about the Unthinkable* und von *On Escalation*, von Büchern, mit denen er am Ende des Kalten Krieges den heißen wieder denkbar machte, wird sich gewiß flink und geschickt verteidigen.

Im März 1968 verbrachte ich einen Tag mit ihm. Zuerst in Amsterdam, wo das Fernsehen eine Diskussion zwischen dem Historiker Arnold Toynbee und ihm aufzeichnete, und abends in Groningen, im Polemologischen Institut. Als Lieblingskind der amerikanischen Generäle war er auf Durchreise nach Vietnam, und er skizzierte in der Kantine des Studios, geschminkt und bester Laune, die Beine gespreizt, weil sonst sein Bauch keinen Platz gefunden hätte, ein paar Situationen, in denen amerikanische Truppen immer wieder strategische Fehler machten. Mir kam diese Situation bekannt vor, denn ich war gerade aus Kuba zurückgekommen und dort hatten mir frühere Guerillakämpfer auf ebensolchen Papieren ihre Taktik vorgeführt: zunächst eine kleine Patrouille überfallen, dann in einem Hinterhalt auf die zu Hilfe eilende Kerntruppe warten, diese auseinanderdividieren und durch eine vorgetäuschte Flucht in verschiedene Richtungen ins Landesinnere locken, um sie dann zu schlagen.

Wenn die Amerikaner jetzt nicht mehr in diese Falle tappen würden, und dafür würde er sich jetzt einsetzen, dann würde sich die Lage verbessern, und der Krieg, der keinesfalls verloren werden durfte (denn sonst bekämen wir zuhause einen Militärputsch und Faschismus), würde siegreich enden. Er dachte, genau wie seine Generäle, ausschließlich in Begriffen von Strategie und *morale*, und das war natürlich der Beweggrund, einen Krieg zu führen, den es nicht gab und den sie aus dem gleichen Grund auch nicht gewinnen konnten. Aber mit seinen Ratschlägen würde er diesen hoffnungslosen Krieg jetzt noch ein bißchen in die Länge ziehen. Der Vietcong hatte seiner Meinung nach eine hohe Moral, der Gegner war aggressiv, und das kam daher, weil er »westlich« orientiert war; er bewunderte ihn dafür, nahm sich jedoch diese Bewunderung übel. Als ich vorsichtig einwendete, die Schlagkraft der Befreiungsfront und Hanois liege eventuell doch weniger in diesem westlichen »Kampfgeist«, sondern vielmehr in der ideologischen Gesinnung, da lächelte er herablassend und voller Verachtung, der Mann, der für *Dr. Strangelove* in Stanley Kubricks Film Vorbild wurde.

Seine Kenntnis politischer und historischer Fakten, die er damals demonstrierte, war höchst beeindruckend – zumindest, so weit man ihm folgen konnte: Die Worte strömten ihm wie Schotter von einem Kipplader aus dem Puppenmündchen. Er antwortete schon auf Fragen, noch ehe das Fragezeichen erreicht war; er wandelte nicht selten eine Frage so ab, wie er sie für klüger hielt, und manchmal hatte er tatsächlich recht. Er hatte gehört, daß ich ein Buch über die Provos geschrieben hatte, und als ich ihm erzählte, daß ich ihn darin als Provo dargestellt hatte, für den die Politik ein *Spiel* ist, aber in seinem Fall die Politik des herrschenden Systems, da lachte er zufrieden.

Ich machte eine Bemerkung, mit all der Schminke sehe er gut aus, worauf er antwortete, das sei auch nötig, denn er erlebe jeden Morgen vor dem Spiegel erneut einen Schock. Für andersgeartete Schocks hatte er andere Sorten von Schminke. Beispielsweise nannte er Stufe 29 aus seiner berühmten Eskalationsleiter, *examplary attacks on population*, den »blutige Nasen-Effekt«. Übrigens hatte schon vor Jahren die Atombombe auf Hiroshima den Namen »Little Boy« bekommen, und noch ein bißchen früher hieß der Plan zur Ausrottung von Menschen, die Namen wie »Kahn« trugen, *Endlösung*, wobei jeder einzeln begangene Mord das unschuldige Etikett *Sonderbehandlung* erhielt. Kurzum, die linguistische *Tarnkappe* paßt auch außerhalb von Siegfrieds Vaterland ganz gut.

Und seine Eskalationsliste in ihrer Totalität, seine Jakobsleiter zur Hölle, nannte er ein Hilfsmittel zur »Kommunikation« mit dem Feind. Das ist das Schlüsselwort zum Massenmord der Zukunft: *Kommunikation*.

118

Gütiger Himmel! Ich mußte an eine Passage in Albert Zollers *Hitler privat. Erlebnisbericht seiner Geheimsekretärin* denken, die sich mit den letzten Tagen des Führers in seinem Bunker unter dem brennenden Berlin beschäftigt und in der die Sekretärin berichtet:

> Einmal, als der Führer sich mit dem Morgentee aufs Sofa gelegt hatte, fing er plötzlich an, sich zu recken und mit undeutlichem Brummen die Arme auszustrecken. Dann sah er uns mit einem sonderbaren Blick an und erklärte, ein Mensch könne sich durch diese einfachen Bewegungen mit einem anderen verständigen. Wir wurden starr vor Schreck.

3. Das Tausendjährige Reich als Hypertrophie der dreißiger Jahre

Das Tausendjährige Reich, dessen Anfang *Die Zukunft von gestern* skizzieren sollte, steht für die nationalsozialistische Utopie. Die seit langem nicht mehr zu zählenden Studien über den Nationalsozialismus beschäftigen sich fast ausschließlich mit seinen Ursachen: den ökonomischen, sozialen, politischen, historischen, religiösen, philosophischen, okkulten, psychologischen, oder unter welchen Nenner man sie noch bringen könnte. Man fragt sich, wie es so weit kommen konnte (wobei Auschwitz meist als Symbol für dieses »so weit« steht) und sucht nach einer Erklärung in der Vergangenheit. Was ich allmählich in diesen Betrachtungen zu vermissen begann, war die nationalsozialistische *Vision*. Was war der Entwurf einer nationalsozialistischen Zukunft gewesen? Was hatten die Nazis eigentlich *gewollt*?

Man kann auch das Individuum häufig besser aus dem begreifen, was es möchte, als aus dem, was es gewesen ist. Was eine Person möchte, läßt sich natürlich nicht von dem trennen, was sie gewesen ist, aber sie ist damit nicht identisch; auch eine Blüte, die bereits in der Knospe gebrochen wurde, kann nur aus der Blüte begrif-

119

fen werden, nicht aus ihren Wurzeln. Die Psychologie neigt, genauso wie die Geschichtsschreibung, dazu, diesen Ausgangspunkt außer acht zu lassen, weil sich die Wissenschaften nach dem Modell der Naturwissenschaften ausgerichtet haben, die auf eine Beschreibung kausaler Prozesse zugeschnitten sind (was inzwischen zumindest für die Physik ein bedenklicher Ansatz geworden ist). Die Ursachen individueller und sozialer Entwicklungen liegen natürlich in der Vergangenheit, aber ihre *Richtung* bekommen sie erst durch einen utopischen Zukunftsentwurf. Für die Kommunisten ist das die »klassenlose Gesellschaft« und der »neue Mensch«, für die Nazis war es das »Tausendjährige Reich« und die unabänderliche *Hierarchie* von Menschen und Rassen.

Die Vision von einem Tausendjährigen Reich ist in den dreißiger Jahren entstanden; daher konnte ich ruhigen Gewissens von der Hypothese ausgehen, daß sie wenig anderes war als eine Hypertrophie derselben dreißiger Jahre. Sie arbeitete zwar mit Bildern und Szenarien, die die Romantiker ausgegraben hatten: mit dem Nibelungenlied, mit Burgen, Gilden, Hierarchien, Barbarossa, Hermann – die ganze Atmosphäre jedoch war die der dreißiger Jahre. Was mir also zu tun blieb, war dann: meinerseits zum Charakter dieses Dezenniums vorzudringen – und wie immer findet sich das Wesen in der Oberfläche. Es verbirgt sich nicht in den tiefschürfenden Betrachtungen Huizingas, Ortega y Gassets oder Denis de Rougemonts, sondern in den einfachen Tatsachen wie Krise, Arbeitslosigkeit und ungleich verteilten Chancen und im Aussehen der Menschen und Dinge in diesen Jahren. Dabei half mir meine eigene Lebenserfahrung, denn ich hatte das alles gerade noch miterlebt – umso mehr, da durch die Periode des Nationalsozialismus die dreißiger Jahre in Europa eigentlich bis 1945 fortlebten, ja, in gewissem Sinn bis 1950.

Das kann man aus zahllosen Kleinigkeiten ableiten, etwa aus Buchillustrationen, deren Darstellungen bis zum Kriegsende genauso gezeichnet waren wie vor dem Krieg; nach dem Krieg sah man plötzlich, daß die Illustrationstechnik in England und Amerika sich völlig verändert hatte. Während des Krieges blieb jede Entwicklung genau dort stecken, wo sie in den dreißiger Jahren gestanden hatte; die Menschen selbst waren transformiert zu Figuren in der Unzeit eines tausendjährigen Zukunftsromans. Sogar die Widerstandslyrik wurde in denselben Formen geschrieben wie die hausbackenen Gedichte der dreißiger Jahre, und sie hat sich also *als Lyrik* nicht in literarischer Form dem Nationalsozialismus widersetzt, weshalb sie als veraltet und zu zeitgebunden nach dem Krieg in Vergessenheit geriet. Die einzige wirkliche Neuheit des Zweiten Weltkriegs war die Atombombe; aber ihre Verwendung hing wieder mit dem neuen Krieg zusammen, dem Krieg der Amerikaner gegen die Dritte Welt, der heute in Vietnam noch immer gekämpft wird und der 1950 mit Korea seinen Anfang nahm. Dadurch endeten die dreißiger Jahre erst 1950, und überall wurde der Rückstand mit einem großen Sprung aufgeholt – auch in der Lyrik.

Stärker als in den Texten kann man das Wesen der dreißiger Jahre an der Schrifttype erkennen, mit der die Bücher Huizingas, Ortegas oder de Rougemonts gedruckt sind, an ihrem Satzspiegel, an der Aufmachung der Titelseite, der Vignette auf dem Leineneinband. Als Ende der fünfziger Jahre der Strom von Büchern über die Naziherrschaft erschien, hatten diese Bücher, als Bücher, nichts mehr mit dem Krieg gemein. Zwar wurden die Fakten beschrieben, die Dokumente wieder gedruckt, jedoch in einer modernen Schrifttype, in modernem Layout, auf schönem weißen Papier, broschiert als Paperback, das gut in der Hand lag. Bis zu einem gewissen Grad gibt aber ein Buch, das während des Krieges veröffentlicht wurde, eine wesentlichere Information über diese Zeit – beispielsweise mein Exemplar von Johanna Haarers *Mutter, erzähl von Adolf Hitler*, weniger durch den unsäglichen Text und die grauenhaften Zeichnungen, mit denen ich schon manchen sich dahinschleppenden Abend retten konnte, als durch den Halbleinenband, das dicke Papier, die sonderbaren Lettern, die alte Schreibweise, die Aufmachung der Reklame auf der Umschlagklappe.

Hitlers Briefe sind nun publiziert, aber die Wirklichkeit ist anders und vielsagender als der Text. Als ich 1956 in Weimar war, wo ich für meinen Roman *Gnadenerlaß für die Toten* das Konzentrationslager Buchenwald studierte, besuchte ich auch das Goethe-Schiller-Archiv, wo ich Hitlers Briefe an Nietzsches Schwester für den Lesesaal bestellte. Ich wollte einfach einmal wissen, in was für einem Verhältnis eigentlich diese widerwärtige Elisabeth Förster zum Führer gestanden hatte. Alle Briefe des kleinen Stapels, der mir hingelegt wurde, hatten ungefähr den gleichen Inhalt: Gut, abgemacht, also nächsten Donnerstag komme ich zu Ihnen zum Tee. Oder: Voller Freude denke ich an unsere Begegnung vom letzten Donnerstag zurück, und ich hoffe, daß wir uns demnächst häufiger sehen werden. Aber was in einer Publikation dieser Nichtigkeiten völlig verloren ginge, wäre der materielle Unterschied zwischen den einzelnen Briefen. Die ersten stammten noch aus den zwanziger Jahren und waren auf dem Briefpapier des Parteihauptquartiers in München getippt: Hakenkreuz, Adler, NSDAP, Adresse, Telefonnummer, Postfach, Kontonummer, Bankverbindung, und ich glaube, noch die ein oder andere Parole. Es war der Versuch von einem kleinen Gernegroß, Eindruck zu schinden. Das Papier aus den dreißiger Jahren war viel schlichter, von besserer Qualität, und der Briefkopf bestand nur aus den Worten *Reichskanzlei des Führers*. Die letzten Briefe waren auf großes, gelbliches, handgeschöpftes Papier getippt mit der sogenannten »Führermaschine«, einer Schreibmaschine, deren Lettern zweimal so groß waren wie die auf einer normalen Maschine, da Hitler sich weigerte, eine Brille zu tragen (jede Dienststelle hatte eine derartige Maschine, die ausschließlich für *an* Hitler gerichtete Briefe bestimmt war). Der Briefkopf zeigte nur elf einfache Goldlettern: ADOLF HITLER – und weiter nichts.

4. Intermezzo: Fahrt in Nietzsches Rollstuhl

Weil ich nun einmal von Natur aus ein Pilger bin, der versucht, die vergangene Zeit an Plätzen und Orten im Raum aufzuspüren, fragte ich die kommunistischen Bediensteten im Goethe-Schiller-Archiv nach der Adresse von Nietzsches Sterbehaus, in dem er von seiner Schwester gepflegt worden war. Wieso Sterbehaus? Er war doch in Turin gestorben? Nein, sagte ich, er ist hier gestorben, 1900, und wenn ich noch die Briefumschläge von Hitlers Briefen sehen könnte, wüßte ich auch, wo genau. Aber die existierten nicht mehr, und darüberhinaus hatten sie keine Ahnung, wo Elisabeth gewohnt hatte, und außerdem ließ es sie kalt. Auch die literarischen Autoritäten, die gerade auf dem Heine-Kongreß in Weimar tagten, konnten es mir nicht sagen. Man wollte nichts davon hören. Nietzsche? Faschist. (Aber der Faschismus glaubte an tausend Dinge, zum Beispiel an Rassen, während Nietzsche gerade vom *Nihilismus* gesprochen hatte.) Die nächsten Tage fragte ich an den verschiedensten Stellen im Städtchen nach, aber keiner konnte mir weiterhelfen – und ich mußte an Prag denken, wo ich ein paar Monate zuvor auf der Suche nach Kafkas Haus einen halben Tag umhergewandert war. Kafka? Nie gehört, sagte man im Rathaus. Ja doch, der Ingenieur Kafka, Jan Kafka, der ... Was, ein *Schriftsteller* namens Kafka? Franz? Nein, der hatte nicht hier gelebt.

Aber eines Abends betrank ich mich ziemlich mit einigen Weimarer Studenten, und ich erzählte ihnen, daß jeder vergessen zu haben schien, wo Nietzsche gestorben war. »Wieso?« fragten sie. »Dort wohnen wir.« Wir laut singend dorthin. Ein protziges Haus in einem Vorort, auf der Fassade noch die Spuren von Nazi-Emblemen:

Hitler hatte es nach Elisabeth Försters Tod in ein Heiligtum umwandeln lassen. Innen alles aus dunklem Holz. Es dauerte eine Weile, ehe der Schlüssel zum Sterbezimmer gefunden war, und wir eingeschüchtert in dem muffigen, leeren Raum standen. Das einzige, was dort stand, war der Rollstuhl, in dem Nietzsche paralytisch in seinen Tod hineingedämmert war. Aber einer hatte Schnaps dabei, und der Abend endete damit, daß ich im Rollstuhl von »Sieg Heil!« rufenden Studenten durch die Zimmer und Gänge gefahren wurde, während ich Textpassagen aus *Menschliches Allzumenschliches, ein Buch für freie Geister* zum Besten gab.

Kafka hatte zehn Jahre später eine Büste an der Fassade seiner Wohnung in Prag bekommen, aber als ich vierzehn Jahre später, 1970, nach meinem Abenteuer auf dem Kyffhäuser, in Weimar nach dem Sterbehaus Nietzsches frage, des größten Psychologen der Weltgeschichte, tun noch immer alle so, als ob sie nicht wüßten, von wem die Rede ist.

5. Der Hungerwinter und der Tod der Dinge

Informationen über den Zweiten Weltkrieg werden in einer Form mitgeteilt, die nichts mit dem Krieg zu tun hat und so den Leser auf eine falsche Fährte bringt. Außerdem werden die Menschen, die den Krieg nicht miterlebt haben – und das wird in nicht allzu ferner Zukunft jeder sein – gerade durch all diese Information *weniger* begreifen können, was der Krieg für jemanden bedeutet hat, der ihn miterlebte. Denn eine der charakteristischsten Eigenschaften des Krieges war, daß einem gerade *keine* Informationen zur Verfügung standen. So wie heute jeder Medizinstudent im ersten Semester mehr Kenntnisse hat als Hippokrates und trotzdem kein Hippokrates ist, sondern ein Medizinstudent im ersten Semester, so hat heute jeder Interessierte mehr Informationen über den Nationalsozialismus als einer, der den Krieg miterlebte, von den Ermordeten bis zu Hitlers

124

Ministern. Kein einziger Mensch wußte zum Beispiel während des Krieges mit Exaktheit, was ein Mann wie Himmler eigentlich tat und welche Kompetenzen er genau hatte. Am wenigsten natürlich die unterdrückten Völker – das deutsche nicht ausgenommen, aber auch Mussert und Quisling wußten es nicht, auch nicht Seyss-Inquart und Rauter, auch Goering nicht und Goebbels. Außer Himmler wußte es nur Hitler. Das gleiche gilt für Goering und Goebbels und Speer und alle anderen großen Herren: Nur Hitler wußte alles. Bei ihm allein liefen alle Fäden zusammen. Dadurch hatte er alles und jeden in der Hand, er sprach nie mit dem einen über die Verantwortlichkeiten des anderen; so etwas wie eine Kabinettssitzung gab es nicht; und gerade weil eigentlich niemand Genaues über den anderen wußte, weil jeder vor jedem Angst hatte, dachten die Herren überhaupt nicht daran, miteinander über ihre Geschäfte zu reden. Man kann mit einigem Recht die Behauptung aufstellen, daß die mächtigsten Männer des Nazi-Regimes genauso eingeschüchtert waren wie jeder beliebige Niederländer und etwa in gleichem Maß gefährdet.

Deshalb gibt ein willkürlich herausgegriffenes Foto oder eine beliebige Zeitungsseite aus der Kriegszeit gewissermaßen wesentlichere Informationen über den Krieg als ein Standardwerk über den Nationalsozialismus.

Wie das Wesen der dreißiger Jahre im Krieg kulminierte, so kulminierte der Krieg – für mich – im Hungerwinter.

So nennt man den nordniederländischen Winter von 1944 auf 1945. Nach der Invasion der Alliierten im Juni kam der (zu) schnelle Aufmarsch im September in der Gegend des Rheins zum Stillstand – zweifellos, weil am Ende von Wagners Nibelungentetralogie der Ring in diesen Fluß zurückgeworfen wurde. Weil keiner genaue Informationen hatte, glaubte jeder, die Befreier könnten nun jeden Augenblick auch im Norden auftauchen; in

Haarlem habe ich Menschen mit Armen voller Blumen auf den Gehsteigen an der Straße Richtung Den Haag stehen sehen, die nach Süden spähten, immer wieder jubelnd, weil die Engländer bereits in Rotterdam stehen sollten, dann schon in Leiden, nun bereits in Heemstede, und jeden Augenblick konnten sie um die Ecke kommen... Am Abend ging jeder mit seinen Blumen wieder nach Hause; für diese Menschen sollte der Krieg jetzt erst richtig anfangen.

Auch Kollaborateure, NSBler, ja sogar die höchsten deutschen Machthaber verfügten über keinerlei Informationen und hatten sich an diesem »verrückten Dienstag« aus dem Staub gemacht. Mein Vater bekam deshalb Magenkrämpfe. Der deutsche Generaldirektor seines Büros, von dem ich bereits gesprochen habe, gab ihm den Auftrag, alle Unterlagen über die konfiszierten jüdischen Vermögen zu verbrennen, und packte selbst seine Siebensachen, um sich nach Deutschland abzusetzen. Mein Vater, der nicht zu der Sorte Männer gehörte, die die Flucht ergreifen, begriff, daß man ihn später für diese Verbrennung zur Verantwortung ziehen würde – und während die Heizkörper der Zentralheizung bereits warm zu werden begannen, trieb er seinen Chef zur Eile an, indem er sagte, die ersten alliierten Panzer seien bereits in Haarlem. Der Generaldirektor machte sich Hals über Kopf aus dem Staub, und mein Vater ließ die Verbrennung sofort stoppen und Eimer voll Wasser in den Ofen schütten. Aber die Alliierten rückten nicht an. Kurz darauf scheiterte auch die Befreiungsschlacht um Arnheim. Damit saß mein Vater in der Falle; er konnte nicht mehr Wochen später die Unterlagen verbrennen und traf daher zu Hause Vorsorgemaßnahmen, falls er verhaftet würde und in einem Konzentrationslager verschwinden sollte, was auch für seinen halbjüdischen Sohn ernste Konsequenzen haben könnte. Aber der Generaldirektor war so dumm gewesen, nach Deutschland zu fliehen, statt, wie Weitsichtigere, vor der deutschen Grenze die Entwicklung abzuwarten und dann allmählich zurückzukehren, als seien sie zu einem kurzen Familienbesuch gewesen. Wer über die Grenze geflüchtet war, wurde als Verräter betrachtet, durfte nicht mehr in die Niederlande einreisen, sondern mußte in Deutschland zum Arbeitseinsatz. Der Generaldirektor schrieb damals aus Deutschland an den Reichskommissar (der selbst nur bis zur Grenze gereist war), indem er meinen Vater beschuldigte, seine Anordnungen sabotiert zu haben, um den Feind besser über die jüdischen Vermögen informieren zu können. Nach dem Krieg sah ich diesen Brief, der meinen Vater Kopf und Kragen hätte kosten können, in seiner Akte. Seyss-Inquart hatte mit Bleistift an den Rand gekritzelt: »Mich interessiert nur, daß dieser Herr geflüchtet ist und Mulisch nicht.«

Die sieben Monate, die nun anbrachen, waren von völlig anderem Kaliber als normale sieben Monate. Wenn ich in Gedanken die Zeit zwischen September 1944 und Mai 1945 mit der Zeit vergleiche, die in den letzten sieben Monaten verstrichen ist, kann mir kein Kalender und keine Uhr weismachen, daß diese Perioden gleich lang waren. Die ersten sieben Monate dauerten – wenn ich eine nicht ganz willkürliche Zahl nennen darf – 1714 mal so lang wie die letztgenannten. Sie bildeten ein Reich von 1714 mal sieben Monaten, das sind tausend Jahre.

Es war kalt, und es gab nichts zu essen. Die Niederländische Eisenbahngesellschaft – die jahrelang brav unzählige Zwangsarbeiter nach Deutschland und mehr als hunderttausend Juden ins Durchgangslager Westerbork, der Verladestation zu ihrer Vernichtung in Polen, gebracht hatte – war plötzlich von der Londoner »Regierung« auf die glänzende Idee gebracht worden, zu streiken. Während des gesamten Krieges hatten sie selbst den Effekt von Sabotageakten der illegalen Widerstandsgruppen vereitelt, indem sie den angerichteten Schaden so schnell wie möglich wieder reparierten; auf einmal begannen sie doch heldenhaft zu streiken – genau in dem Augenblick, als beinahe die gesamte Bevölkerung davon betroffen war. Es kamen fast keine Nahrungsmittel und überhaupt keine Steinkohle mehr an, d.h. es gab keinerlei Brennmaterial, kein Gas und keinen Strom. Die Menschen wohnten in ihren eigenen Häusern wie Hunde; irgendwo in einer mit Lappen geschützten Ecke und umgeben von nutzlosen Gegenständen, wie Öfen, Herde, Warmwasserspeicher, Badewannen, Lichtschalter, Lampen, Aschenbecher und Tischgeschirr.

Aber nicht dieser Hunger und die Kälte waren das Schlimmste in diesem Winter, auch nicht der Terror und die Angst; das Schlimmste war, daß durch die daraus resultierende Abstumpfung und den Informationsmangel die Zeit 1714 mal so lange dauerte. Wir glitten immer tiefer in das Loch eines Winters, der nie mehr ein Ende nehmen würde. Und es war, als griffe dieser Winter die Substanz der Wirklichkeit an. Es waren *die Steine in der Straße*, die sich veränderten. Wie soll ich das erklären? Wenn die Sonne schien, war der Himmel nicht mehr blau. Nicht nur die Gesellschaft, auch die Dinge wurden von dem Verfall angefressen. Die Gebäude in der Stadt starben, der Asphalt starb, die Bäume auf den Plätzen lebten und waren doch gestorben – und oft genug waren sie eines Morgens tatsächlich verschwunden. Eine Malerin, die ein paar Häuser von uns entfernt wohnte, hatte an den Stamm eines Baumes ein Stück Pappe mit der Aufschrift genagelt: »Ich habe diesen Baum so oft gemalt, lassen Sie ihn bitte unversehrt.« Es ist der einzige Baum, der auch heute noch an dieser Stelle steht: Was die Kunst nicht alles vermag. Die Wirklichkeit fiel ins Koma. Noch heute kann es mich ganz unerwartet überfallen: ein willkürliches Haus, die Gestapo muß nicht dort untergebracht gewesen sein, eine Straßenecke, eine Fassade, die sieben Monate lang tot war und jetzt wieder lebt, ohne daß der Tod eine Spur zurückgelassen hätte – oder es mußte die Spur sein, die ich plötzlich wahrnehme. Man kann es auf Fotos aus dieser Zeit sehen, aber vermutlich nur, wenn man es *erkennt*, man kann es nicht erklären. Ein Foto aus dem Hungerwinter von einer Grachtenbrücke: das Eis glänzt anders, ist anders zugefroren, der Stahl der Brückengeländer ist angefressen, gestorben, verwest. Ein Foto von mir: im Licht einer anderen Welt, aus anderem Fleisch, die Schuhe in abgestorbenem Gras.

Das Tausendjährige Reich hatte auch in den Niederlanden begonnen. Die Stadt hatte sich in einen Leichnam verwandelt und die Menschen in Maden, die den Leichnam auffraßen. Sie brachen die Schränke aus den nutzlosen Küchen und heizten damit; Häuser deportierter Juden wurden von unten bis oben abgewrackt; es wurde wieder Holz gesammelt; in der Nähe der Bahnhöfe wühlte man die Erde nach Schlacken durch; überall knieten Menschen und gruben, wühlten und scharrten. Die Frauen zogen mit Kinderwagen voller Antiquitäten und Wäsche aufs Land, und wenn sie dann auch noch ihren Ehering dazulegten, zeigte sich vielleicht einmal ein sozial eingestellter Bauer bereit, ihnen einen halben Sack Weizen dafür zu geben, der dann auf dem Heimweg von den Deutschen beschlagnahmt wurde.

Es gab Leute, die den ganzen Tag lang durchgefroren und hungrig im Bett blieben und an Essen dachten. Sie versanken zwischen den monatelang nicht gewaschenen Leintüchern in eine Apathie, die sie niemals wieder völlig loswerden konnten. Dagegen konnte ich mich wenigstens wappnen, mit sinnvoll sinnloser Beschäftigung.

Die Schulen waren geschlossen, und studieren gelang mir bereits seit einem Jahr nicht mehr. Man hatte mir im Juli mitgeteilt, daß ich an einer Nachholprüfung teilnehmen mußte, aber in der Aufregung über die rasch herannahende Befreiung hatte ich dafür nichts mehr getan. Sie sollte am 6. September stattfinden, aber am Abend zuvor, dem Abend des »verrückten Dienstag« hatte ich mich zum erstenmal in meinem Leben gemeinsam mit einem Freund betrunken, weil mein Vater das nahende Kriegsende und die Sabotage der Aktenvernichtung mit einer Flasche Jenever feierte. Mein halb bewußtloser Freund wurde von seiner Mutter abgeholt (sein Vater sollte nach der Befreiung als Bürgermeister ins Haarlemer Rathaus einziehen, während meiner in einem Internierungslager verschwand), und ich ging am nächsten Morgen nach vielen Brechanfällen und mit einem Kater der Form halber trotzdem zum Gymnasium – dort war jedoch alles für die Wiederholungsprüfung vorbereitet. Ich fiel natürlich durch. Was tun? Auch mein privates Techtelmechtel mit der Chemie gehörte der Vergangenheit an, und so begann ich, meine Tage im Teyler-Museum zu verbringen.

Von dieser Institution fühlte ich mich angezogen, weil sie bis ins Detail die dilettantisch-universale Auffassung von Wissenschaft darstellte, mit der auch ich mich während meiner ganzen Jugend beschäftigt hatte: ein Wissenschaftliches Kabinett aus dem achtzehnten Jahrhundert. Hinter dem beeindruckenden Eingang mit Säulen und Tympanon erstreckte sich eine Reihe von Sälen mit Fossilien und Mineralien und vor allem ein phantastisches physikalisches Instrumentarium aus vergangenen Tagen, zum Beispiel die mehr als mannshohe Elektrisiermaschine von van Marum aus dem Jahr 1785. Das Institut, zu dem auch ein verfallenes Observatorium auf dem Dach gehörte, war von jeder Menschenseele vergessen, von den Deutschen ebenso wie vom Publikum, das andere oder, eher noch, gar keine Interessen mehr hatte. Professor Fokker war mit dem Bau von Christian Huygens Entwurf für eine Orgel mit einunddreißig Tönen im Oktav beschäftigt; im oberen Stockwerk befand sich eine riesige Bibliothek samt Lesesaal. Ich habe dort außer dem Bibliothekar, einem Mann mit einem langen Bart, nicht so intelligent wie sein Vater, aber immerhin der Sohn des großen Lorentz, kaum je einen anderen Menschen angetroffen.

In diesen stillen, verstaubten Räumen (wo sich auch 1972 noch nichts geändert hat, außer, daß jetzt die Orgel aufgestellt ist) habe ich, Jahrhunderte vom Zweiten Weltkrieg entfernt, einige glückliche Wochen verbracht.

Als es zu gefährlich wurde, über die Straße zu gehen, hatte ich noch zwei Bände aus der Bibliothek ausgeliehen: deutsche Chemiefachbücher; der erste Band behandelte die anorganische, der zweite die organische Chemie. Was dabei in mir vorging, weiß ich nicht mehr. Aber ich habe während des Hungerwinters diese Folianten von über tausend Seiten von der ersten bis zur letzten Seite mit der Hand abgeschrieben. Das hat mir offenbar über die Zeit hinweggeholfen. Ich arbeitete von morgens bis abends daran, zweifellos mit mehr Leidenschaft als der Autor selbst, dessen Name mir entfallen ist.

Die Schreibblöcke, die mir mein Vater lieferte (genau wie die Tinte – alles von Lippmann-Rosenthal), stapelten sich – und auch nachts dachte ich an mein Buch, wenn mich die Abwehrgeschütze weckten und ich mich aus dem Fenster hängte, um dem leisen Brummen der Bomber zu lauschen, die Berlin in Schutt und Asche legen würden, und wenn die Scheinwerfer langsam über den Winterhimmel strichen, aus dem ab und zu ein Streifen Silberpapier geweht kam, mit denen die Maschinen den deutschen Radar in Verwirrung brachten. Ich konnte nur tagsüber daran arbeiten, weil es keine Kerzen mehr gab, und auch die stinkende Karbidlampe aus Zink hatte sich zu den nutzlosen Gegenständen im Haus gesellt. Durch den Vitaminmangel rissen mir die Mundwinkel ein; weil ein Geschwür an meinem Fuß nicht abheilen wollte, hatte ich ein Stück aus dem Schuh herausschneiden müssen.

Ich weiß nicht, wo ich sie gelassen habe, diese Schreibblöcke, die sich dezimeterhoch auftürmten. Ich erinnere mich erst jetzt wieder an sie, während ich dies niederschreibe (denn ich bin beim Schreiben geblieben). Dies alles wurde am Abend des vierten Mai 1945 mit drei Pistolenschüssen weggewischt und aufgelöst.

Hitler war tot, und weil ich die Nachricht von der Kapitulation der Deutschen gehört hatte, war ich auf die

Straße gegangen. Ich hatte bis lange nach acht Uhr, der Sperrstunde, mit einem Niederländischlehrer aus der Nachbarschaft geredet, der später günstige Rezensionen über meine Bücher schreiben sollte. Als ich nach Hause ging, war nirgends mehr eine Menschenseele zu sehen. Ich ging über die Straße, zu der die Gärten hinter den Häusern aus meiner Straße und die von der nächsten Allee führten, als plötzlich vor der Pforte ein graues deutsches Wehrmachtsauto abrupt stoppte. Die Stunde der Wahrheit: am letzten Kriegstag blickte ich in die Läufe von drei Revolvern. Ich sehe sie noch heute in dem offenen DKW: den Mann hinter dem Steuer, den Mann neben ihm halb erhoben, der Mann im Fond stand schon, alle drei mit Helmen, die Pistolen auf mich gerichtet. Im selben Augenblick verwandelte ich mich in ein übernatürliches Wesen, für das die irdischen Gesetze der Schwerkraft und Trägheit nicht mehr galten. Während ich gleichzeitig mit den Schüssen die Kugeln an mir vorbeizischen hörte, die ein Stück weiter in Hecken und Mauern einschlugen, war ich bereits im Nachbargarten, hatte ich bereits, trotz meines eiternden Zehs, die zwei Meter hohe Ligusterhecke zu unserem eigenen Garten überwunden, war schon in unserer Garage, im Haus, alle Treppen hoch zu meinem Zimmer gerannt, hatte mich ausgezogen, und lag bereits auf einem Ohr im Bett, tief atmend, als läge ich im Schlaf. Nein, ich schlief wirklich, ich träumte, und ich wurde vom klirrenden Glas und deutschem Gebrüll wach. Aber ich achtete nicht darauf und schlief gleich wieder ein.

Am nächsten Morgen hörte ich, daß drei deutsche Soldaten bei den Nachbarn die Scheiben eingeschlagen und das ganze Haus nach einer Person durchsucht hatten, was den Nachbarsohn beinahe in Unannehmlichkeiten gebracht hätte, weil er vor Angst unter das Sofa gekrochen war, wo sie ihn gefunden hatten.

6. Die tausendjährigen dreißiger Jahre
bei H.G. Wells

Um für *Die Zukunft von gestern* das Tausendjährige Reich als Hypertrophie der dreißiger Jahre verstehen und beschreiben zu können, stand mir außer meinen eigenen Erfahrungen aus dem Hungerwinter Wells *The Shape of Things to Come* zur Verfügung – d.h. ein Exemplar der ursprünglichen niederländischen Übersetzung in einer leinengebundenen Prachtausgabe, mit alter Schreibweise und einem Vorwort des mystisch-religiösen Philosophen J. Bierens de Haan. Es ist kein Roman, der sich zu einem bestimmten Zeitpunkt in der Zukunft abspielt, wie *1984*, sondern quasi ein romantisiertes Geschichtsbuch, das mit 1933, dem Jahr seines Erscheinens, beginnt, und 2006 endet. Es war nicht als Satire auf die Zeit seiner Entstehung gedacht wie Orwells Roman, sondern es stellt Mutmaßungen darüber an, was sich tatsächlich hätte ereignen können. Das Ergebnis ist ein Porträt der dreißiger Jahre, zerlegt in eine scheinbare Entwicklung von einem Dreivierteljahrhundert.

Der Erste Weltkrieg heißt weiterhin der »Große Krieg«; der neue Krieg von 1940 ist der Gaskrieg, für den 14-18 zwar den Weg gezeigt, der aber im wirklichen Zweiten Weltkrieg an der Front keine Nachahmer gefunden hatte. Sinclair Lewis – der in diesem Buch von 1885 bis 1990 gelebt hat, statt von 1885 bis 1951 – soll nach einem polnischen Gasangriff auf Berlin berichtet haben:

Wir gingen Unter den Linden und die Siegesallee entlang, und überall lagen die Leichen von Männern, Frauen und Kindern, nicht gleichmäßig verstreut, sondern eigenartig in Haufen, als ob ihr letzter Versuch darin bestanden hätte, sich hilfesuchend aneinander hochzuziehen. Dieser Versuch, einem anderen nahe zu kommen, scheint für den Tod durch dieses spezielle Gas charakteristisch zu sein. Es muß etwas mit dem Gehirn passieren. Alle waren in derselben

Weise zusammengeschrumpft, und fast alle hatten Blut erbrochen. Der Gestank war schrecklich, obwohl all diese Menschen vor vierundzwanzig Stunden noch gelebt hatten. Der Körper verwest sofort. Man konnte fast nicht den Eingang zum Park passieren...

Die Beschreibung der Auswirkungen eines Gasangriffs ist in großen Zügen korrekt wiedergegeben, wie man in Rudolf Höss' Autobiographie *Kommandant in Auschwitz* nachlesen kann; nur lagen in der Realität dann die Gasleichen nicht in Berlin, sondern in Polen, während das Gas aus Berlin geliefert wurde. Sogar das Wort »Gaskammer« erscheint bei Wells, nur steht es bei ihm für einen Saal in Krankenhäusern, in denen die Gasopfer gepflegt werden. Daß dagegen ausgerechnet in Gaskammern Menschen *umgebracht* werden sollten, und zwar zuerst die unheilbaren Krankenhauspatienten, das war das neue Element, das Wells natürlich nicht vorsehen konnte. Selbstverständlich gibt es in seinem Buch auch keine Atombombe – und nicht nur das: nach seinem Krieg, der bis 1951 dauert, bricht die gesamte Technologie zusammen; New York versinkt, Fotoapparate verschwinden, Radioanstalten senden keine Programme mehr, Epidemien brechen aus, Armut, Krisen – mit anderen Worten: die beschriebene Welt landet in einem Abbild der Zeit, in der das Buch geschrieben wurde. In der Realität war es die Zeit des Wirtschaftswunders. Nach ungefähr zwanzig Jahren (also um 1970, als in unserer Wirklichkeit Anwohner von Flugplätzen Bürgerbewegungen gegen den Fluglärm gründen) übernehmen die aviateurs die Macht und die Sache kommt allmählich ins Rollen, wie man in einer peinlichen Passage wie dieser lesen kann:

Cobbet sprach von der Wiederbelebung der Schiffahrt, die ihm aufgefallen war.
»Das werden wir gut im Auge behalten müssen«, sprach der Flugkapitän bedeutungsvoll.
»Nehmt ihr auch Passagiere mit?«

134

»Wenn sie Geld für den Flug haben.«

»Aber das bedeutet den Rückzug der Zivilisation!« rief Cobbet.

»Ganz und gar nicht! Es ist der Beginn einer neuen Zivilisation.«

Es soll noch peinlicher werden. Der neue Elitestaat gründet sich auf das Werk *Gemeinschaftliche Kernbildung*, einer massenpsychologischen Studie, die 1942 von einem gewissen Gustave de Windt verfaßt wurde, dessen Name im einundzwanzigsten Jahrhundert in einem Atemzug mit Plato und Galilei genannt werden wird. Eine Kostprobe aus der Gedankenwelt, die Wells seinem Stellvertreter de Windt als Leihgabe gegeben hat:

Es führt zu nichts, die Menschen nach ihren Wünschen zu fragen. Das ist der Fehler der Demokratie. Zuerst muß man herausfinden, was sie wollen *sollen*, wenn die Gemeinschaft gerettet werden soll. Dann muß man ihnen sagen, was sie nötig haben, und dafür sorgen, daß sie es bekommen.

Je weiter Wells in seine »Zukunft« vordringt, desto härter stößt er auf den antidemokratischen Kern der dreißiger Jahre. De Windt, dem er das Buch gewidmet hat, weist auf die Nazis und die Faschisten seiner Zeit hin und nennt sie

die ersten primitiven Hinweise auf die kommende umfassendere Organisation. Sie hatten den Geist einer Eliteklasse, obwohl sie ihn mehr oder weniger auf die Vorurteile und die Solidariät der Vergangenheit verschwendeten.

7. Wie hat Deutschland
den Zweiten Weltkrieg gewonnen?

Es gibt Werke, die veralten nie. Dazu müssen sie formal so zutreffend und so umfassend wie möglich ihre Zeit repräsentieren – das trifft auf Bücher wie die *Odyssee* bis zum *Ulysses* zu, um nur zwei Titel zu nennen, die dasselbe Thema behandeln. Der Januskopf dieses Paradoxes besteht darin, daß nichts so schnell und gründlich veraltet wie ein Zukunftsroman; auch wenn er in allen möglichen Dingen zufällig den Kern trifft, bohrt er sich doch mit dem Fortschreiten seiner Zukunft immer tiefer zurück in seine Entstehungszeit, die unter der Maske der Zukunft nur veralten kann. Es sind keine begehbaren Wege, auch keine Bergwerksstollen in die Tiefe, sondern es ist ein Auf-der-Stelle-treten. Was in einem Zukunftsroman als Veränderung herhalten muß, ist nichts anderes als die zunehmende Versteinerung des existierenden Zustands. Das heißt: Meine Beschreibung einer »Zukunft«, die niemals eingetreten ist, entspricht mehr dem Wesen eines Zukunftsromans, als es je ein Zukunftsroman sein kann, denn der Anspruch meines Vorhabens lag ja gerade darin, die Versteinerung zu evozieren: das Tausendjährige Reich.

Voraussetzung für das Entstehen dieses Reiches war, daß Deutschland den Zweiten Weltkrieg gewonnen hatte.
    Wie?
    Das war Hitlers Problem, und es war logisch, daß ich mich vor der Beantwortung der Frage zunächst einmal zu ihm aufmachte. Im letzten Teil der *Bormann-Vermerke* – den Aufzeichnungen von Hitlers Gesprächen im Februar und April 1945 – geht es ausschließlich noch um die Frage, warum und wann es schiefgegangen war. Ganz allgemein betrachtet war Hitler der Auffassung, er habe einen viel zu gutmütigen und nachsichtigen Charakter. Während seine Mitarbeiter diesen Charakterzug

ausnutzten, hatte er bei den westlichen Alliierten ausschließlich Dummköpfe wie Churchill und Roosevelt vor
sich, die nicht begreifen konnten, daß er, Hitler, Euro-
pas letzte Chance war, den Bolschewismus zu erledigen.
Statt ihn, Hitler, gegen Stalin zu unterstützen (den er
durchaus nicht verachtete), gruben sie ihr eigenes Grab,
indem sie sich an Stalins Seite stellten. Hitler suchte
Abend für Abend nach einem konkreten Fehler, einem
nachweisbaren Faktum, an dem der Mißerfolg festge-
macht werden könnte. Hätte er vielleicht statt 1939
bereits 1938 angreifen müssen? Damals war das deutsche Volk noch nicht reif genug dafür. Oder eventuell
erst 1942? Hätte er Franco um jeden Preis dazu zwingen
müssen, mitzumachen? Hätte er auf jeden Fall Gibraltar
besetzen müssen, um so das Mittelmeer abzuriegeln?
Daß er die Sowjetunion nicht hätte angreifen dürfen,
das kam ihm natürlich nicht in den Sinn, denn das wäre
dasselbe, wie auszusprechen, daß er nicht hätte leben
dürfen; die Vernichtung des Kommunismus, des Systems der Juden, war die conditio sine qua non seiner
Lehre.

Am Abend des 17. Februar 1945 konnte er die Ursache
endlich dingfest machen: Mussolini. Wir wissen heute,
daß der Duce am 12. Oktober 1940 gekränkt zu seinem
Schwiegersohn Ciano sagte:

> Hitler stellt mich immer vor ein fait accompli. Diesmal
> werde ich ihm mit gleicher Münze zurückzahlen. Er
> wird in der Zeitung lesen müssen, daß ich Griechen-
> land besetzt habe. Dann wird das Gleichgewicht wie-
> der hergestellt sein.

Zwei Wochen darauf griff Mussolini an – und die Katastrophe war komplett. Hitler mußte ihm Hals über Kopf
zu Hilfe eilen, um die italienischen Truppen vor der
völligen Zerschlagung zu bewahren, und dabei, en passant, Griechenland besetzen. Diese Affäre führte darüberhinaus noch zu einem Aufstand in Jugoslawien, und
als der Führer 1941 endlich die Ordnung wieder herge-

stellt hatte, war sein eigener Zeitplan durcheinander geraten. Nun konnte er die Sowjetunion erst im Juni überfallen, statt wie vorgesehen einen Monat früher; dadurch geriet er, ohne bis Moskau vorgedrungen zu sein, in den mörderischen Winter, der schon früher einmal einen Angriff aus dem Westen zunichte gemacht hatte, während Stalin Zeit gewann, einige tüchtige Generäle, die er noch nicht hatte ermorden lassen, aus den Konzentrationslagern an die Front zu holen – und dadurch Hitlers Schicksal besiegelte.

Das war es also, was ich – mit der Zustimmung des Führers selbst – zu tun hatte: den Charakter Mussolinis eine Spur zu verändern. Eine *Nuance* weniger gekränkte Eitelkeit in seinem Charakter (z.B. indem ich eine kleine Bettnässerszene aus dem Anfang der Biographie über Benito herausnahm), eine Spur weniger Kinn für den Duce, und schon hätte Hitler den Krieg gewonnen. Das gab mir eine schöne Möglichkeit, im Vorübergehen der verlogenen Pädagogik der »Charakterbildung« einen Hieb zu versetzen. Die Komik war jedoch allzu auffällig und lähmte mich ein wenig. Dies zeigte sich in der Bitte an einen meiner Freunde, für mich die Geschichte von Deutschlands Sieg zu schreiben. Ich wollte einmal eine andere Meinung dazu hören. Schon am nächsten Tag lag seine Anti-Geschichte in meinem Briefkasten. Sein mitreißendes Drehbuch war völlig anders, als den Charakter Mussolinis eine Nuance zu verändern; er hatte die Weltgeschichte nicht aus den Angeln gehoben, indem er einen kleinen Akzent verschob, sondern indem er alles über den Haufen warf. Ich konnte mich nicht entscheiden, welcher Version ich den Vorzug geben sollte.

Bis mir auf einmal klar wurde, daß, hätte Deutschland den Krieg gewonnen, keiner je genau hätte wissen können, wie Deutschland den Krieg gewonnen hatte. Während des Krieges hatten wir in der Tat beinahe keine Informationen, und nach einem deutschen Sieg wäre das auch so geblieben. Sogar in unserer Welt wis-

sen die meisten zwar, daß Deutschland den Krieg verloren hat, aber kaum einer weiß wie und warum: höchstens, daß die Alliierten die »Stärkeren« waren. Auch die
Situation nach einem nationalsozialistischen Sieg konnte zu einem großen Teil im Dunkeln bleiben. Es wäre
richtiger und ausreichend, in meinem Roman klar zu
stellen, daß Deutschland den Krieg gewonnen hatte, und
hin und wieder ein paar Teile eines (anti-)historischen
Puzzles ins Spiel zu bringen, eines Puzzles, das nie fertig werden würde.

8. Was man in etwa wissen könnte

Weil die geplanten Festlichkeiten zum 25-jährigen Bestehen von Auschwitz in meinem Roman eine Rolle
spielen sollten, wollte ich als Erzählzeit das Jahr 1967
wählen. Man würde so lange nach dem Krieg und in
Ermangelung einer der Wahrheit entsprechenden Geschichtsschreibung nur noch eine vage Vorstellung von
den Ereignissen haben. Die nach dem Krieg geborene
jüngere Generation würde nicht einmal mehr begreifen,
was ihre Eltern mit »Geschichte« meinten; für sie war es
immer so gewesen und würde es immer so bleiben. Nur
letzteres traf zu.
    Es hat den Anschein, als sei Stauffenbergs Anschlag
auf Hitler am 20. Juli 1944 erfolgreich gewesen. Hitler
war tot, Beck wurde Staatsoberhaupt und Stauffenberg
kam ins Gefängnis, weil er einen Kompromiß mit den
Russen anstrebte. Beck schloß mit den westlichen Alliierten einen Waffenstillstand, räumte Westeuropa und
bekam daraufhin amerikanische Waffen zur Verfügung
gestellt, um die Sowjetunion auszulöschen. Nachdem
das gelungen war, kam es zu einem erneuten Nazi-
putsch, Beck und seine Minister wurden abgeschlachtet,
Himmler aus dem Gefängnis in Spandau geholt und als
neuer Führer installiert. Er ernannte Heydrich, der
während des Militärregimes untergetaucht war, zu
seinem Nachfolger als Reichsführer SS und Chef der

deutschen Polizei, abgekürzt: *RFSSuChddPol*. West-europa, das bereits in Friedensstimmung war und stark angeschlagen, war binnen weniger Wochen zurücker-obert, einschließlich Englands. Hunderttausende von Amerikanern gerieten in deutsche Kriegsgefangen-schaft. In den Vereinigten Staaten gab es einen natio-nalsozialistischen Putsch, dem sich ein beginnender Bürgerkrieg anschloß. Dem machten die Deutschen jedoch schnell ein Ende: Sie überquerten mit der alten alliierten Invasionsflotte den Atlantischen Ozean, ließen sich von den amerikanischen Nationalsozialisten mit großem Pomp empfangen, mähten diese darauf mit Maschinenpistolen über den Haufen und übernahmen selbst die Macht. Heydrich, der diese Blitzaktion geleitet hatte, besuchte auf dem Rückweg Den Haag, wo ein Anschlag auf ihn verübt wurde, bei dem er den rechten Arm verlor; der Täter wurde nie dingfest gemacht. Nach dem unaufgeklärten Tod Himmlers ein paar Jahre spä-ter wurde Heydrich der dritte Führer. Seine erste Maß-nahme bestand darin, den Nazigruß von nun an mit dem linken Arm ausführen zu lassen, seine zweite Maßnah-me betraf die Niederlande. Wie schon Hitler hatte Himmler aus rassischen Gründen eine gute Meinung von den Niederländern, da sie ja schließlich ebenfalls Germanen waren; Heydrich jedoch engte den Begriff vom *Herrenvolk* ein und ließ ihn nur noch für Deutsch-sprachige zu, so wurde den Niederländern die Rechnung für seinen Arm präsentiert. Nach einigen Monaten be-gannen bereits die Deportationen nach Polen. Auffallend arisch aussehende Kinder bis zu fünf Jahren wurden ihren Eltern entzogen und ins Reich gebracht, um dort *eingedeutscht* zu werden. Mitglieder der Waffen-SS durften samt ihren Familien wohnen bleiben. Kranke, Behinderte, Verbrecher, Geisteskranke und Personen über sechzig mußten sich melden und wurden erschos-sen. Künstler, Intellektuelle, Wissenschaftler und Geist-liche wurden verhaftet und zur Zwangsarbeit in die Minen von Süd-Limburg verpflichtet. Personen zwischen fünfzig und sechzig mußten ebenfalls in den Niederlan-

140

den bleiben und wurden Leibeigene der langsam hereinströmenden deutschen Kolonisten, die meisten von ihnen waren Ritterkreuzträger der SS. Die Schwerindustrie wurde demontiert und ins Reich transportiert; Facharbeiter wurden von ihren Familien getrennt und dem Millionenheer von Sklavenarbeitern aus ganz Westeuropa einverleibt. Nach Hunderttausenden von Exekutionen unzuverlässiger Elemente, von Halb- und Vierteljuden, von Kommunisten, Sozialisten, Liberalen, Freimaurern, Christen und Rosenkreuzern, wurde eine Provinz nach der anderen ins »Generalgouvernement« abtransportiert, wie Polen jetzt hieß. Nur wenige leisteten Widerstand. Zehntausende begingen Selbstmord, unzählige starben auf den Transporten, die bis zu fünf Monate dauerten. Wer jung und stark war, mußte zu Fuß gehen. Wie die Deutschen die Niederlande vom Osten her übernahmen, so übernahmen die Niederländer das Generalgouvernement vom Westen her, mit Ausnahme des Küstengebiets an der Ostsee, das wieder zum Reich gehörte. Mit denselben Zügen und Lastwagen, mit denen die Niederländer angekommen waren, wurden die Polen abtransportiert, um, wie man sagte, »straßenbauend in den Osten geführt« zu werden, aber jeder wußte, daß sie auf direktem Weg nach Auschwitz, Sobibor, Belzec und Maidanek transportiert wurden, um dort vergast zu werden. Die letzten Juden aus England, Spanien, Nordafrika und Palästina waren dort gerade verarbeitet worden. Als die Niederlande von den Niederländern gesäubert waren und diese die Grenze zur ehemaligen Sowjetunion erreichten, kamen die ersten Tschechen und Russen aus den Großstädten zur Vernichtung in den Lagern an; der Rest der Bevölkerung verrichtete Sklavenarbeit auf dem Lande, das von deutschen Adelsburgen beherrscht wurde. Zu der Zeit wurde aus all dem kein Geheimnis mehr gemacht. Was sonst noch in der Welt passierte, wußte niemand. Man munkelte, in Amerika seien Vernichtungslager hochgezogen worden, noch größer als Auschwitz. Es schien auch so etwas wie einen Vergasungswettlauf mit Japan zu geben, das Asien von feindlichen Elementen säuberte, unter ihnen zahlreiche Weiße, vielleicht sogar Deutsche. SS-Philologen hatten zwar inzwischen den wissenschaftlichen Nachweis für die geniale Mutmaßung Himmlers erbracht, die germanischen Runen und das japanische Katakana seien miteinander verwandt; Deutschland und Japan schienen sich dennoch nicht gut zu vertragen. Es kam jedoch niemals zum offenen Konflikt; oder, vielleicht war es schon dazu gekommen, nur wußte niemand etwas davon. Weltnachrichten wurden im Generalgouvernement nicht mehr verbreitet. Die *Welt* existierte nicht mehr, nur noch die Sorge um ein paar Quadratmeter zum Überleben. Das Tausendjährige Reich hatte begonnen. Es war seit 34 Jahren im Gange. 966 Jahre lagen noch vor ihm. Man hatte eine Art Radiokabelkanal eingerichtet, Radio Magdalena genannt, der ausschließlich Unterhaltungsmusik sendete, aufgrund einer Bemerkung Hitlers über die *Ostgebiete* vom 3. März 1942 (*Tischgespräche*):

Am besten wäre es, man lehrte sie nur eine Zeichensprache verstehen. Durch den Rundfunk wird der Gemeinde vorgesetzt, was ihr zuträglich ist: Musik unbegrenzt. Nur geistige Arbeit sollen sie nicht lernen.

Wer mit einem Radioapparat ertappt wurde, mit dem man »Germania« empfangen konnte, den Sender für die Deutschen, wurde erschossen. Bücher wurden nicht mehr verlegt, zweimal wöchentlich erschien eine Zeitung, in der keine Information zu finden war. Unterricht gab es nur in sehr begrenztem Umfang. Dies basierend auf einem Memorandum Himmlers vom Mai 1940:

Für die nichtdeutsche Bevölkerung des Ostens darf es keine höhere Schule geben als die vierklassige Volksschule. Das Ziel dieser Volksschule hat lediglich zu sein: Einfaches Rechnen bis höchstens 500, Schreiben des Namens, eine Lehre, daß es ein göttliches Gebot ist, den Deutschen gehorsam zu sein und ehrlich,

142

fleißig und brav zu sein. Lesen halte ich nicht für erforderlich. Außer dieser Schule darf es im Osten überhaupt keine Schulen geben.

Verhaftungen, Hinrichtungen und Selbstmorde standen immer noch auf der Tagesordnung, auch die Razzien auf blonde Kinder. Die Geburtenrate ging zurück. Wer nicht bereits als Säugling starb, wurde Opfer von Unterernährung und Kälte, auf jeden Fall das Opfer geistiger Erschöpfung. »1951« brachte eine Choleraepedemie eine Million Niederländer um; es wurde nichts dagegen getan – vermutlich war das Gegenteil der Fall. »1955« lebten noch schätzungsweise eineinhalb Millionen Niederländer. Eine Million arbeitete auf dem Land, die anderen waren in den Überresten Warschaus, Krakaus und Lublins konzentriert, die jetzt »Amsterdam«, »Den Haag« und »Utrecht« hießen. Berlin hatte den Namen »Germania« erhalten, Amsterdam »Rembrandt-Stadt«, Den Haag »Hauptdienstleiter-Schmidt-Stadt«, und Utrecht hieß seit 1960 »Ir. A. Mussert-Stadt«. In diesem Jahr, demselben, in dem Einwohner »Den Haags« zum ersten Mal Araber und Schwarze in den Viehwaggons nach Auschwitz sahen, war der NSB-Führer gestorben. Manche behaupteten, er habe Selbstmord begangen, weil er, zurückgeblieben in den Niederlanden, in Germania nichts für sein deportiertes Volk hatte erreichen können, nicht einmal die Erlaubnis, wieder medizinische Praxen zu eröffnen oder höhere Schulen einzurichten; andere waren davon überzeugt, daß er von den Deutschen ermordet worden war, weil er auch nur den Versuch dazu unternommen hatte. Er bekam ein Begräbnis mit allen militärischen Ehren und ein Denkmal von Arno Breker in »Amsterdam«, wo die Niederländer in den Kellern und Ruinen der verwüsteten Stadt dahinvegetierten wie heutzutage die Menschen in den Slums, in den Benzintonnen und den Abwasseranlagen Asiens, Afrikas und Lateinamerikas.

9. Hitler und die Atombombe

Die Vergangenheit würde ungewiß bleiben; aber was ich unbedingt brauchte, war die Atombombe. Deutschland hätte *trotz* der amerikanischen Atombombe siegen müssen, denn in *Die Zukunft von gestern* sollten die Kernwaffen die gleiche Rolle spielen, die das Zyklon-B-Gas heute in unserem Bewußtsein hat: die des uneingeschränkten Tabus, der absoluten Ächtung.

Man weiß, daß Hitler nicht viel von der Atomenergie hielt. Er dachte ahistorisch und wollte *»die bisherigen historischen Grundlagen«* vernichten, um sie schließlich durch *»eine vollständig neue antihistorische Ordnung«* zu ersetzen (wie er bereits vor dem Krieg Rauschning mitgeteilt hatte). Er war eigentlich nicht in der Lage, sich technische Neuerungen vorzustellen, die über die technischen Standards des Ersten Weltkriegs und der zwanziger und dreißiger Jahre hinaus machbar wären. Er dachte nur in Begriffen einer Verbesserung der bereits vorhandenen Möglichkeiten. Speer schreibt in seinen Memoiren, der Bau einer Atombombe ginge offenbar über Hitlers Vorstellungsvermögen hinaus, und er habe den revolutionären Charakter der Kernphysik nie begreifen können. Das hing natürlich damit zusammen, daß die Atomphysik zum größten Teil auf Arbeiten von Juden aufbaute, mit Einstein als Symbol. Der Terminus *Jüdische Physik* war in jenen Tagen durchaus gängig. Man könnte also sagen, Hitler habe mit den Juden auch den Sieg aus dem Land vertrieben, aber für ihn bestand der Sieg ja gerade in der Ausschaltung der Juden. Die Rassenlehre war die *»intellektuelle Basis«* seiner *»antihistorischen Ordnung«*, wie er Rauschning erklärt hatte. Daß er den Krieg verlieren mußte, war unausweichliche Folge seiner Philosophie.

Aber im anderen Lager, das in diesem Konflikt die Geschichte verkörperte, sorgten sich bereits 1939 verschiedene Kernphysiker wegen der arroganten Haltung, die das kleine Deutschland gegenüber dem Rest der Welt einnahm. Hatten die Deutschen etwa noch einen Trumpf in der Hand? Konnten sie sich diese Haltung vielleicht deswegen leisten, weil sie auf dem Weg zur Atombombe waren? Sie drängten schon vor Ausbruch des Zweiten Weltkriegs Einstein zu einem Brief, in dem Präsident Roosevelt über diese Befürchtung informiert werden sollte. Einsteins Unterschrift war die Keimzelle der amerikanischen Atombombe. Gleichzeitig mit dem Beginn der Invasion der Alliierten in Europa im Jahr 1944 wurde eine Spezialeinheit beauftragt, den Entwicklungsstand der deutschen Atombombe in Erfahrung zu bringen und möglichst viele Kernphysiker, vor allem Heisenberg und von Weizsäcker, festzunehmen. Es stellte sich jedoch schnell heraus, daß von einem deutschen Atomprojekt kaum je die Rede gewesen war.

10. Zweierlei Kriegsverbrecher

Neben den Schreibtischtätern kennt die Welt zwei Arten von Kriegsverbrechern: altmodische und moderne.

Der altmodische Typus ist eine verkrachte Existenz, ein Versager, einer, der beispielsweise in SS-Uniform auf dem Bahnsteig eines Vernichtungslagers steht und die »Selektion« durchführt. Aus der langen Reihe Viehwaggons, die aus Ungarn oder den Niederlanden ankommen, stolpern Tausende von Männern, Frauen und Kindern, halbtot von der tagelangen Reise, ohne auch nur entfernt zu wissen, wohin sie geraten sind. Die Toten bleiben in den Waggons zurück. Mitten im Gestank seiner Opfer schaut der Kriegsverbrecher dieser Kategorie einem nach dem anderen in die Augen und ordnet an, wer auf der Stelle sterben muß (alte Menschen, Kranke und Kinder) und wer noch eine Weile in den Außenstellen der Industrie arbeiten darf, bis seine Zeit für das Gas oder eine andere Todesart gekommen ist.

Der moderne Kriegsverbrecher dagegen ist jung und hochspezialisiert; er hält sich in einer teuren Maschine auf, Tausende von Metern über seinen Opfern, die höchstens ein altmodisches Fahrrad besitzen und von denen er vielleicht noch nie einen mit eigenen Augen gesehen hat. Der junge Mann drückt auf einen Knopf, und liest dann erst am nächsten Tag in der Zeitung, was er angerichtet hat.

Wer von beiden ist unmenschlicher?

Diese Frage bringt mich in Verlegenheit. Denn einerseits ist natürlich der Deutsche unmenschlicher, gerade weil er seinen Opfern aus nur einem Meter Entfernung in die Augen schaut, gerade weil er sieht, wie sie versuchen, ihre Babies vor ihm unter den Kleidern zu verbergen – und er sie trotzdem ohne einen Funken Mitleid in den Tod schickt. Andererseits ist natürlich gerade der Amerikaner unmenschlicher, der seine Opfer in seinem Bomber nicht einmal sieht und sie trotzdem tötet. Ich muß daraus schließen, daß einer unmenschlicher ist als der andere. Aber die Unmenschlichkeit des Deutschen ist die Unmenschlichkeit des Menschen, die Unmenschlichkeit des Amerikaners die Unmenschlichkeit der Maschine.

Daher ist der imperialistische Kriegsverbrecher moderner als der nationalsozialistische. Es ist der Gegensatz zwischen Massenproduktion und Handwerk, zwischen Fortschritt und Rückständigkeit. Daraus erklärt sich auch die sonderbare Beunruhigung, wenn in Vietnam eine amerikanische Patrouille einmal in das veraltete Handwerk zurückfällt und ein paar Dörfer mit Maschinenpistolen ausrottet. Dann bricht große Entrüstung aus, und das Verbrechen muß von Militärtribunalen untersucht werden, und zwar nicht, weil dabei unschuldige Menschen getötet wurden – denn bei Bombenangriffen geschieht das ja tausendfach –, sondern weil es altmodisch ist.

11. Vergleichende Geschichte von Auschwitz und Hiroshima

Unter meinen Aufzeichnungen von 1962, die ich beim Schreiben in dieses Protokoll einarbeite, finde ich Blätter vollgeschrieben mit diesen Jakobsleitern in die Hölle:

A
U
HIROSHIMA
C
AUSCHWITZ
I
R
O
HIROSHIMA
AUSCHWITZ
I
M
A
U
HIROSHIMA
C
AUSCHWITZ
W
I
T
Z

Für mein Buch stellte ich auch eine vergleichende Liste von Jahreszahlen zusammen: einerseits der *Endlösung* mit der höchsten Geheimhaltungsstufe und andererseits des *Manhattan Projects,* ebenfalls mit höchster Geheimhaltung. Die Liste brachte auffallende Parallelen ans Licht:

A-BOMBE	ZYKLON-B
1925	
Rutherford: – Die Gewinnung von Atomenergie wird noch tausend Jahre benötigen.	Hitler: – Im Ersten Weltkrieg hätte man ein paar tausend Juden vergasen müssen.
1939	
Einstein unterstützt den Plan zum Bau einer A-Bombe.	Erste Vergasungen von 60.000 Geisteskranken.
1940	
Zeit der Vorbereitung. Die Wissenschaftler machen Druck.	Zeit der Vorbereitung. Die Gestapo macht Druck.
1941	
Gründung der »Abt. Uran« in der Forschungskommission zur nationalen Verteidigung. Beschluß über finanzielle und technische Unterstützung.	Erweiterung des alten Kasernenkomplexes in Auschwitz. Konzession an die IG Farben zum Bau einer Fabrik für synthetisches Benzin. Höss Kommandant.
1942	
»Manhattan Engineering District« gegründet. Los Alamos wird gegründet. Erste Kettenreaktion.	Wannseekonferenz: »Endlösung der Judenfrage«. Bau von Vergasungseinrichtungen in Birkenau: Auschwitz II. Erste Vergasungen.
1943	
Projekt in vollem Betrieb mit Oppenheimer als Chef.	Große Gaskammern in Betrieb: 10.000 Personen pro Tag.
1944	
Zahlreiche Wissenschaftler protestieren gegen den Einsatz der Bombe.	Ende der Vergasungen in Auschwitz.

1945

Atombomben auf Hiro-	Verhaftung von Höss und
shima & Nagasaki.	einer Reihe anderer Schuldi-
	ger.

Die Aufzählungen auf der rechten Liste hören mit Kriegsende abrupt auf. Was blieb war Liquidation: die Nürnberger Prozesse, 1947 die Hinrichtung von Höss (in Polen), 1962 die Hinrichtung Eichmanns (in Israel), und danach in unregelmäßiger Folge einige Prozesse in Deutschland.

Die Liste auf der linken Seite dagegen wird laufend weiter ergänzt. 1952 fand die erste Testexplosion einer H-Bombe, einer Wasserstoffbombe, statt. Es folgten russische, französische und chinesische Bomben, es wurden unterirdische Atomtests durchgeführt, in der ganzen Welt werden Bomben in Massenfertigung hergestellt, und es sieht vorläufig nicht danach aus, als ob diese Liste je ein Ende finden würde.

12. Die Grundlinien der Handlung

Hätte Deutschland den Krieg gewonnen, wäre die Sache genau umgekehrt gewesen: die Liste auf der rechten Seite wäre immer weiter fortgeschrieben worden: mit Zyklon-C, –D, und Gott allein weiß, womit noch, während die auf der linken Seite ein abruptes Ende gefunden hätte.

Nachdem die Amerikaner auch noch eine Atombombe auf Berlin geworfen hatten (und auf diese Weise ein wunderbares Baugelände für Germania geschaffen), fand das Pendant zu den Nürnberger Prozessen in Washington statt. Truman hatte Selbstmord begangen, englische Nationalsozialisten hatten in Manchester Churchill an einer Tankstelle aufgehängt, und im ersten Prozeß war gegen die verantwortlichen Minister und militärischen Befehlshaber verhandelt worden, u.a. gegen Eisenhower und Montgomery. Das deutsche Gericht unter Vorsitz von Freisler verurteilte sie alle zum Tod; – niemand würde jedoch erfahren haben, daß sie im Keller des Capitol mit dem Kinn an Fleischerhaken aufgehängt wurden und daß Himmler zu seinem Privatvergnügen davon Filmaufnahmen hatte machen lassen.

Der zweite Prozeß sah die wichtigsten Naturwissenschaftler auf der Anklagebank erscheinen, unter ihnen Einstein, Fermi, Teller, womit endgültig demonstriert war, daß es die Juden waren, denen es um die Vernichtung des Menschengeschlechts ging. Während des Prozesses wurden die technischen Anlagen in Los Alamos, Hanford und Oak Ridge gesprengt. Alle Mitarbeiter wurden umgebracht, bis auf die Hauptfigur: Oppenheimer. Er hatte entkommen und untertauchen können. »1966« erst in Argentinien verhaftet, wurde ihm im Jahr darauf in Germania der Prozeß gemacht.

Damit bin ich am Anfang der Geschichte, die ich in *Die Zukunft von gestern* erzählen wollte. Wie das in literaturwissenschaftlichen Repertorien üblich ist, werde ich jetzt eine Zusammenfassung des Romans geben.

Das erste Kapitel macht den Leser mit dem beklagenswerten Zustand im polnischen »Amsterdam« im Januar »1967« bekannt, dem Jahr 35 der neugermanischen Zeitrechnung. Der etwa vierzigjährige Kunstschriftleiter Jan Hillen begibt sich nach Beendigung seiner täglichen Arbeit bei »De Telegraaf«, der einzigen noch existierenden niederländischen Zeitung, nach Hause. Noch auf der Treppe begegnet er dem Korrektor Gerben Ramaker, der ihn für den Abend zu seinem Geburtstag einlädt. Sie gehen gemeinsam ein Stück weiter, und durch ihr Gespräch und verschiedene kleine Vorfälle während dieses Spaziergangs erhält der Leser einen Eindruck von einer Gesellschaft, die auf das primitivste Niveau herabgesunken ist und in der die beiden Sprecher offenbar eine ziemlich privilegierte Position einnehmen. In dieser Stadt ist alles zerstört, und das nicht nur materiell, von den Häusern bis zu den Schuhen der Menschen, auch die menschlichen Beziehungen und die psychische und physische Gesundheit der Menschen sind kaputt. Die meisten haben das Gespür dafür verloren – oder haben es nie besessen –, daß es auch eine andere Art von Leben geben kann. Das einzig Funktionierende sind die Panzerwagen der Grünen Polizei, die langsam über den gefrorenen Matsch der finsteren Straßen Streife fahren. Während des gesamten Romans wird es in »Amsterdam« dunkel sein, abends, aber auch tagsüber. Ramaker wird an diesem Tag zweiundsechzig Jahre alt, und in seiner zugigen Kellerwohnung sind bereits ein paar Gäste anwesend, als Hillen mit Frau und Sohn eintrifft. Unter den Gästen ist eine Lehrerin, die sich dafür einsetzt, daß die Niederländer ihre Sprache zugunsten des Deutschen aufgeben sollen, weil dadurch der Unterschied zwischen Niederländern und Deutschen faktisch aufgehoben würde; eine Diskriminierung wäre dann unmöglich. Zur Zeit ist es Niederländern verboten, Deutsch zu sprechen; als sie jedoch beginnt, ein Projekt über illegalen Sprachunterricht zu erläutern, meint Hillen, er ziehe es vor, über ein anderes Thema zu sprechen. Außerdem ist noch ein alter Herr anwesend, der in der Verwaltung der Lebensmittelzuteilung arbeitet, jedoch früher in Heemstede Arzt war. Nach einem Führerbefehl Heydrichs ist im Generalgouvernement den Ärzten die Ausübung ihres Berufs verboten; Hillens Frau nimmt ihn trotzdem zur Seite und fragt ihn wegen ihres kränkelnden Sohnes um Rat. Später am Abend untersucht er in einem Nebenzimmer den Jungen; Hillen tut, als merke er nichts. Man spricht über den Oppenheimer-Prozeß, der gerade in Germania stattfindet und zu dem »De Telegraaf« mit einer Sondergenehmigung einen eigenen Berichterstatter schicken durfte: Otto Textor. Sobald das Gespräch auf die Behörden, auf den Aufbau des Tausendjährigen Reiches kommt, wechselt Ramaker das Thema und redet vom Fußballverein, dessen Vorsitzender er ist. Als die Sperrstunde näher rückt, verschwinden die Gäste zwischen den Ruinen in der dunklen Stadt.

Das zweite Kapitel versetzt uns nach Germania. Damit reproduziert der Roman die gläubige, verflossene, verlogene Welt seiner Erzählhandlung, in der der Erzähler wie ein Diktator herrscht und mit seinen Lesern machen kann, was er will. Während in »Amsterdam« immer Dunkelheit herrscht, liegt Germania ständig im grellen Sonnenschein; aber es ist keine Sonne, die wärmt, es ist die Sonne Antarktikas. Hier lernen wir den Helden des Buches kennen, den gerade erwähnten Otto Textor. Er ist ein hellblonder Mann von dreiunddreißig Jahren, in seiner Kinderzeit gerade ein paar Jahre zu alt, um *eingedeutscht* zu werden. Er stammt aus Groningen. Sein Vater wurde wegen eines Herzleidens noch in den Niederlanden umgebracht, die Mutter hat den Fußmarsch quer durch das Reich nicht überlebt. Er ist zum ersten Mal im Zentrum des Weltimperiums, wo es keine Zerstörungen gibt und man alles kaufen kann, selbst Medikamente. Wie alle Nicht-Deutschen, die die Grenzen des Reiches überschreiten, trägt er links auf der Brust das verpflichtete Abzeichen seiner Herkunft aufgenäht; als Niederländer hat er einen gelben Stoffetzen in Form eines Holzschuhs. Wir werden Zeugen des letzten Prozeßtages gegen Oppenheimer. In der Gesellschaft von zwei weiteren Niederländern, die er in Germania kennengelernt hat, verläßt er das Hotel und geht zwischen den kolossalen Bauwerken zur Kongreßhalle, wo der Prozeß stattfindet. Überall werden weitere neue Paläste von Zwangsarbeitern aus anderen westeuropäischen Ländern errichtet, die Heydrichs persönlicher Groll nicht getroffen hat; unter ihnen sind auch zahlreiche amerikanische Facharbeiter. Ehe die drei Niederländer gemeinsam mit Zehntausenden die Halle betreten, sehen sie, daß mitten auf dem unendlichen Adolf-Hitler-Platz ein Galgen errichtet wird; überall sind Sklaven damit beschäftigt, zwischen den erbeuteten Geschützen, die den Platz umsäumen, Sperrgitter aufzubauen. Eine Seite wird vom Oberkommando der Wehrmacht und dem alten Reichstagsgebäude eingenommen, das zwischen den neuen Bauwerken wie ein unansehnliches

Clubhaus wirkt. Im Augenblick ist das NSDAP-Museum für die Öffentlichkeit geschlossen. Auf der anderen Seite steht die neue Reichskanzlei, Hunderte Meter lang; dort ist viel los, Autos fahren vor und wieder ab, die Polizei ist allgegenwärtig, selbst auf den Dächern. Spannung liegt über der Stadt. In der Mitte der Halle, die so groß wie ein Stadion ist, lauscht der ergraute Atomwissenschaftler in einem kugelsicheren Glaskasten auf die Urteilsverkündung. Otto Textor kann von seinem Platz auf der Tribüne das Gesicht des Verdächtigen kaum erkennen, und die Verwendung eines Fernglases ist ihm als Nicht-Deutschen natürlich verboten; aber er kann die Augen nicht von der winzigen Gestalt dort unten abwenden, von diesem Wesen, das ein echter *Jude* ist – vielleicht der letzte seiner dem Tod geweihten Rasse. SS-Obergruppenführer Dr. Ohlendorf, der Vorsitzende des Tribunals, geht eineinhalb Stunden lang nochmals auf das Verbrechen ein, dessen Oppenheimer für schuldig befunden wurde: die Möglichkeit zum »Massenmord ohne Ansehen der Person« geschaffen zu haben. Aus einer Stadt, sagt er (und Otto Textor notiert), auf die eine Atombombe geworfen wird, wie einst auf Berlin, gibt es kein Entkommen mehr und keine Ausnahme: Freund und Feind werden getroffen, Arier, minderwertige Menschentypen, Tiere, Pflanzen, nichts wird verschont, nicht einmal die Ungeborenen, denn oft werden die Überlebenden unfruchtbar oder können nur noch Monster zur Welt bringen, wie die zahllosen mißgestalteten Zeugen der Anklage ja zur Genüge bewiesen haben. Man habe sich inzwischen, wegen der ständigen Sorge des Staates um die Rassenreinheit, gezwungen gesehen, diese Zeugen einer *Sonderbehandlung* zu unterziehen – dies geschah jedoch *selektiv*; und es sei gerade dieses Fehlen einer Selektionsmöglichkeit, die den jüdischen Charakter der Atomwaffe aufdecke. Das internationale Judentum sei ja darauf aus, *jedes* menschliche Leben zu vernichten. Wie Adolf Hitler bereits in *Mein Kampf* geschrieben habe (und hier wartet der Vorsitzende kurz, bis alle sich erhoben haben):

Siegt der Jude mit Hilfe seines marxistischen Glaubensbekenntnisses über die Völker dieser Erde, dann wird seine Krone der Totentanz der Menschheit sein, dann wird dieser Planet wieder wie einst vor Jahrmillionen menschenleer durch den Äther ziehen.

Und weil auch überzeugend dargelegt werden konnte, daß der Jude Oppenheimer bereits in jungen Jahren mit dem Marxismus sympathisierte, lautet das Urteil: Tod durch den Strick, innerhalb von vierundzwanzig Stunden in der Öffentlichkeit zu vollstrecken. Unter tosenden *»Sieg Heil«*-Rufen sinkt der Boden des Glaskastens mit dem Angeklagten und seinen zwei Bewachern langsam zu den Kerkern hinab; anschließend wird mit erhobenem linken Arm die Nationalhymne *Deutschland, Deutschland über alles* angestimmt, gefolgt vom *Horst-Wessel-Lied*. An diesem Abend (was nicht heißen soll, daß die Sonne über Germania untergegangen wäre) sitzt Otto Textor im Aufenthaltsraum seines Hotels *Im Holzschuh*. Es ist ausschließlich niederländischen Gästen vorbehalten, wie es auch für alle anderen besetzten Gebiete spezielle Hotels in der Welthauptstadt gibt; sie liegen alle nebeneinander in derselben Prinz-Albrecht-Straße, in der auch das Hauptgebäude der Gestapo seinen Sitz hat. Privatkontakte von Gästen aus unterschiedlichen Gebieten sind streng verboten. Textor hat seinen Bericht geschrieben und zur Zensur gebracht, die auch den Versand übernimmt; jetzt sitzt er mit den beiden anderen Niederländern am Tisch, auf dem, wie auf allen Tischen, ein Mikrofon steht. Seine beiden Nachbarn, Henk Tuinland und Wim Oudemans, sind ungefähr genauso alt wie er; auch sie schreiben täglich Berichte oder Rapporte, die sie irgendwohin bringen. Otto Textor weiß aber nicht, welchen Beruf sie ausüben oder weshalb sie sich in Germania aufhalten, und er ist klug genug, auch nicht danach zu fragen – ganz davon zu schweigen, Informationen über sich selbst zu geben. Tuinland und Oudemans versuchen schon die ganze Zeit vorsichtig, ihn und sich gegenseitig auszufragen, aber

keiner gibt sich eine Blöße. Jeder von ihnen ist sich
dessen bewußt, daß er jeden Augenblick wegen einer
Nichtigkeit festgenommen und ermordet werden kann,
ohne daß man ihm den Grund mitteilen würde. Otto
Textor ist es inzwischen ziemlich gleichgültig, wer die
beiden sind; er ist davon überzeugt, daß einer von ihnen
die Aufgabe hat, ihn zu überwachen, und der andere,
wiederum den Bewacher zu bewachen – wenn auch
vermutlich keiner der beiden weiß, ob er der Bewacher
oder der bewachte Bewacher ist, so daß vielleicht beide
in ihm den Bewacher des Bewachers vermuten. Sie
bilden eine Dreifaltigkeit, wenn auch sicher keine heilige. Mit diesem letztgenannten Motiv hängt auch ihre
Diskussion über eine kleine Meldung zusammen, die
Oudemans heute zufällig aufgeschnappt hat; es geht um
ein Ereignis, das fünf Jahre zurückliegt und in »Amsterdam« nie bekannt wurde. Als nach dem Tod Johan-
nes XXIII. das Konklave zusammentrat, war eine Gruppe von Rekruten der SS-Junkerschule Barbarossa aus
Bad Tölz zu Besuch in Rom; sie waren in die Sixtinische
Kapelle eingedrungen und hatten in einer kurzen *Saal-
schlacht* alle Kardinäle mausetot geschlagen. Seither
gibt es keinen Papst mehr, die jungen Leute bekamen
einen Tadel, Sankt Peter wurde in »Museum des Papst-
tums« umbenannt, und man konnte niemanden des
Papstmordes bezichtigen, denn zu dem Zeitpunkt hatte
es gar keinen Papst gegeben. Als die drei Niederländer
zu lachen aufgehört und noch eine Flasche Piesporter
Arschtröpfchen bestellt haben, kommen sie wieder auf
die ethischen Unterschiede zwischen selektiven und
nicht selektiven Massenvernichtungen zurück. Als sie
aufbrechen, um schlafen zu gehen, bemerkt Tuinland
auf einmal benebelt: »Wenn Deutschland den Krieg verloren hätte, wäre vermutlich jetzt schon der Dritte Weltkrieg vorbei und unser Planet würde tatsächlich menschenleer durch den Äther ziehen.« Diese Bemerkung
läßt Otto Textor mit einem Schlag stocknüchtern werden.

Das dritte Kapitel beginnt in derselben Nacht: Otto Textor geht unruhig im Hotelzimmer auf und ab und zerbricht sich den Kopf über die Frage, ob wirklich unter allen Umständen Menschenvernichtungen in irgendeiner Weise nötig sind. Wenn Deutschland den Krieg verloren hätte ... die Vorstellung verblüfft ihn durch die Einfachheit des Gedankens. Was wäre dann geschehen? Er legt sich aufs Bett und steht sofort wieder auf. Die Vergasungen wären dann vermutlich mit demselben Tabu belegt wie heutzutage die Atombombe, aber würde das dann nicht auch bedeuten, daß die Juden ihren Machenschaften weiterhin ungehindert nachgegangen wären, so daß die Menschheit dann heute tatsächlich bereits ausgerottet wäre – nicht dezimiert, wie jetzt, sondern völlig eliminiert? Die Juden wären am Leben geblieben! Wie soll man sich eine Welt von Ariern *und* Juden vorstellen? Das ist doch völlig undenkbar. Die Niederländer wären dann vielleicht nicht deportiert, sondern in ihrem eigenen Land auf eine grauenhafte Weise von den jüdisch-plutokratischen Blutegeln der völkischen Arbeit ausgesaugt worden, und es ist noch sehr die Frage, ob es ihnen dann besser ergangen wäre als heute im Generalgouvernement. Und während der Westen von der Welthydra des internationalen Börsenjudentums ausgeplündert wäre, würde der Osten von den Stiefeln des jüdisch-bolschewistischen Tiermenschen zertreten werden. Hätten sich in Amerika und Rußland arische Kräfte durchsetzen können, die die Juden, mit ihrem Bolschewismus und Kapital und Atombomben und ihrer unverwüstlichen Rassensolidarität, hätten in Zaum halten können, ohne sie zu vergasen? Und aus Deutschland hätte die jüdische Ranküne bestimmt einen Kartoffelacker gemacht, wie es der Jude Morgenthau bereits einmal vorgeschlagen hatte. Auch die *Protokolle der Weisen von Zion* ließen wenig Zweifel über die wahren Absichten dieser Weltvergifter. Sie hätten die deutschen Frauen vergewaltigt und mit ihrem Blut deren Blut und mit ihrem Samen deren arische Eiweiße vergiftet, so daß nur noch impotente Bastarde

156

geboren würden, die sie als Sklaven für die Landarbeit einsetzen würden. Otto Textor zieht die Vorhänge auf und schaut über Germania, das um diese Stunde still unter der Mitternachtssonne liegt. Das Fenster aus kugelsicherem Glas (vor allem gegen Kugeln, die von drinnen nach draußen schlagen könnten) kann natürlich nicht geöffnet werden. Immer wieder fahren LKWs mit Truppen durch die Straßen, an einigen Straßenecken parken gepanzerte Wagen. Diese überwältigende Metropole würde es dann nicht geben, nur Ruinen, die nach der Atomexplosion zurückgeblieben wären. Oder hätte sich alles noch anders abgespielt, positiver vielleicht, in einer Weise, die man sich einfach nicht vorstellen kann? Am nächsten Tag geht er mit den unzertrennlichen Kumpeln Tuinland und Oudemans wieder zum Adolf-Hitler-Platz, wo alles für die bevorstehende Hinrichtung vorbereitet ist. Hundertausende sind auf den Beinen. Vor dem Gebäude des Oberkommandos der Wehrmacht spielt ein Fanfarenorchester der Marine mit dreizehnhundert Mann fröhliche Marschmusik; vor der Reichskanzlei ist ein großer Platz abgesperrt, der sich langsam mit SS-Bataillonen füllt. Sie tragen die weißen Uniformen, die Heydrich nach Hitlers Tod eingeführt hat. Von der Kongreßhalle zum Schafott ist ein vergitterter Gang angelegt, wie im Zirkus für die Löwennummer. Otto Textor saugt alles, was er sieht, in sich hinein, er weiß, daß er vermutlich nie wieder hierher zurückkehren wird. Als die Kolonne in dem vergitterten Gang auftaucht, in der Mitte Oppenheimer in Handschellen, entsteht eine kurze Stille – aber die Kapelle intoniert sofort eine fröhliche Melodie und alle stimmen ein:

Wenns Judenblut vom Messer spritzt,
ei, da gehts noch mal so gut!

Der alte Mann steigt die Treppe zum Schafott empor und bekommt die Schlinge um den Hals gelegt. Er schaut melancholisch über die Menschenmenge, »die wogt wie der Wannsee«, und denkt vielleicht an die Zeit in Deutschland zurück, als er in den zwanziger Jahren in Göttingen studierte. »*Juda verrecke!*« johlt die Menge, bis die Trommeln zu wirbeln beginnen wie vor einem großen Salto Mortale. Jäh öffnet sich die Bodenklappe unter den Füßen des Atomwissenschaftlers, und ehe man erfassen kann, was dort geschieht, baumelt er bereits zwei Meter tiefer mit gebrochenem Hals. Ein Seufzer der Verwunderung und Enttäuschung geht durch die Menge, man hatte sich auf ein bunteres und auch längeres Schauspiel gefreut. Das Orchester setzt wieder ein, und man singt trotzdem mit:

So stehen die Sturmkolonnen zum Rassenkampf bereit!
Erst wenn die Juden bluten, erst dann sind wir befreit!

Der allgemeine Unmut schwindet jedoch schnell, als man sieht, daß inzwischen auf dem Balkon der Reichskanzlei eine Gruppe uniformierter Männer angetreten ist. Obwohl man die Gesichter auf die Entfernung nicht unterscheiden kann, muß der Führer unter ihnen sein, und das Lied wird von skandierten Rufen unterbrochen: »Rein-hart-Hey-drich – Rein-hart-Hey-drich!« Otto Textor stellt sich auf die Zehenspitzen und versucht ihn ins Blickfeld zu bekommen, das Herz rast ihm vor Aufregung in der Brust; es ist das erste Mal, daß er den Führer zu Gesicht bekommt. »Das ist er, der in der Mitte«, keucht Oudemans. »Nein«, sagt Tuinland, »der Große, dort rechts.« »Aber der hat doch noch beide Arme«, meint Otto Textor und reckt sich in die Höhe. Das Orchester setzt mit dem *Badenweiler Marsch* ein, seit Hitler die Erkennungsmelodie aller Führer, und anschließend donnert eine Stimme aus den Lautsprechern: »*Es spricht der Führer Konrad Bayer!*« Die Germanianer brüllen sofort »*Sieg Heil!*«, auch Otto Textor stimmt ein, und erst beim dritten »*Sieg Heil!*« wird ihm bewußt, daß der Führer doch Reinhart Heydrich heißt und nicht Konrad Bayer, und fassungslos schaut er rechts und links zu seinen Begleitern, die auch nichts begreifen – gütiger Himmel, es hat ein Machtwechsel stattgefunden, es gibt einen neuen Führer: Konrad Bayer – und nach einem etwas weniger lauten vierten »*Sieg Heil!*« donnert das fünfte »*Sieg Heil!*« doppelt begeistert los; ungefähr beim vierundzwanzigsten »*Sieg Heil!*« fällt plötzlich auf, daß die Männer auf dem Balkon nicht den linken, sondern wieder den rechten Arm in die Höhe recken, und unauffällig wechseln auch die Hunderttausende auf dem Platz den Arm; danach ist wieder alles in bester Ordnung, und das sechsundzwanzigste »*Sieg Heil!*« kann ohne weitere Probleme erreicht werden, wie der »Völkische Beobachter« noch am selben Abend und »De Telegraaf« am nächsten Morgen melden wird. Dann ergreift der vierte Führer das Wort. Er scheint der kleinste von den Männern auf dem Balkon zu sein, und er zieht mit einer jungen, schnarrenden Stimme die ideologischen Lehren aus dem Oppenheimer-Prozeß. Er geht mit keinem einzigen Wort auf seine Machtergreifung oder das persönliche Schicksal Heydrichs ein, und auch in den darauffolgenden Tagen, Monaten, Jahren und Jahrhunderten wird das nicht geschehen; erst nach 966 Jahren wird sich herausstellen, daß Heydrich liquidiert wurde, weil man herausgefunden hatte, daß er Halbjude war. Inzwischen wird es Hunderte von Führern gegeben haben, ganze Führerdynastien, und es wird sich noch weniger verändert haben als damals, in diesem früheren tausendjährigen Reich: dem Reich in der Periode zwischen Pharao Djoser im Jahr 2650 v.Chr. und dem Einfall der semitischen Hyksos im Jahr 1650 v.Chr. (Nach deren Vertreibung brach übrigens ein zweites tausendjähriges Reich an bis zum Einfall Assurbanipals aus Assyrien, und nur wenig später trat dann endlich Alexander der Große in die Geschichte ein.) Bayer spricht, als habe es nie einen anderen Führer gegeben oder würde je ein anderer folgen. Er erinnert daran, daß nirgendwo in der Natur Atomenergie vorkommt: Die Juden haben sie erst in die Welt gebracht, und mit den Juden ist sie jetzt von der Erde verschwunden! Nicht nur der Volkskörper, auch die Natur wird endlich von fremden Manipulationen gesäubert! Dank dem Nationalsozialismus wird die Natur wieder human, daher die humane Hinrichtung dieses Juden in Menschengestalt, über die sich viele vielleicht gewundert hatten! Die Natur ist arisch und edel, genau wie die deutsche Seele! Auch die Natur muß nach Jahrhunderten der Entartung in ihrer ganzen dinarischen Reinheit wiederhergestellt werden, deshalb ist der germanische Mensch von nun an nicht nur der Erzfeind der jüdischen Wissenschaft, sondern der Erzfeind jeglicher Wissenschaft, denn jede Wissenschaft ist in ihrem tiefsten Wesen jüdisch! Wer eine Rose quält, indem er sie auseinandernimmt und unter das Mikroskop legt, hat bereits den ersten Schritt auf dem Weg zur Verjudung getan. Naturwissenschaftliche Forschungen sind ab sofort verboten! Die Ersetzung inhumaner Maschinen durch ehrliche Sklavenarbeit wird ab jetzt in erhöhtem Tempo fortgesetzt! Mit dem heutigen Datum hört jegliche Wissenschaft zu existieren auf! Es gibt keine Wissenschaft mehr – auch nicht die Wissenschaft des Teils der Natur, das wir selbst sind: die Medizin! Ab sofort ist sie abgeschafft! Seit heute früh sind alle Apotheken geschlossen! Ärzte werden keine Sprechstunden mehr halten, sondern sich endlich wichtigeren Aufgaben zuwenden können, etwa der Euthanasie, die lange genug vernachlässigt wurde! Medizinische Behandlung der Bevölkerung ist bis auf weiteres nur noch bei Epidemien erlaubt! Vorläufig! Die deutsche Rasse ist aus Sorge um die Folgen der jüdischen Atombombe auf das ehemalige Berlin dekadent geworden; sie wird demnächst weniger Widerstandskraft haben als die unterworfenen Rassen; daher wird sie sich von nun an aus eigener Kraft regenerieren müssen, wobei die Schwachen dazu verdammt sind, unterzugehen – wie es das ewige, humane Gesetz der Natur nun einmal verlangt! In dem Augenblick bricht neben Otto Textor eine ältere Frau zusammen, vor Schreck – vielleicht eine Herzpatientin oder eine Zuckerkranke; aber er mag nicht auf sie achten, schließlich hatte sie auch keine Lust gehabt, darauf zu achten, was in der Welt alles vor sich ging, zum Beispiel, daß im Generalgouvernement bereits seit

Jahren keine Arztpraxen mehr vorhanden sind; eifrig sucht er die kleine, tanzende Gestalt auf dem Balkon zu erkennen: den Pharao, den Allmächtigen. Krankenhäuser, schnarrt dieser, werden *ab sofort* allein noch der reinen Rassenforschung dienen, denn die Rassenlehre ist die einzige humane Wissenschaft! Sie soll nicht nur weiterexistieren, nein, sie wird jetzt erst in großem Maßstab ausgebaut werden! Das Material für ihre Experimente besteht ab sofort nicht mehr nur aus slawischen, negroiden oder anderen Untermenschen, sondern auch aus den *einzudeutschenden* Kindern aus den besetzten Gebieten! Und wenn es sich für die Realisierung einer mathematisch sauberen Rassenreinheit als notwendig erweisen sollte, kreischt Bayer, und es scheint, als wolle er sich einen Weg durch das Gestrüpp von Mikrophonen bahnen, für die totale und radikale *Lohengrinsche* Rassenreinheit, dann wird er nicht einmal davor zurückschrecken, sogar mit Deutschen zu experimentieren, ja, wenn es erforderlich sein muß, sogar mit sich selbst! Jubel, Jubel, Jauchzen, Tränen der Rührung wecken seine Worte, »wie der Rhein ins Meer mündet«.

Das vierte Kapitel zeigt Otto Textor auf der Heimreise; Tuinland und Oudemans sitzen ihm gegenüber im Abteil. Sie haben die Grenze passiert, den gelben Holzschuh von den Anzügen genestelt und blicken schweigend auf die verwüsteten polnischen Dörfer, die hin und wieder an ihnen vorbeigleiten. Otto Textor weiß, daß er noch Wochen brauchen wird, ehe er seine Eindrücke sortiert und verarbeitet hat; seine Gedanken kehren ständig zu der vergangenen Nacht zurück und seinem Versuch, sich eine Welt vorzustellen, in der Deutschland den Krieg verloren hätte. Weshalb läßt ihn diese absurde Idee noch immer nicht los? Und als sie in der Nähe des ausgerotteten, dem Erdboden gleichgemachten Poznan an dem düsteren Ehrenmal für die in Polen gefallenen deutschen Helden vorbeifahren – acht schwere, durch Bögen verbundene Pfeiler, auf denen ewige Flammen brennen –, beschließt er plötzlich, ein Buch darüber zu schreiben, einen Roman, wenigstens eine Erzählung. Seine Mitreisenden wollen wissen, was mit ihm los ist; er muß aufgesprungen sein, sich lachend auf die Knie geschlagen haben, vielleicht gar die rechte Faust in die Handfläche der Linken gestoßen, er weiß es nicht, unschuldig schaut er in vier mißtrauische Augen und sagt, er habe an etwas denken müssen. Und er wird in der Tat schnell an etwas denken müssen, nämlich: Wo kann er das Manuskript verstecken? Wenn es gefunden wird, bedeutet das für ihn den Genickschuß, noch in seinen eigenen vier Wänden. Es ist natürlich auch denkbar, daß er über dieses Thema ein Buch schreiben wird, das vielleicht sogar in Germania publiziert werden und ihm nicht unbeträchtliche Privilegien einbringen kann, weiß Gott, vielleicht gar die Eindeutschung, was bei seinem arischen Äußeren denkbar wäre; aber so etwas hat er nicht vor. Er will die Wahrheit herausfinden, auch wenn dieses Wort hier nicht an der richtigen Stelle zu sein scheint, denn die Wahrheit ist anders, und dieses Andere umgibt ihn. »Trotzdem will er die Wahrheit wissen.« Aber noch denkt er nicht darüber nach, er schiebt es auf, wie man etwas auf die lange Bank schiebt, gerade weil man sich so darauf freut; den Rest der Reise beschäftigt er sich damit, in Gedanken seine Wohnung zu durchforsten auf der Suche nach einem sicheren Versteck. Inzwischen ist es langsam dunkler geworden, im Zug gehen die Lampen an. Daß »Amsterdam« näher kommt, merkt man an den Panzern, die ab und zu durch das ausgestorbene Land kreuzen, manchmal quer über die Äcker. Am Ende der Autobahn aus Germania sieht Textor nach einer Weile das neue Denkmal von Thorak, das bei seiner Abreise vor zehn Tagen noch nicht enthüllt war. Vier titanische Gestalten, jede gut zehn Meter lang, zerren mühsam einen Felsblock vorwärts, die heroischen Torsi in antiker Nacktheit – und Otto Textor fällt auf, daß der Künstler offenbar die letzte Führerrede vorhergeahnt hat, mit seiner Hinwendung zu einer natürlichen Leiblichkeit. Kann ein Künstler etwas darstellen, das es

162

noch gar nicht gibt? Vielleicht gar etwas, das hätte sein können? Tuinland und Oudemans sind an solchen Gedankenspielereien nicht interessiert; sie sind bereits aufgestanden und holen ihr Gepäck aus dem Netz. Langsam fahren sie durch die Ruinen in den Bahnhof, auf dem steht: AMSTERDAM a.d.W., d.h. »Amsterdam an der Weichsel«. Otto Textor wird von seiner Frau Aja abgeholt; sie ist genauso alt und ebenso blond und blauäugig wie er. Er nimmt Abschied von seinen beiden Reisegenossen, die sich ebenfalls voneinander verabschieden. Auf dem Heimweg fragt ihn Aja über Germania aus, und als sie über die Trümmerhaufen des eingestürzten Büros die beiden erhalten gebliebenen Zimmer auf der Rückseite erreicht haben, erzählt sie ihm, daß sie schwanger ist. Otto Textor begreift sofort, was das bedeutet. Ihr Kind wird blond sein und für die Eindeutschung beschlagnahmt werden. Sie werden auf ihr Kind verzichten müssen; das wäre noch zu ertragen, wenn man wüßte, daß es im Reich menschenwürdig würde leben können; nach der letzten Führerrede ist es jedoch wahrscheinlicher, daß es für die Rassenforschung verwendet werden wird. Er berichtet ihr davon. Aja weint. Während er neben ihr sitzt – einen Arm um ihre Schultern, eine Hand auf ihrem Bauch –, denkt er, daß er jetzt einen Grund hat, sein Buch im Sinn der Machthaber zu schreiben: als Gegendienst wird das *Rasse- und Siedlungshauptamt-SS* ihm vielleicht sein Kind lassen. Aber da er sich nicht darauf verlassen kann und sich wohl darüber im klaren ist, daß es im Generalgouvernement ein furchtbares Leben wird erleiden müssen, entschließt er sich gerade zum Gegenteil: Er wird seine Geschichte nicht nur so schreiben, wie er es seiner Ansicht nach tun muß, er wird sich nicht nur auf's Schreiben beschränken, sondern er wird nach Wegen suchen, das Manuskript irgendwie zu vervielfältigen und in Umlauf zu bringen. Und das Kind muß abgetrieben werden – nur, wer soll die Abtreibung vornehmen?

Das fünfte Kapitel beginnt damit, daß Otto Textor in der Redaktion von »De Telegraaf« ankommt. Jeder möchte von ihm erfahren, wie es wirklich in Germania ist, aber er kann nichts anderes antworten, als daß es genauso ist, wie sie es sich immer vorgestellt haben. Im Zimmer des Kunstschriftleiters liest er seine Artikel der letzten Woche durch, um zu sehen, was die Zensur daran verändert hat; aber er hat seinem Ruf als vortrefflicher Journalist alle Ehre gemacht: Es wurde fast nichts gestrichen. Es ist fast so, als läse er die Texte eines Fremden, und das kommt von dem Kind, das in Aja heranwächst. Das Porträt Heydrichs an der Wand ist bereits durch eines von Bayer ersetzt. Zum ersten Mal sieht er das Gesicht der kleinen, tanzenden Gestalt weit entfernt auf dem Balkon der Reichskanzlei: eine mit peinlicher Genauigkeit frisierte junge Ratte, »mit Augen wie zwei Tropfen Schwefelsäure, die auf einen Glacéhandschuh gefallen sind«. Es sind die Augen des Mörders seines Kindes, auch wenn es durch eine Abtreibung ausgelöscht werden wird. Hillen lädt ihn ein, am Abend bei ihm Radio zu hören – als einer der wenigen Niederländer besitzt er einen Apparat, mit dem man Germania empfangen kann. Zu Ehren des neuen Führers gibt es eine Galasendung von Wagners *Lohengrin* aus der großen Oper. Otto Textor sieht an Hillens Augen, daß der Glanz Bayers – den er mit eigenen Augen gesehen hat – auf ihn ausstrahlt »wie die Sonne auf den Gittern des Gefängnisses glänzt«. Am Abend kommt nach den Nachrichten (mit der Meldung, der präparierte Kadaver Oppenheimers sei im NSDAP-Museum beigesetzt worden) die Verbindung mit dem angenehmen Geräuschpegel in der Oper zustande, aus der eine gedämpfte Stimme berichtet, was sich ereignet. Bei Hillen sitzt jeder mit einer zerschlissenen Pferdedecke um die Beine geschlagen, und überall stehen Behälter auf dem Boden, um die Tropfen von der morschen Zimmerdecke aufzufangen. Der *Badenweiler Marsch*, den das NSSO unter Professor Erich Kloss zu spielen beginnt, wird bereits während der ersten Takte von Ovationen überflutet, als der Führer seine Loge betritt. Otto Textor sieht, daß Hillen nur mit Mühe seine Emotion verbergen kann, so erging es ihm vorgestern noch selbst. Jetzt nicht mehr. Und als er ein wenig später der himmlischen Musik lauscht, denkt er an seinen Roman – und auf einmal schießt ihm der Titel in den Kopf: *Die Zukunft von gestern*. Nach dem ersten Akt überfällt er Hillen mit der Frage, ob er ihm einen Arzt nennen könne. Hillen blickt kurz zu seiner Frau und sagt, er könne ihm nicht helfen, und er ist offensichtlich erleichtert, als in Germania der zweite Gang des Grals serviert wird. Auf dem Heimweg erzählt Aja, Hillens Frau habe sie zur Seite genommen; sie glaubt, Ramaker wüßte einen Arzt. Ramaker? Ramaker, der Korrektor.

Das sechste Kapitel beschreibt vor allem den Kontakt Otto Textors mit dem Korrektor. Das Gespräch findet in der Setzerei statt. Ramaker, den Textor bisher kaum gekannt hat, verspricht, ihn mit einem Arzt in Verbindung zu bringen; und obwohl sie eigentlich nur über dieses Thema sprechen, kommt zwischen ihnen noch etwas anderes auf – Sympathie, Wiedererkennen, eine instinktive Annäherung; das führt jedoch vorläufig nur dazu, daß sie ganz besonders auf der Hut sind. Während der alte Lauwers Aja am nächsten Tag untersucht, unterhält sich Otto Textor wieder mit Ramaker, der sie begleitet hat. Sie reden über eine Welt, in der Deutschland den Krieg verloren hätte. Otto Textor erzählt ihm nicht von seinen Plänen, aber er spielt bereits mit dem Gedanken, Ramaker einzuweihen, so daß er ihm, durch seine Stellung bei der Zeitung, vielleicht sogar bei der Vervielfältigung des Textes würde helfen können. Vorläufig sagt Ramaker nicht viel mehr, als daß Otto Textor damit aufhören muß, in der Begrifflichkeit von Rassen zu denken, von Juden und von Ariern, wenn er über diese Welt spricht. Lauwers ist bereit, die Abtreibung vorzunehmen, nur ist der Zeitpunkt dafür noch verfrüht. Es wird erst in zwei Monaten möglich sein.

Das siebte Kapitel beschäftigt sich mit den folgenden zwei Monaten, in denen das Kind in Ajas Gebärmutter und die Geschichte in Otto Textors Gebärvater wächst. Er wie auch Ramaker zeigen einander immer offener ihre wahren Gedanken. Der Korrektor erklärt ihm, was »Geschichte« ist. Wenn Deutschland den Krieg verloren hätte, sagt er, würde die Welt kein Äquivalent der existierenden Welt sein, sie würde »nicht in gleicher Weise *so* sein, wie sie jetzt *anders* ist«. Den Menschen würde es nicht so sehr viel besser gehen – obwohl zweifellos auch das, aber vor allem *anders*. Die Welt befände sich in einem anderen Aggregatzustand als die augenblickliche, nämlich, sie wäre nicht unveränderlich, sondern in Veränderung begriffen, zumindest veränderbar; sie würde sich zur existierenden Welt verhalten »wie der Nil zu den Pyramiden«. Otto Textor bekommt plötzlich wieder Hoffnung und fängt noch am gleichen Tag zu schreiben an. Regelmäßig zeigt er Ramaker, was er geschrieben hat; sein täglicher Gang mit den Papieren in die Setzerei fällt nicht auf. Beide wissen, daß ihr Tun lebensgefährlich ist. Otto Textor versteckt das Manuskript zwischen den Balken der Ruine, in der er wohnt. In diesen Wochen haben mittlerweile auch die Vorbereitungen zur fünfundzwanzigjährigen Gründungsfeier von Auschwitz begonnen: Im April des Jahres 10 waren die ersten Vergasungen erfolgt. Otto Textor, der sich beim Oppenheimer-Prozeß so gut bewährt hatte, soll nun als Berichterstatter dorthin abgeordnet werden; er ist darüber sehr froh, denn diese Arbeit wird ihm zu Material für die Beschreibung der weltweiten Produktion von Atombomben verhelfen. Henk Tuinland und Wim Oudemans tauchen ebenfalls wieder auf, undurchschaubar wie gehabt. Als Otto Textor Ramaker wieder eine Passage zum Lesen gegeben hat, bietet dieser von sich aus an, die Geschichte heimlich in der Druckerei zu vervielfältigen. Am besten solle man sofort damit anfangen; und Otto Textor bringt ihm alles, was er bisher geschrieben hat.

Das achte Kapitel beginnt am frühen Morgen mit Lauwers Vorbereitungen für den abortus provocatus. Ramaker steht draußen Schmiere. Als die Wehen gegen Mittag eingesetzt haben, meldet sich plötzlich Kunstschriftleiter Hillen an; er sagt, das Auto stehe bereit. Auto? Wozu? Und woher weiß Hillen, daß er bei Lauwers ist? Eine Katastrophe kündigt sich an. Textor küßt Aja zum Abschied auf die Stirn, aber vor Schmerz und Kummer nimmt sie kaum mehr wahr, was geschieht. Otto Textor weiß, daß er sie niemals wiedersehen wird, daß sie hingerichtet werden wird, genau wie ihr Kind, wie Lauwers, wie er selbst. Ramaker ist nirgends mehr zu sehen. Auf dem Rücksitz im Auto sitzt ein SS-Mann mit einer Maschinenpistole auf dem Schoß, neben ihm Henk Tuinland und Wim Oudemans. Hillen nimmt neben den Chauffeur Platz, für Otto Textor wird ein Reservesitz ausgeklappt. »Weshalb haben sie euch kassiert?« fragt Otto Textor. »Man hat nicht uns kassiert«, sagt Tuinland; und Oudemans: »Wir haben dich kassiert.« Das Auto fährt weg, aber als sie um die Ecke sind, sagt Tuinland zum Chauffeur, er solle anhalten. »Du darfst wählen, wo du hin möchtest«, sagt Tuinland, und in dem Moment zieht Oudemans das Manuskript von *Die Zukunft von gestern* aus der Jackentasche und sagt, man habe es bei Ramaker gefunden. Otto Textor schaut auf Hillens Hinterkopf, schweigt jedoch. Oder hat ihn Ramaker verraten? Er spürt eine gewisse Erleichterung, als er hört, man habe Ramaker gerade eben festgenommen. Er wird vermutlich wegen eines Schauprozesses nach Germania gebracht, sagt Oudemans, nicht wegen des Manuskripts, sondern weil er früher in den Niederlanden ein hohes Tier im Widerstand gewesen war. Sein richtiger Name ist Wagenaar, merkwürdigerweise kein Jude, wohl aber – Otto Textor darf raten – der Mann, der in Hauptdienstleiter-Schmidt-Stadt, dem früheren Den Haag, den feigen Anschlag auf Heydrich verübt hat. Was Otto Textor selbst angehe, er sei für eine Weile Ursache eines Mißverständnisses zwischen ihnen, Oudemans und Tuinland, gewesen. Er, Oudemans, sei vom

SD, dem Geheimdienst des Reichssicherheitshauptamts, Tuinland von der konkurrierenden Abwehr, dem Geheimdienst der Wehrmacht; Oudemans habe monatelang angenommen, Otto Textor sei der Mann von der Abwehr, und Tuinland wiederum habe Otto Textor für den Mann vom SD gehalten. Erst als gerade eben das Manuskript auftauchte, in seiner Handschrift, hätten sie den Zusammenhang begriffen. Und nun dürfe Otto Textor wählen. Sie können ihn zur Gestapo bringen, wo ihn noch eine Menge Unannehmlichkeiten erwarteten, bis er den Löffel abgegeben haben wird; sie sind aber auch bereit, ihn nach Auschwitz mitzunehmen, wo ihm ein schneller Tod im Gas bevorsteht. Sie müssen sowieso in diese Richtung, da Hillen die Artikel über das Silberjubiläum schreiben soll. Sie überschritten mit diesem Angebot zwar ihre Kompetenzen, aber »schließlich haben wir damals in Germania zu dritt eine lustige Zeit gehabt«. Während der Reise wird nicht mehr gesprochen, Hillen wendet die Augen nicht von der Straße, Tuinland und Oudemans lesen in *Die Zukunft von gestern*. Am Abend essen sie schnell eine Kleinigkeit in »Den Haag«, in der Kaserne der Feldgendarmerie, und gleich danach kommt Auschwitz in Sicht: ein neues Ruhrgebiet, Fabriken, rauchende Hochöfen, so weit das Auge reicht. Die Eingangstore sind bereits geschmückt, und für die kommenden Festlichkeiten ist geflaggt. Auf endlosen Geländen treffen Züge aus allen Windrichtungen aufeinander, vollgestopft mit Menschen, deren Körper nach ihrem Tod von den Haaren bis zu den Zehennägeln zu Kunstdünger verarbeitet werden sollen, zu Viehfutter, Verpackungsmaterial, schallschluckenden Tapeten, Lampenschirmen und unzähligen weiteren nützlichen Artikeln. Batterien von Scheinwerfern an hohen Lichtmasten tauchen alles in ein grelles Licht, und aus allen Lautsprechern dröhnt überall fröhliche Musik, die das Pfeifen der Lokomotiven übertönt und beinahe auch die Schüsse, deren Echo unablässig widerhallt. War vor einem Viertel Jahrhundert auf den Bahnsteigen im Lager bereits so ein Gedränge wie am Eingang eines

Fußballstadions an einem Sonntagnachmittag, scheinen jetzt die Olympischen Spiele hier stattzufinden. Gefangene ziehen mit Eisenhaken die Toten und Halbtoten aus den Viehwaggons, dann gleiten sie auf Fließbändern in die Vernichtungsmaschinerie hinein. Die Lebenden, Männer, Frauen und Kinder, werden auf Loren abtransportiert; wer irgendwie die Ordnung stört, wird schnell herausgezogen und hinter irgendeinem Schuppen oder einer Kantine mit einem Schuß aus dem Karabiner umgebracht. Otto Textor merkt, daß er durch das Gedränge, das Licht, die Nacht, die Bewegung eine Art Wohlbehagen verspürt, und in ihm kommt ein Gefühl auf, als ob er auf der Schwelle zu einer großen Entdeckung stünde. Sie steigen an einer Stelle aus, die der SS-Mann offenbar kennt: zwischen schwarzen Mauern, Treppen, Lichtflecken und den vorbeiziehenden Loren. Langsam fährt eine Kolonne offener Mercedeslimousinen vorüber, mit den Ehrengästen für das Fest im Saal, Direktoren der beteiligten Industrien in Begleitung ihrer Damen, filmend und fotografierend – und auch, er bemerkt es mit einem Blick, ein gebeugter Mann in der veralteten, schwarzen SS-Uniform: der legendäre Eichmann; weit weg in Palästina sendet die untergehende Sonne ihre goldenen Strahlen zu seinem Standbild auf dem Berg Zion, wo es über verlassene Täler und Hügel Ausschau hält; bis an den Horizont ist die Landschaft bedeckt mit Ruinen gesprengter Städte und Dörfer, Jerusalem, Bethlehem, verwüstete Tempel, Kirchen, Moscheen, verbrannte Felder. Aber als Otto Textor die Selektion der Kinder bemerkt, wie sie aus den Loren geschleift werden, aus den Armen der Mütter gezerrt, die man jetzt mit Knüppeln schlagen muß, denkt er an sein eigenes Kind und er erkennt, daß seine Phantasterei – wie sie im Manuskript beschrieben ist, das in Oudemans' Jackentasche steckt – vor der Wirklichkeit versagt hat. Und mit einem Satz, »wie ein Tennisspieler, der nach dem Sieg über das Netz springt«, hechtet er in eine Lore, zwischen die armen Menschen aus Persien oder Afghanistan, und fährt mit ihnen die leise abfallenden Gleise hinab zu den unterirdischen Gaskammern als einer, der nichts anderes mehr will.

13. Intermezzo:
Die Wirklichkeit als Mitarbeiter

So etwa hätte man meinen Roman *Die Zukunft von gestern* zusammenfassen können.

Die großen Handlungsstränge von Otto Textors Geschichte *Die Zukunft von gestern* habe ich kaum anreißen können. Auf die Gründe dafür werde ich noch eingehen – aber eigentlich hätte ich schon seit dem Hungerwinter wissen können, daß man im Tausendjährigen Reich nichts schreibt, sondern höchstens etwas *abschreibt*.

Und dann gibt es dabei noch einen weiteren Aspekt, den ich zu sonderbar finde, um ihn zu verschweigen. Denn was ich weggelassen habe – Otto Textors Erzählung –, wurde gewissermaßen von der Wirklichkeit ergänzt. Ich hatte Henk Tuinland, den Agenten von der Abwehr, nach dem Habitus meines Freundes Henk Hofland modelliert, der mich auch mit einem Szenario über Deutschlands Sieg versorgt hatte; für Wim Oudemans, den Agenten des SD, hatte ich den Journalisten Wim Oltmans zum Vorbild genommen, den ich oberflächlich kannte. Aus dieser Wahl sollte man nicht schließen, daß ich in den beiden Nationalsozialisten sah; es gab bei ihnen lediglich Ansätze, die ich literarisch verarbeiten konnte. Als ich bereits seit Jahren nicht mehr an meinem Roman arbeitete, nämlich 1971, geschah es. Oltmans hatte eine Kampagne gegen Joseph Luns losgetreten. Der frühere Außenminister und Veteran aus dem Kalten Krieg war gerade, als Dankeschön für die angenehme Verschnaufpause, zum Nato-Generalsekretär ernannt worden. Unabhängig von seinen Aktivitäten gegen Luns' Indonesienpolitik, die bereits zur Einsetzung eines parlamentarischen Untersuchungsausschusses geführt hatten, gab Oltmans eines

170

Abends einen Empfang für ein paar sowjetische Diplomaten; er hatte auch Hofland eingeladen, der inzwischen Chefredakteur des »Algemeen Handelsblad« geworden war, und es jetzt nicht mehr ist. Ein wenig angetrunken rief dieser vorher an und fragte, ob er einen Freund mitbringen könne. Wer das denn sei, wollte Oltmans wissen. Ein sehr netter Kerl, antwortete Hofland, und er brachte ihn mit – und am nächsten Morgen waren dessen Fotos in »De Telegraaf« zu sehen: russische Diplomaten in angeregter Unterhaltung mit dem Mann, der den Nato-Generalsekretär zu Fall bringen wollte. Oltmans berief eine Pressekonferenz ein, die im Fernsehen übertragen wurde; auf dem dramatischen Höhepunkt stand Hofland auf und las von einem Zettel ab, er habe nicht gewußt, daß sein Freund Journalist bei »De Telegraaf« sei; er entschuldigte sich und verließ den Saal.

Die Wirklichkeit hatte den Faden meiner Erzählung aufgenommen: Verwicklungen zwischen Tuinland und Oudemans, mit einem Journalisten von »De Telegraaf« als Einsatz. Genau das hätte die Geschichte sein können, die Otto Textor, und sei es nach seinem Tod, aus seinen eigenen Erfahrungen für *Die Zukunft von gestern* hätte destillieren können, in der Deutschland den Krieg verloren hätte, mit dazu passenden Verballhornungen der Namen Tuinland und Oudemans in Hofland und Oltmans.

14. Das Tausendjährige Reich ist seine eigene Vernichtung

Beim Lesen der »Zusammenfassung« meines Romans darf man natürlich nicht aus dem Auge verlieren, daß das, was einen Roman zum Roman macht, niemals vorher ausgedacht wird, sondern immer erst beim Schreiben selbst *entsteht* – nicht anders als die Ereignisse in der Wirklichkeit. Die Qualität eines Romans steckt nie in der Handlung, die man nacherzählen kann, sondern in dem, was nicht nacherzählbar ist, was aufgrund der Handlung *getan* wurde. Nun ist die Handlung aus dem zwölften Abschnitt nicht einmal nacherzählt, sondern nur »vorerzählt«; sie bildet nicht mehr als einen Plan, der zu einem guten Roman oder einem schlechten ausgearbeitet werden kann.

Aber wenn ich nun doch schon so weit gekommen war, weshalb hat dann meine Handlung nicht zu einem guten oder zu einem schlechten Roman geführt, sondern zu überhaupt keinem Roman? *»Phantasie muß man haben, um die Größe des Kommenden zu erahnen«*, hat Hitler gesagt, und daran mangelte es mir nicht. Was widersetzte sich dann?

Das ist das Thema dieser Betrachtungen, zu dem meine Handlung letztlich geführt hat – und jetzt ist der Augenblick gekommen, den ersten der drei Gründe zu nennen.

Die Antwort auf die Frage, was Hitler eigentlich wollte, lautet: das Tausendjährige Reich – die Mißgeburt aus der Ehe zwischen den dreißiger Jahren und dem Mittelalter, konkretisiert in rassentheoretischen und geopolitischen Entwürfen und obskuren Phantastereien über »Adelsburgen«, »SS-Blutorden« etc. Aber ich war mir von Anfang an dessen bewußt, daß diese Antwort durch eine andere ersetzt werden konnte: Er wollte seinen Untergang.

Das ist ihm gelungen. Die Feststellung, daß Hitler seine eigene Vernichtung wollte, war natürlich nicht expliziter Teil seiner Ideologie (wenn sich auch unter seinen Lieblingsmythen die *Götterdämmerung* findet); das Tausendjährige Reich mit den Adelsburgen, den Blutorden etc. war nichts anderes als ein *Pseudonym* für den Untergang. Diese Zukunftsvision verkörperte seine eigene Vernichtung – und gerade deshalb, weil in der Zeit nur Veränderung existieren kann, und nicht die Leugnung der Veränderung: das Tausendjährige Reich. Das Tausendjährige Reich war die Verleugnung der

Zeit, seiner eigenen tausend Jahre, und damit ein Bild für die Unmöglichkeit. Es war der Tod – das nulljährige Reich.

Darin unterscheidet es sich vom alten Ägypten, zu dem mein Roman Verbindungslinien ziehen wollte, denn das ägyptische Reich war zwar in all seinen Facetten auf das Totenreich ausgerichtet, war jedoch selbst keines.

Obwohl ich einsah, daß das Tausendjährige Reich ein Bild für die Unmöglichkeit ist, gab ich mich der Illusion hin, daß ich gerade in einem Roman dieses Bild schaffen könnte, mit Adelsburgen und allem, was dazu gehört. Ich war der Ansicht, die Erkenntnis bliebe ohne Folgen. Ich meinte, das gelte für einen, der in Berlin als Führer residiert und unterirdisch Selbstmord begeht, aber nicht für einen, der in Amsterdam einen Roman schreibt. Ich glaubte, die ganze Konstruktion sei für das Entstehen eines Romans eher förderlich. Auch ein Roman ist ja, einmal niedergeschrieben, so etwas wie ein unveränderliches tausendjähriges Reich: Er bleibt auf ewig so, wie er ist. Für den Leser, der darin zu lesen beginnt, ist er natürlich neu, manchmal sogar ein überraschendes Abenteuer mit unerwarteten Wendungen und Veränderungen – aber doch anders als sein eigenes Leben, denn das wartet nicht fix und fertig darauf, einmal auf die Schnelle durchlebt zu werden. Sein Leben kann sich in jedem Moment ständig total verändern, ein Roman aber nicht; ein Roman liegt von Anfang an vollständig vor, er muß nur kurz durchgelesen werden. Wenn es der eine Leser nicht tut, dann tut es ein anderer, und der Leser hat lediglich die Freiheit der Deutung, der Interpretation, weiter nichts. Er kann Behauptungen über den Tod der Anna Karenina aufstellen, aber daß sie Selbstmord begehen wird, steht fest. Das vollendete, das ewige Kunstwerk hat einen »faschistischen« Status, könnte man in einem Anfall von Trübsinn behaupten; und inzwischen ist die Zahl der Versuche Legion, ihm einen Hauch von Unvollendetem zu verleihen, ihn aus seiner Lethargie herauszureißen und in Bewegung zu bringen, um dem Leser oder Betrachter oder Hörer ein »Mit-

spracherecht« zu geben, »Mitbestimmung« oder wenigstens das Empfinden, er habe größere Rechte. Aber so
wenig wie diese Maßregeln in der Gesellschaft die Revolution ersetzen können, so wenig ist das Problem künst-
lerisch gelöst, und zwar aus eben diesem Grund: weil die
Mittel äußerliche sind, mechanisch, nicht wesentlich.
Weiter als bis zu einer Art Selbstbedienungsroman hat
es noch kein Schriftsteller gebracht, nicht einmal Bur-
roughs.

Ich sah für meinen Roman eine Chance, gerade weil
Hitler für seine Utopie die Existenzform der Kunst ge-
wählt hatte: ein unveränderliches Reich im Raum, das
die Zeit auch in tausend Jahren nicht in den Griff bekommen würde. Er war ein Künstler auf dem Thron,
d.h. auf einem Platz, auf dem ein Künstler nichts zu
suchen hat, denn wenn diese Leute dort landen – wie
damals Nero –, dann bedeutet das auch, daß sie nicht
bleiben, was sie sind, sondern zu Zerstörern werden:
anfangs der anderen Künstler, dann ihrer Feinde, darauf ihrer Freunde und schließlich ihrer selbst. Letztendlich ist auch Kunst Vernichtung – wie das ewige
Leben erst nach dem Tod beginnt. Das Tausendjährige
Reich ist das Reich der Kunst, und daher gäbe es – dachte ich – nichts, was sich seiner Art nach dermaßen gut
für einen Roman eignen würde als gerade das Tausendjährige Reich.

Und so ist es dann auch gekommen, aber anders, als ich
erwartet hatte: Es eignete sich für einen Roman, der auf
die gleiche Weise enstanden ist wie das Tausendjährige
Reich – nämlich *nicht*. Mein Vergleich – *Tausendjähriges Reich = Vernichtung* – war keine folgenlose Erkenntnis. Das nulljährige Reich von Hitlers Selbstmord
konnte nicht in der Zeit dargestellt werden, auch nicht
in der Romanzeit. Meine Suche nach dem Abbild der Unmöglichkeit endete bei der Unmöglichkeit des Abbilds.
Wenn mein Roman zustande gekommen wäre, wäre das
nicht nur ein politischer, sondern auch ein philosophi-

scher Fauxpas gewesen. Das Tausendjährige Reich hätte darin ausschließlich als literarischer Vorwand für eine Geschichte herhalten können. Es ist die große Qualität und innere Konsequenz meines Romans, daß es ihn nicht gibt – daß er sich selbst zerstört hat.

In diesem Sinn ist er ein Meisterwerk.

15. Zu Besuch bei Hitlers Traum: Albert Speer

Hitler wählte für seine Utopie die Existenzform der Kunst. Der Mann, der in seinen besten Jahren die halbe Welt in Trümmer legen sollte, schrieb als junger Mann in *Mein Kampf*:

> Ich war fest überzeugt, als Baumeister mir dereinst einen Namen zu machen.

Weil er selbst schon bald durch seine politischen Aktivitäten abgelenkt wurde, machte sich nach seinem demokratischem Putsch ein anderer diesen Namen, stellvertretend für ihn. Zunächst der Architekt Ludwig Troost, der für Hitler *»Monumentalwerke in Stein als Denkmäler einer edelsten, wahrhaft germanischen Tektonik«* errichtete, wie dieser 1935 bei Troosts Tod sagte. Danach bekam Albert Speer den Auftrag, Hitlers Jugendtraum, Baumeister zu werden, Gestalt zu geben.

Einen Namen machte er sich schließlich nicht damit. Während des Krieges wurde er »Bewaffnungsminister«, beherrschte den Produktionsapparat beinahe des gesamten Europa, war damit verantwortlich für Millionen von Zwangsarbeitern aus zahllosen besetzten Ländern, und zu einem bestimmten Zeitpunkt wurde er in der Hierarchie der zweite Mann nach Hitler. Obwohl er am Ende Pläne schmiedete, seinem Führer in eine andere Welt zu helfen, brachte ihm seine Emsigkeit dennoch eine zwanzigjährige Gefängnisstrafe im Nürnberger Prozeß ein. In

Spandau schrieb er seine *Erinnerungen*, ein unerreichtes Porträt der nationalsozialistischen Führungsspitze.

Eines Tages, schreibt er, verbreitete Bormann das Gerücht, Speer sei nicht nur Widersacher der Partei, sondern strebe auch die Nachfolge des Führers an. Bormann war Hitlers Sekretär und der mächtigste Mann in der Partei, wie Himmler das in der SS war, Goebbels in der Politik und Keitel im Heer (immer *nach* Hitler wohlgemerkt). Speer sagt, Bormann habe mit seiner Vermutung nicht ganz unrecht gehabt, denn der morphiumsüchtige Goering kam nicht mehr in Frage, Hess war durchgedreht und hielt sich in England auf, der Jugendführer Baldur von Schirach bereits durch Bormanns eigene Intrigen aus dem Spiel, und Bormann, Himmler und Goebbels entsprachen nicht dem »musischen Typ«, den sich Hitler als Nachfolger vorstellte. Diesen Typus hatte Hitler nur in ihm, Speer, gefunden:

> Möglicherweise war ich in seinen Augen ein erfolgreich in die Politik verschlagenes künstlerisches Genie und damit indirekt eine Bestätigung seines eigenen Lebenslaufes.

Mich interessiert hier nicht der Politiker, sondern das künstlerische Genie – und es wird mir schwerfallen, zu erklären, daß ich von wenigen Künstlern so gefesselt bin wie von diesem, der kein Œuvre vorzuweisen hat und der trotzdem, nein *deswegen*, Hitlers Nachfolger werden sollte, weil ja der Nationalsozialismus seine eigene Verneinung ist.

Um diese Theorie zu verifizieren, suchte ich im Sommer 1971 Speer auf. Wenn Deutschland den Krieg gewonnen hätte, wäre er es gewesen, der die Architektur des Tausendjährigen Reichs bestimmt hätte. Und ich hatte eigentlich nur eine einzige Frage für ihn in petto: Hatte er wirklich geglaubt, eines Tages Germania zu bauen?

Troost war älter als Hitler, Speer jedoch sechzehn Jahre jünger; dadurch konnte der Mechanismus in Gang gesetzt werden, der Speers Aussage zugrunde liegt:

Wenn Hitler je einen Freund hatte, dann war ich es.

Der in dieser Formulierung eingeschlossene Vorbehalt trifft den Nagel auf den Kopf, denn diese »Freundschaft« galt nicht der Person Speer, sondern dem, wofür er zu stehen hatte: Hitlers Jugendtraum, und war damit ausschließlich eine Erscheinungsform seiner absoluten, heillos in sich selbst eingeschlossenen Eigenliebe. Als ich Speer diese Interpretation vorschlug, bestätigte er sie vorbehaltlos.

Speer weihte sein ganzes Leben der Aufgabe, die Potenz zu verwirklichen, die in einem anderen Menschen steckte. Hitler, der Baumeister hatte werden wollen, wurde der absolute Abbruchunternehmer – und Speer? Speer wurde notwendigerweise im wörtlichsten Sinne: niemand. Er hatte sich in eine so unmögliche Situation laviert, die jede Phantasie sprengt. Von all seinen Bauten steht noch eine einzige Ruine: die Tribüne auf dem Zeppelinfeld bei Nürnberg.

Das intakte mittelalterliche Nürnberg wurde von den Romantikern, von Tieck und Wackenroder, als Bestandteil des Versuchs, eine nationalistische Gegengeschichte zu entwerfen, entdeckt und verherrlicht; völlig konsequent hielt Hitler später dort seine alljährlichen »Reichsparteitage« ab: kultische Massenzeremonien um die sogenannte »Blutfahne«. Genauso konsequent wurde die Stadt dann von den Alliierten dem Erdboden gleichgemacht; in den Ruinen fanden die Prozesse gegen die Kriegsverbrecher statt.

Heute ist Nürnberg ein häßliches, schnell hochgezogenes modernes Wohngebiet. Auf dem früheren *Reichsparteitagsgelände*, etwas außerhalb der Stadt, steht noch das Überbleibsel von Speers Monumentalwerk germanischer Tektonik. Es ist fast zweimal so breit wie die Thermen von Caracalla, wie der Architekt selbst angibt. Das riesige Hakenkreuz auf dem Hauptgebäude wurde nach dem Krieg demontiert, und die Säulengalerie, welche die Tribünen für die Parteibonzen nach oben abschloß, wurde erst jüngst wegen Baufälligkeit abgerissen. Aber sonst ist noch alles zu finden, auch das Rostrum, von dem aus der Führer seine Drohungen in die Welt schleuderte und denen kaum einer Glauben schenkte, weil man damals noch davon überzeugt war, es mit einem Großsprecher zu tun zu haben.

Das Tausendjährige Reich verkörpert sich in dieser Ruine dergestalt, daß sie heute wirkt, als sei sie tatsächlich tausend Jahre alt. Wo einst die perfekt inszenierten Supershows stattfanden, sind jetzt stille weiße Rechtecke aufgemalt: Parkplätze für die Ausflügler, die in den angrenzenden Parks spazieren gehen wollen. Um das Rostrum läuft heute ein Eisengitter, um die Kinder vor dem Abstürzen zu bewahren. (Als ich mich dort von einem Freund mit erhobenem rechten Arm fotografieren ließ, wurde ich plötzlich von einer heftigen Angst überfallen, mir würde gleich eine Kugel in den Kopf gejagt werden.) Der Verkehr auf der Straße hinter dem Zeppelinfeld rauscht vorüber, als ob dieser Platz leer sei.

Speer behauptet, die Form des Gebäudes sei vom Pergamonaltar inspiriert, aber ich kann nichts Griechisches daran entdecken. Nur die Symmetrie scheint vergleichbar, aber wo die Symmetrie der griechischen Architektur ein Gefühl von Ausgewogenheit vermittelt, von einem *leichten*, einem schwebenden Gleichgewicht, wie das einer ausbalancierten Waage, ist dort die Symmetrie der Tribüne bleischwer: nicht die lebendige Symmetrie der Ausgewogenheit, sondern die eines niedergestreckten Mannes, der mit ausgebreiteten Armen auf dem Gesicht liegt. Der Name »Caracalla« scheint daher auch eher zuzutreffen.

Hitler hatte auch eine persönliche Interpretation davon, was griechisch ist. Er erklärte sie Himmler in der

Nacht vom 21. auf den 22. Oktober 1941, wie man in den *Bormann-Vermerken* nachlesen kann:

> Das ornamentale Thema, das wir germano-nordisch nennen, findet man auf der ganzen Welt, sowohl in Südamerika als in den nördlichen Ländern. Nach einer griechischen Legende gab es eine Kultur, die prälunär hieß, und in dieser Legende können wir eine Anspielung auf das Reich Atlantis erkennen, das im Ozean versunken ist.

Diese Formulierung kann man nicht übertreffen. Das »Prälunäre« hat er sich natürlich selbst ausgedacht, denn von Himmler war kein Widerspruch zu erwarten, und für die Barbarei kann man keinen zutreffenderen Namen finden. Und der implizite Vergleich seines eigenen Reichs mit dem von Atlantis beweist auch wieder, worum es ihm letztlich ging: um den Untergang – auch um seinen eigenen. Nur selten, nein nie, hat ein Mensch in seinem Leben einen derartigen Erfolg gehabt wie Adolf Hitler.

Speer ging auf diesen Punkt nicht ein. Er entfaltete die konventionelle Theorie, der Klassizismus trete immer als ein Symbol der Macht auf. Das Capitol und der Senat von Washington waren ihm zufolge Jacke wie Hose, vom gleichen Zuschnitt, wie auch das Palais de Chaillot in Paris, und zwischen dem Baustil Hitlers und Stalins gebe es keinerlei Unterschiede. Als er damals das Kongreßgebäude der Kommunistischen Partei in Kiew gesehen habe, fand er es phantastisch und hatte sogar überlegt, den Architekten suchen zu lassen und in Deutschland an die Arbeit zu setzen.

Ich halte nicht viel von dieser Theorie. Der (literarische) Neoklassizismus eines reifen Goethe kann nicht auf eine beliebige Machtpolitik des braven, winzig kleinen Herzogtums Weimar zurückgeführt werden; und auch die Gebäude, die in den zerstörten und gedemütigten Niederlanden kurz nach dem Krieg hochgezogen wurden, können ohne stilistische Veränderungen pro-

179

blemlos ins Ostberlin von Walter Ulbricht versetzt werden oder ins Berlin Adolf Hitlers.

Der klassizistische Stil der Kapitalisten und der Kommunisten unterscheidet sich von dem der Nationalsozialisten vornehmlich darin, daß die Gebäude der ersteren *existieren*, in Washington und Moskau, in Paris und Amsterdam und anderswo, aber die Bauten der Nationalsozialisten *existieren nicht*. Weniger, weil sie zerstört wurden, obwohl das schon charakteristisch genug wäre, sondern weil gerade die Abwesenheit ihr Wesen ausmacht.

In Speers Œuvre bildet die Nürnberger Tribüne die große Ausnahme in dem Sinn, daß es sie gibt – wenn auch als Ruine. Aber auch in diesem Ausnahmefall war ihre Nicht-Existenz einkalkuliert. Für den Bau der Caracalla-Tribüne mußte nämlich eine Straßenbahnremise abgerissen werden, und Speer berichtet, wie er eines Tages diesen Wirrwarr aus Stahlbeton sah:

Die Eiseneinlagen hingen heraus und hatten zu rosten begonnen. Ihr weiterer Verfall war leicht vorstellbar. Dieser trostlose Anblick gab den Anstoß zu einer Überlegung, die ich später unter dem etwas anspruchsvollen Namen »Theorie vom Ruinenwert« eines Baues Hitler vortrug. Modern konstruierte Bauwerke, das war ihr Ausgangspunkt, waren zweifellos wenig geeignet, die von Hitler verlangte »Traditionsbrücke« zu künftigen Generationen zu bilden: undenkbar, daß rostende Trümmerhaufen jene heroischen Inspirationen vermittelten, die Hitler an den Monumenten der Vergangenheit bewunderte. Diesem Dilemma sollte meine »Theorie« entgegenwirken: Die Verwendung besonderer Materialien sowie die Berücksichtigung besonderer statischer Überlegungen sollte Bauten ermöglichen, die im Verfallszustand, nach Hunderten oder (so rechneten wir) Tausenden von Jahren etwa den römischen Vorbildern gleichen würden. Zur Veranschaulichung meiner Gedanken ließ ich eine romantische Zeichnung anfertigen: sie stellte dar, wie die Tribüne des Zeppelinfeldes nach Generationen der Vernachlässigung aussehen würde, überwuchert von Efeu, mit eingestürzten Pfeilern, das Mauerwerk noch hie und da zusammengefallen, aber in den großen Umrissen noch deutlich erkennbar. In Hitlers Umgebung wurde diese Zeichnung als »Blasphemie« angesehen. Allein die Vorstellung, daß ich für das soeben gegründete tausendjährige Reich eine Periode des Niedergangs einkalkuliert hatte, schien vielen unerhört. Hitler jedoch fand die Überlegung einleuchtend und logisch; er ordnete an, daß in Zukunft die wichtigsten Bauten seines Reiches nach diesem »Ruinengesetz« zu errichten seien.

Und man kann feststellen, daß das Bauwerk bereits nach fünfundzwanzig Jahren seine Bestimmung gefunden hat, für die es offenbar gebaut war.

Von Speer existiert kein weiteres Projekt und hat es auch nie gegeben. Diese Projekte existieren ausschließlich als *Möglichkeit*. Genauso wie Speer selbst ausschließlich als die Möglichkeit eines anderen, Hitlers, existierte, so existieren seine Bauwerke ausschließlich als Pläne, Entwürfe, Blaupausen, Modelle, Maquetten.

Als ich bei ihm zu Besuch war, legte er damit den Tisch voll. Das war in Heidelberg, einem weiteren historischen Brennpunkt der Romantik – nur war Heidelberg im Krieg verschont geblieben, weil die Amerikaner dort ihr Hauptquartier einrichten wollten und keine Lust hatten, in einer zerstörten Stadt zu leben. Durch die Fenster sah man die bewaldeten Hügel, die erst von den Romantikern zu dem gemacht worden waren, wofür sie heute noch stehen: zur Seele in Gestalt der Natur; man vergleiche dazu die Gemälde Caspar David Friedrichs.

Dort auf dem Tisch lag Speers Lebenswerk, und er sah, nickend, mit einem kleinen Lachen auf die Zeich-

nungen. Er ist groß und sehr freundlich. Er sieht aus
wie der sympathische Direktor eines Provinzgymnasi-
ums; mit seinen bereits sechsundsechzig Jahren kann
man in dem alten Herrn immer noch den gutaussehen-
den jungen Mann erahnen. Zwei Monate in einem Gefängnis sind entsetzlich, zwei Jahre können einen Menschen brechen, aber was geschieht, wenn man zwanzig
Jahren Haft hinter sich hat? Dann wird man ausgelöscht. Mir fiel es den ganzen Morgen während meines
Besuches schwer, mir bewußt zu machen, wer mir da
eigentlich gegenübersaß; daß dieser Mann war, der er
war, Albert Speer, der Mann, der hinter sich hatte, was
er hinter sich hatte. Wenn ich heute die Fotos betrachte,
wundere ich mich, daß ihn das Fixiermittel hat festhalten können. Denn er ist nicht nur durch die zwanzig
Jahre Gefängnis annulliert, wie es fast jedem ginge,
nein, die Annullierung ist sein Wesen. Er ist nicht vorhanden, und er war auch nie vorhanden, wie auch sein
Werk nicht vorhanden ist. Er ist der Architekt, der Hitler nicht werden konnte, und der deshalb auch keine
eigene Persönlichkeit entwickelte. Ihn gibt es nicht, wie
es auch meinen Roman *Die Zukunft von gestern* nicht
gibt. Er ist nichts weiter als Hitlers Fiasko – Hitler, der
für ihn heute noch »*Stofflichkeit und Körperhaftigkeit*«
besitzt, der für ihn noch immer »*leibhaftig existent*« ist.
Für ihn ist der tote Hitler noch präsenter als für mich
der lebende Speer.

In welche Regionen bin ich nur geraten?

Die nie gebauten und niemals zu bauenden Gebäude
Speers sind die größten Bauwerke der Welt, und sie
stammen nicht von Speer, sondern von Hitler.

Zum Beispiel das Projekt für Germania, das bereits
vor dem Erscheinen von Speers Memoiren bekannt war.
Die Stadt müßte in einem solchen Maßstab umgebaut
werden, so wird Hitler in Bormanns Aufzeichnungen
zitiert, daß der Petersdom in Rom daneben wie ein
Spielzeug erscheinen sollte. 1925, als er noch ein

bayerischer Provinzpolitiker war, machte Hitler zwei Entwürfe: einen für eine Kongreßhalle und einen für einen Triumphbogen, die er Speer zehn Jahre später zur Verfügung stellte. Sie wurden Ausgangspunkt für die *Große Straße*. (Als ich ihm einen Stadtplan von Berlin vorlegte und ihn bat, diese Straße einzuzeichnen, kostete es ihn Mühe, die genaue Stelle zu finden.) Vorbilder im Spielzeugformat waren der Petersdom, die Champs Elysées und der Arc de Triomphe.

In den abgeschlossenen Sälen der Akademie der Künste stand bald eine Modellstadt. Speer berichtet, Hitler habe von seiner Kanzlei aus, durch die Gärten, einen Weg zur Akademie anlegen lassen, Wände wurden durchgebrochen, Türen eingebaut, um einen unbeobachteten Zugang zur Akademie zu haben. Meist geschah das mitten in der Nacht; mit Taschenlampen und Schlüsseln machte sich der Diktator dann mit seinem Architekten auf die Suche nach seiner Vision. In den verlassenen Räumen glänzte sie auf Tischen mit Rollen, streckte sich dreißig Meter lang aus, beleuchtet von Scheinwerfern, die von oben den Sonnenstand suggerierten. Hitler blickte mit strahlenden Augen auf seine Straße – und in der Zwischenzeit kamen Tausende von ihm zum Tod verurteilte Menschen im Gas um, unter den Salven seiner Pelotons, in den Kellern seiner Geheimdienste, in seinen Konzentrationslagern, im Feuer seiner Land-, See- und Luftstreitkräfte, vom Atlantik bis zum Kaspischen Meer, vom Polarkreis bis zur Sahara.

Niemals, sagt Speer, war Hitler glücklicher und entspannter als in diesen Sälen – und er hatte ihm versprochen, daß 1950 alles für die erste Siegesparade vorbereitet sei.

Der Bahnhofsplatz am Nordende der Straße sollte dreihundert Meter breit und tausend Meter lang werden, eingesäumt von eroberten Waffen. Achthundert Meter weiter folgte der Triumphbogen, den Speer sorgfältig nach dem ursprünglichen Entwurf Hitlers ausgearbeitet

hatte: einhundersiebzig Meter breit, einhundertneun-
zehn Meter tief, einhundertsiebzehn Meter hoch. Der
Arc de Triomphe ist fünfzig Meter hoch; und schon die
Durchfahrt unter Hitlers Bogen war dreißig Meter höher
geplant. Auf einer Länge von fünf Kilometern sollten
sich dann Ministerien, Bürobauten, Bankgebäude,
Opernhäuser, Theater, »Soldatenhallen« und andere
mehr oder weniger öffentliche Gebäude erstrecken, abgeschlossen vom Kongreßgebäude. Es bestand aus einem
einzigen runden Raum, in dem einhundertachtzigtau-
send Menschen Platz finden sollten. Zweihundertfünfzig
Meter im Durchmesser, die Wölbung der Kuppel begann
in achtundneunzig Metern Höhe, der Scheitel des Saals
war zweihundertzwanzig Meter über den Köpfen der
Anwesenden. Man müßte die Wolkenbildung berück-
sichtigen. Auf der Spitze des Gebäudes sollte der Reichs-
adler prangen, in den Klauen nicht das traditionelle
Hakenkreuz sondern die Weltkugel.

Mehr als dreißig Jahre nach diesem Pläneschmieden
stehe ich neben Speer am Fenster seines Hauses, und er
zeigt auf einen grünen Hügel am anderen Neckarufer:
»Die Kuppel wäre so hoch gewesen, wie das Ding dort.
Aber was ist das denn schon? Ein niedriger Hügel. Wir
haben uns in der Wirkung der Kolossalität verschätzt.
Sie war inflationär.«
Hinter uns liegen die Skizzen auf dem Tisch, einige in
hellem Rot ausgeführt, inspiriert, wie er sagt, von hol-
ländischem Backstein. Auch die Entwürfe für neue
Städte in Rußland: Verwaltungsinseln. Manches erin-
nert an die Architektur des Vatikan.
»Die Zeichungen sind schön«, sage ich.
Er lächelt.
»Ja, die *Zeichnungen*.«
Im Tal unter uns liegt die Ruine des mittelalterlichen
Schlosses, der Fluß ist voller Ausflugsdampfer. Ich be-
ginne, über Heydrich zu sprechen, der 1942 auf der Ver-
setzungsliste für die Niederlande stand, kurz davor

184

jedoch von tschechischen Widerstandskämpfern liquidiert wurde.

»Wäre er nicht ermordet worden, hätte er dann Hitler
eines Tages aus dem Weg geräumt?«

»Ganz gewiß.«

Ich hatte ihm bereits früher von meinem Projekt *Die
Zukunft von gestern* erzählt, und jetzt bemerkt er dazu,
er sei der Überzeugung, die Bestialität Heydrichs werde
übertrieben: viele andere hatten mehr Blut an den Händen kleben. In amerikanischen Filmen wird der SS-
Offizier immer nach dem Vorbild Heydrichs dargestellt,
obwohl dieser doch Halbjude war, wie später nachgewiesen wurde. Speer hatte einmal im Zusammenhang
mit der Stadtsanierung mit Heydrich eine Autofahrt
durch Prag gemacht; auf einmal ließ dieser in einer
belebten Straße anhalten und lud Speer ein, mit ihm
etwas zu besichtigen.

»Was haben Sie damals gedacht?«

»*Um Himmelswillen.*«

Ein Schiff fährt vorbei; mit großen Buchstaben steht
ROTTERDAM darauf.

»Sie wohnen hier schön.«

»Viel zu schön.« Und gleich darauf: »Es ist mein Elternhaus. Ich habe es geerbt.«

»Heydrich hat auf der Wannsee-Konferenz in einer
von Eichmann vorbereiteten Rede die *Endlösung* angekündigt. Wußten Sie von Auschwitz?«

»Nicht, daß dort massenhaft vergast wurde.«

»Wie kann das sein? Sie, als Hitlers Thronfolger...«

»Truman war der zweite Mann nach Roosevelt, aber
erst nach seiner Inauguration wurde ihm mitgeteilt, daß
an einer Atombombe gearbeitet wurde. Man kann Dinge
geheim halten. Aber ich wußte, daß es etwas geheimzu-
halten gab; und wenn ich gewollt hätte, hätte ich es
auch herausbekommen. Aber ich verschloß mich dem.
Ich fühle mich persönlich für Auschwitz verantwortlich.«

Den ganzen Morgen schläft auf dem Perserteppich ein
Bernhardiner. Mir wird nichts angeboten, nicht einmal
eine Tasse Tee, und das scheint mir passend.

Das größte, weltweit prälunärste Projekt existierte nur als Maquette im Heinzelmännchenformat – und diese Maquette ist jetzt auch verschwunden, versengt im Feuer russischer Kanonen und amerikanischer Bomben. Ich fragte Speer, ob er auch der Ansicht sei, daß Hitler im Zeitalter des Fernsehens keine Chance gehabt hätte; Speer verneinte, gerade durch das Fernsehen hätte er noch viel schneller sein Ziel erreicht. Ich will wissen, ob außer Hitler ihn je eine andere Person derartig fasziniert habe. Er antwortete, nein – oder, eigentlich doch, wenn ich jetzt so frage; ein junger Mann, den er einmal im Fernsehen gesehen hatte und der ein wenig von dem besaß, was er unter Tausenden erkennen würde. Aber er konnte nicht so schnell auf den Namen kommen. Nach einigem Nachdenken stellte sich heraus, daß es sich um Rudi Dutschke handelte, *den Bürgerschreck*, den Berliner Studentenführer, inzwischen von einem Kopfschuß außer Gefecht gesetzt.

Auch daraus kann man den Schluß ziehen, daß Speer nicht im eigentlichen Sinn ein Nazi war wie Himmler, Heydrich oder Bormann, sondern daß seine Rolle von viel persönlicheren Motiven bestimmt wurde. In meinem Buch über Eichmann, *Strafsache 40/61,* habe ich diesen Polizeioffizier als einen atypischen Nazi beschrieben, als die Idealfigur der Psychotechnik: der richtige Mann an jedem Platz, der Maschinenmensch, der jeden Befehl ausführen würde, selbst wenn er vom Heiligen Vater käme. Speer hatte die deutsche Übersetzung meines Buches gelesen und fand meine Interpretation richtig (das war auch der Grund, weshalb er mich empfangen wollte). Er sagte, er habe in seiner Verteidigung in Nürnberg analoge Auffassungen entwickelt. Ich kenne diese Rede nicht, aber vielleicht hat sie etwas mit einem Artikel in der englischen Zeitung »The Observer« vom 9. April 1944 zu tun, von dem er in seinen Erinnerungen spricht. Darin wird er als ein Außenseiter im nationalsozialistischen Lager gesehen, der sich jeder anderen politischen Partei hätte anschließen können: kein typischer Deutscher, auch kein typischer Nazi, sondern die Art

Mann, die in allen kriegführenden Ländern immer wichtiger wird: der reine Technokrat, der Manager, der kein anderes Ziel kennt als seine Karriere; zu der Zeit war er bestimmt wichtiger als Hitler, und der Artikel schloß: »Die Hitlers und die Himmlers mögen wir loswerden, aber die Speers, was auch immer diesem einzelnen Mann im besonderen geschehen wird, werden noch lange mit uns sein.« Speer berichtet, er habe diesen Artikel so schnell wie möglich Hitler zu lesen gegeben, noch ehe Bormann dazu kommen würde. Hitler habe umständlich die Brille aufgesetzt und in aller Ruhe gelesen; dann habe er das Blatt zusammengefaltet und es schweigend, jedoch voller Respekt, zurückgegeben. Nur: Ich persönlich glaube, daß »The Observer« zwar im Prinzip völlig recht hatte, die zitierte Einschätzung jedoch gerade auf Speer nicht zutraf. Bei ihm hatte es tiefere Wurzeln, er war eine Kategorie für sich. Eichmann war ein solcher Manager, bereit, jeden Befehl von jedermann auszuführen, aber Speer war undenkbar ohne *diesen* Befehlshaber; er »gehorchte« dabei weniger einem Befehl Hitlers, sondern er wurde zu diesem Befehl. Er identifizierte sich mit einem Befehl, den sich Hitler früher einmal selbst gegeben und dem er selbst nicht gehorcht hatte: Baumeister zu werden. Speer war bereit, sich selbst in den Traum seines Freundes zu verwandeln.

Nach seinem schönsten Werk gefragt nennt Speer auch das immateriellste: den »Lichtdom«. Der Lichtdom war eine Batterie von Scheinwerfern, die er um das Zeppelinfeld aufgestellt und senkrecht in den Himmel zu den Sternen gerichtet hatte. Der englische Botschafter hatte ihn damals als eine »Kathedrale aus Eis« beschrieben.

Ich dachte mit einer gewissen Befriedigung daran, daß ich Germania als »Antarctica« hatte beschreiben wollen, und fragte Speer:

»Waren Sie davon überzeugt, daß Sie jemals die Große Straße in Germania bauen würden?«

Er schüttelte den Kopf.

»Ich glaube, daß ich ganz tief in meinem Herzen eigentlich immer daran gezweifelt habe.« Und nach einer kurzen Pause: »Ich denke, daß das auch für Hitler gilt.«

16. Eine Traumdeutung

Bisher habe ich etwas ausgelassen, das nun hier seinen Platz finden muß: Auch ich habe einen Traum von Berlin. Wie das polnische »Amsterdam« in meinem Roman den Nährboden im Hungerwinter gehabt hätte, so würde mein »Germania« einem Traum entsprungen sein, der viel älter ist als meine Erfahrung mit dem Nationalsozialismus – ja, sogar älter als die nationalsozialistische Herrschaft in Deutschland. Erst als ich den Plan für *Die Zukunft von gestern* endgültig aufgegeben hatte, wurde mir der Zusammenhang bewußt.

Meine Analyse (natürlich eine Konstruktion wie alle Analysen) ist ziemlich kompliziert, aber ich werde versuchen, sie zu erhellen, und sei es auch nur, um zu zeigen, daß all das auch ohne einen Psychiater möglich ist. Es hat vierzig Jahre gedauert, bis ich herausfand, daß der Knoten aus vier Fäden geknüpft ist.

Der erste Faden. – Jedesmal, wenn ich in die Nähe von Köln komme und die Straßen auch über mir anfangen, sich zu schlängeln, kommt es über mich: eine Erwartung, die nicht von dieser Welt ist. Diese überirdische Erwartung hat nichts mit dem Reiseziel zu tun, sei es nun Heidelberg oder Bayreuth, Weimar, der Kyffhäuser oder ein anderer Ort. Ich warte auf etwas, von dem ich weiß, daß es nicht eintreffen wird. Die Empfindungen, die Ahnung von einem »Jetzt kommt es!« verflüchtigt sich, je weiter ich nach Köln hineinfahre. Das Gefühl ist verschwunden, sobald ich auf dem Platz gegenüber dem romantisch-reaktionären Dom stehe; das letzte Mal hatte er sich in eine gewaltige, schlammige Grube verwandelt, über die Laufplanken gelegt waren: so etwas, wie das Buch, das der Leser gerade in den Händen hält. Alles war aufgerissen und durcheinandergewirbelt für den Bau von Tiefgaragen; man hatte auch einen unterirdischen Bunker freigelegt, einen früheren Luftschutzbunker, in dem ich einmal geschlafen hatte, als die ganze Stadt noch in Trümmern lag. Damals hatte ich zum ersten Mal gespürt, was ich bereits wußte: daß Köln Köln ist, und nicht etwas anderes. Und dennoch, wenn ich später Köln passierte, im Nachtzug nach Venedig, konnte ich es nicht lassen, mich auf den Bauch zu legen und durch einen Spalt in der Scheibengardine des Schlafwagens in die dunkle Stadt zu spähen.

Aus welcher Welt stammt der Genius loci, der sich in der Nähe von Köln immer wieder in mir eingenistet hat und heute noch in mir steckt?

Der zweite Faden. – Seit meinen allerersten Kinderjahren träume ich in unregelmäßigen Abständen von einer Stadt. Obwohl es im Traum selbst eigentlich keine konkreten Hinweise darauf gibt, ist die Stadt von Glück erfüllt: die riesigen schwarzen Fassaden sind es, die breiten Straßen, das Licht, der Lärm, die Nacht, die Bewegung, das *Museum*, alles ist Glück, noch lange nach dem Aufwachen. Ich kann absolut nicht sagen, woran es liegt; ich muß mir etwas ausdenken, um es zu umschreiben – beispielsweise: es gibt keinen Tod in dieser Stadt. Es kann fast nicht anders sein, als daß ihre letzte Quelle ein pränatales Bewußtsein ist, eine Erinnerung an meine Existenz in der Gebärmutter, aber weshalb hat es die Gestalt einer Stadt angenommen? Im Laufe der Jahre ist es mir nach und nach gelungen, einen Plan dieser Stadt zu zeichnen. Ich kenne mich dort ziemlich gut aus. In einer Nacht bin ich sogar hinter ihren Namen gekommen (den behalte ich aber vorläufig für mich). Wenn ich an sie denke, verlege ich sie unwillkürlich irgendwo an den Rhein – daher überfällt mich diese übersinnliche Erwartung in der Nähe von

Köln. Aber Köln ist nicht die gewaltige Stadt der Glück-
seligkeit – weshalb verlege ich sie dann an den Rhein?

Der dritte Faden. – 1956 kam ich zum ersten Mal nach
Berlin. Oder eigentlich zum zweiten Mal; über das erste
Mal habe ich bereits berichtet: Das war im Herbst 1931;
ich erinnere mich nur an einen *Schupo* und an irgendein
Labyrinth, das mich überwältigt hatte. Ein Vierteljahr-
hundert später hielt ich mich in Ostberlin auf, wo ich
Abend für Abend die Vorstellungen von Brechts Berliner
Ensemble am Schiffbauerdamm besuchte. Eines Mittags
spazierte ich Unter den Linden entlang, und vor einem
großen Gebäude mit einem quadratischen Vorplatz und
einem schmiedeeisernen Gitter geschah es: der Blitz
schlug bei mir ein – das Gebäude war dreimal so klein
geworden, aber ich wußte, was es war: das *Artilleriemu-
seum.* Drinnen standen Kanonen. Ich hatte sie 1931
gesehen, an Friedas Hand. Damals hatten auch auf dem
Vorplatz Kanonen gestanden, aus dem deutsch-französi-
schen Krieg und aus dem Ersten Weltkrieg. Im Museum
gab es keine *Dicke Bertha* mehr, stattdessen Graphiken
zur landwirtschaftlichen Entwicklung, Fotos von wogen-
den Kornfeldern und Petrischalen mit Samen. Die Kommunisten hatten dem Gebäude eine neue Bestimmung
gegeben, nur noch die Museumswärter wußten es recht
gut:
»Na klar, das Zeughaus.«
Ich stellte mich wieder vor das Gebäude, nahm seine
Ausmaße mal drei, und so entstand ein Gebäude aus der
Stadt meines Traums; ich drehte mich um und schaute
auf Unter den Linden, verdreifachte deren Breite – und
da lag der Große Boulevard meiner Stadt. Ich selbst war
dreimal so groß geworden, und in meinem Traum war
die Stadt mit mir gewachsen – ich hatte nichts vergessen, alles war in meiner Traumstadt bewahrt geblieben!
Ich bekam Satori. Ich hatte zwar ihren Ursprung gefunden, aber noch nicht die Erklärung für das unsichtbare
Glücksempfinden. Das Berlin meiner Kinderjahre war

lediglich das Material, mit dem etwas Vorgeburtliches Gestalt angenommen hatte; und der Grund für die Eignung der Stadt Berlin stand offenbar in Verbindung mit etwas, das mit dem Rhein zu tun hatte.

Der vierte Faden. – Vor ein paar Jahren fand ich ein altes Fotoalbum mit Aufnahmen von einem Urlaub in Bad Godesberg, am Rhein beim Drachenfelsen. Eine Beschriftung von Friedas Hand zeigt das Datum: »Graf Zeppelin über dem Rhein, vom Fenster aufgenommen, 27/7.31«. Dieses Fenster gehörte zum Hotel Dreesen und zwar genau zu dem Appartement, in dem Hitler drei Jahre später den Entschluß für die Nacht der langen Messer faßte, bei der die SA-Spitze liquidiert und nebenbei noch ein paar hundert weitere offene Rechnungen beglichen wurden – auch dasselbe Appartement, in dem er 1938 mit Chamberlain über die Tschechoslowakei verhandeln sollte. Auf einem anderen Foto sieht man unseren Auburn-Zweisitzer, G-39015: mein Vater locker mit einem Fuß auf dem Trittbrett, meine Mutter am Steuer, ich sitze auf dem Wagenschlag und Frieda hält mich fest.

Mit einem Mal erinnerte ich mich an einen Vorfall.

Ich war weggelaufen. Meine Mutter hatte mich nach Bonn mitgenommen, wo sie Einkäufe machen wollte. Vor einem Laden sagte sie, ich solle brav im Auto sitzen bleiben, aber ich machte mich aus dem Staub. Ich schlenderte weg in die Stadt, ich weiß nicht mehr, wohin und wie lange – ich weiß nur noch, daß ich an der Hand eines *Schupos* zurückgebracht wurde und daß um den Auburn ein kleiner Volksauflauf entstanden war. Die Augen meiner Mutter auf mich gerichtet.

Damit war der Knoten gelöst. Einfach auf und davon, einsam, ungebunden, die unendliche Welt allein für mich, dort in Bonn am Rhein muß ich das vollkommene Glück geschmeckt haben – ein Glück, das aus der Erinnerung an diesen vorgeburtlichen Zustand gespeist wurde. Um das auszudrücken und zu bewahren, verwendet der Traum das riesige Material von Berlin (bei dem ich mich bewußt nur an einen *Schupo* erinnern kann), und weil am Rhein nur eine einzige Stadt liegt, die wirklich so groß ist, wie das kleine Bonn für einen kleinen Jungen, hatte ich mich geographisch auf Köln fixiert.

Noch immer überfällt mich in der Nähe von Köln dieses Gefühl einer metaphysischen Erwartung. Mein Wissen um die Zusammenhänge ändert nichts daran, so wenig wie ein Verrückter nach der Lektüre der siebzehn Bände von Freuds Gesammelten Werken gesund wird (die ich übrigens auch gelesen habe). Leider ist der Verstand in der Welt nicht so viel wert, und hier ist einer der Fälle, in denen ich das nicht bedauere. Wie der Hungerwinter das Material für mein polnisches »Amsterdam« liefern mußte, so ging letztendlich die Inspiration für Germania auf meine Traumstadt zurück – und im nachhinein finde ich es gut, schön und wahr, daß sie sich nicht für den Nationalsozialismus hergegeben hat. Sie ist nicht vergeudet.

Fünftes Kapitel

Entwurf der freien Gegen-Gegenzukunft: 1945 – 1967

1. Der Anfang

Mein Roman hätte mit einer Szene im »Amsterdam« des Jahres »1967« anheben sollen:

In der Redaktion korrigierte der Kunstschriftleiter, hinter seinem Schreibtisch stehend, einen Bericht über das neue Denkmal von Thorak, das am Tag zuvor am Anfang der Autobahn nach Germania, der Hauptstadt des Großdeutschen Weltreichs, von der Enkeltochter Heydrichs, dessen Porträt über der Tür hing, enthüllt worden war. *Völkisches Meisterwerk – Triumph des deutschen Geistes* lautete der Aufmacher. Der Kunstschriftleiter beugte sich über den Schreibtisch, strich das Wort *Geist* und ersetzte es durch das Wort *Wille*. Zigarettenasche fiel auf das Papier, und beim Wegwischen stieß er eine Tasse Tee um und weichte so das Wort »Telegraaf« oben auf der Druckvorlage durch. Er tupfte das Papier mit dem Taschentuch trocken, ließ es von seiner Sekretärin zur Setzerei bringen und zog sich den Mantel an.

Aber wer hätte diese Passage denn überhaupt begreifen können? Es handelte sich dabei ja um so etwas ähnliches wie Atlantis – um einen versunkenen Kontinent, der niemals wirklich existiert hat –, und eine kurze Textpassage wie diese bräuchte eigentlich eine Erklärung, die um ein Mehrfaches länger wäre als der Text selbst, wie es bei ägyptischen Texten vorkommt:

Kunstschriftleiter. – Direkt nach der Machtübernahme 1933 erhoben sich Stimmen, die nationalsozialistische »Kunstbetrachtung« käme aus dem Instinkt und brauche daher keine rationalen Regeln und Gesetze; deshalb müsse die sogenannte liberale Freiheit für schöpferische wie für kritische Arbeiten entschieden und leidenschaftlich zurückgewiesen werden. Derartige Elaborate kulminierten schließlich in einer Verordnung Goebbels im »Völkischen Beobachter« vom 27. November 1937:

> An die Stelle der bisherigen Kunstkritik, die in völliger Verdrehung des Begriffes »Kritik« in der Zeit jüdischer Kunstüberfremdung zum Kunstrichtertum gemacht worden war, wird ab heute der Kunstbericht gestellt; an die Stelle des Kritikers tritt der Kunstschriftleiter. Der Kunstbericht soll weniger Wertung, als vielmehr Darstellung und damit Würdigung sein. Er soll dem Publikum die Möglichkeit geben, sich selbst ein Urteil zu bilden, ihm Ansporn sein, aus seiner eigenen Einstellung und Empfindung sich über künstlerische Leistungen eine Meinung zu bilden.

Der letzte Satz war natürlich eine elegante tolerante Wendung der totalitären Sache, denn die Wertung wurde vor allem deshalb gegenstandslos, weil die Zensur bereits vorab die Rolle der Kunstkritik übernommen hatte; wer danach noch Kritik übte, kritisierte in Wirklichkeit die Zensur, und das war natürlich nicht akzeptabel. Einige Zeilen weiter in Goebbels Artikel werden dann die Vorschriften aufgezählt, die der intellektualistischen »Ich-Tyrannei« des Kritikers, d.h. des Juden, ein Ende bereiten, denn Juden denken ja immer formaljuristisch. Nach dieser Verordnung mußte man eine Genehmigung haben, um als Kunstschriftleiter zu arbeiten.

Thorak. – Auserkoren zum Phidias des Dritten Reichs. Schützling Hitlers, im gleichen Jahr geboren, wurde er als junger Bildhauer von jüdischen Gönnern finanziell unterstützt, heiratete eine jüdische Frau, bekam mit ihr ein Kind, ließ sich 1933 sofort scheiden und ging zur Schaffung gewaltiger Skulpturen über, die das nationalsozialistische Lebensgefühl ausdrücken sollten. Wie man den brutalen, aggressiven Gesichtszügen ansehen kann, waren es ausschließlich Feldwebel, Polizisten und

196

Halunken (der Märtyrer der Bewegung, Horst Wessel, der in einem Krieg der Unterwelt umkam, war übrigens Zuhälter). Schließlich wurden Thoraks Skulpturen so groß, daß er sie allein nicht mehr bewältigen konnte, und deshalb ließ er unter SS-Bewachung aus dem Konzentrationslager Dachau gefangene Bildhauer zur Unterstützung holen, die das Ausmeißeln von Köpfen, Armen und Beinen übernahmen. Zum Zeitpunkt meines Romans, 1967, wäre er achtundsiebzig Jahre alt, und seine Skulpturen wären inzwischen vierzig Meter hoch. Die ganze Schmutzarbeit würde jetzt von russischen Zwergen erledigt, da die medizinischen Experimente Dr. Mengeles und Dr. Eislers endlich Resultate erbracht hätten: im *Germanischen Reich deutscher Nation* würden nur noch blonde Zwillinge, Drillinge und Vierlinge geboren, während die wenigen slawischen Frauen, die noch am Leben waren, ausschließlich Zwerge zur Welt bringen könnten.

Germania. – Am 8. Juni 1944 äußerte Hitler beim Abendessen (den *Bormann-Vermerken* zufolge), er trage sich mit der Absicht, Berlin als Hauptstadt des Großdeutschen Weltreichs nach dem Endsieg in Germania umzubenennen.

Großdeutsches Weltreich. – Auf einer Pressekonferenz von Goebbels Propagandaministerium wurde am 16. März 1939 folgende »Presseparole« als vertrauliche Information mitgeteilt:

Die Verwendung des Begriffs »Großdeutsches Weltreich« ist unerwünscht. Sie bleibt späteren Gelegenheiten vorbehalten.

Damit war natürlich die gewalttätige Vereinigung-von-oben-nach-unten der ganzen Welt gemeint: Hitlers Sieg in dem Eroberungskrieg, der zu dem Zeitpunkt noch kaum begonnen hatte – lediglich durch die Annektion Österreichs war ein »Großdeutschland« entstanden; und am selben Tag, dem 16. März, fielen die deutschen Truppen in die Tschechoslowakei ein. Erst durch meinen

Roman *Die Zukunft von gestern* war die »Gelegenheit«
für dieses Weltreich gekommen – und eigentlich selbst
dann nicht, denn das Buch wurde nicht geschrieben.

2. Die Frage nach dem Tempus

Aber es waren nicht diese atlantidischen Schwierigkeiten, die mir gleich in der Eingangspassage meines Buches Kopfschmerzen bereiteten; dem hätte man noch
irgendwie abhelfen können. Ich konnte mich nicht entscheiden, in welcher Zeitform der Roman geschrieben
werden sollte.

Zu einem nicht geringen Teil bestand er ja aus zwei
Romanen: der Rahmenhandlung, in der Deutschland
den Krieg gewonnen haben würde, und darin eingebet-
tet die Erzählung, die Otto Textor, die Romanfigur,
niederschrieb: in der Deutschland den Krieg verloren
hätte. Diese zwei Geschichten konnten natürlich nicht
in der gleichen Weise geschrieben werden, denn Otto
Textor schrieb seinen Roman in einer anderen Welt als
ich den meinen.

Mußte ich für meine Geschichte dann das Präteritum
verwenden, wie im Zitat soeben demonstriert, und Otto
Textor das Präsens überlassen? Oder mußte ich gerade
ihm das Präteritum zuweisen und selbst im Präsens
schreiben:

In der Redaktion korrigiert der Kunstschriftleiter,
hinter seinem Schreibtisch stehend, einen Bericht
über das neue Denkmal von Thorak, das am Tag zuvor
am Anfang der Autobahn nach Germania, der Hauptstadt des Großdeutschen Weltreichs, von der Enkeltochter Heydrichs, dessen Porträt über der Tür hängt,
enthüllt wurde. *Völkisches Meisterwerk – Triumph des
deutschen Geistes* lautet der Aufmacher. Der Kunstschriftleiter beugt sich über den Schreibtisch, streicht
das Wort *Geist* und ersetzt es durch das Wort *Wille*.
Zigarettenasche fällt auf das Papier, und beim Weg-

198

wischen stößt er eine Tasse Tee um und weicht so das Wort »Telegraaf« oben auf der Druckvorlage durch. Er tupft das Papier mit dem Taschentuch trocken, läßt es von seiner Sekretärin zur Setzerei bringen und zieht sich den Mantel an.

War das besser? Und wenn ja, warum?

Die Frage nach dem Tempus ist natürlich nicht das Problem eines Menschen, der frisch von der Leber weg drauflos fabuliert – es ist die Fragestellung einer Person, die ihre Fabel nicht niedergeschrieben hat. In gewissem Sinn bot sich die korrekte Zeitform meines Buches gewissermaßen wie von selbst an; die Handlung beruhte doch auf der Unterstellung, daß Deutschland den Krieg gewonnen haben würde – *gewonnen haben würde:* Vollendete Zukunft, Conditionalis perfectis.

Gesagt, getan:

Wenn Deutschland den Krieg gewonnen haben würde, hätte der Kunstschriftleiter, hinter seinem Schreibtisch stehend, in der Redaktion einen Kunstbericht über das neue Denkmal von Thorak korrigiert, das am Tag zuvor am Anfang der Autobahn nach Germania, der Hauptstadt des Großdeutschen Weltreichs, von der Enkelin Heydrichs, dessen Porträt dann über der Tür gehangen hätte, enthüllt worden wäre. *Völkisches Meisterwerk – Triumph des Deutschen Geistes* würde dann die Schlagzeile gelautet haben. Der Kunstschriftleiter würde über den Schreibtisch gebeugt, das Wort *Geist* gestrichen und durch das Wort *Wille* ersetzt haben. Zigarettenasche wäre ihm auf das Papier gefallen, und wenn er sie weggewischt haben würde, hätte er eine Tasse Tee umgestoßen, und so das Wort »Telegraaf« oben auf den Druckfahnen durchweicht haben. Er würde es mit dem Taschentuch trocken getupft, von seiner Sekretärin zur Setzerei haben bringen lassen und würde den Mantel angezogen haben.

Dies wäre, obwohl grammatikalisch korrekt, unlesbar geworden. Auf Dauer sind nur das Präteritum und – in etwas geringerem Maße – das Präsens lesbar. Aber wie sollte ich die beiden Tempora über meine beiden Geschichten verteilen? Und mit welcher Begründung? Was bedeutet es eigentlich, das Präsens zu verwenden? Warum werden traditionelle Romane fast immer im Präteritum geschrieben? Wie ist – im allgemeinen – eigentlich das Verhältnis zwischen der Zeitform eines Verbs und der tatsächlichen *Zeit*?

Um das herauszufinden schrieb ich Anfang 1962 zu meinem Vergnügen eine Betrachtung mit dem Titel *Die Marquise ging um vier Uhr aus*, die ich, in anbetracht der Länge des Textes, nicht wörtlich wiedergeben, sondern paraphrasieren werde.

3. »Die Marquise ging um fünf Uhr aus«

Ich hatte mich um eine Stunde in der Zeit geirrt, denn hinterher stellte sich heraus, daß die Marquise nicht um vier, sondern um fünf ausgegangen war. Jeder Gassenjunge kennt den berühmten anti-belletristischen Ausspruch Valérys, er werde niemals einen derart bedeutungslosen Satz wie *Die Marquise ging um fünf Uhr aus* niederschreiben; als ich jedoch zu verifizieren versuchte, wo er diesen Ausspruch tatsächlich getan hatte, war er auf einmal nirgendwo zu finden; auch Fachleute konnten darauf nicht sofort eine Antwort geben. Wenn die Welt wirklich diesen Satz besitzen würde:

Ich werde niemals einen bedeutungslosen Satz wie *Die Marquise ging um fünf Uhr aus* niederschreiben

wäre das eine schöne Trouvaille für Liebhaber von Kuriosa, denn ein solcher Satz widerlegt sich in doppelter Hinsicht:

1. der Satz wäre niedergeschrieben worden,
2. der Satz würde, als Beispiel für Bedeutungslosig-

200

keit, eine außergewöhnliche Bedeutung gewonnen haben.

War ich dem Enigma der Literatur auf der Spur? Die letzte Entscheidung über den Sinn aller Rätsel verbirgt sich immer in den Paradoxen ihrer Grundlagen, im spaltbaren Material, und dieser Satz konnte sich mit dem des Kreters Epimenides messen, der, als er aus einem sechzigjährigen Schlaf erwacht war, ausgerufen hatte: »Alle Kreter sind Lügner« – und damit für Tausende von Jahren die Logik, die Wissenschaft der Schlaflosen, zur Verzweiflung getrieben hat. Denn wenn jemand in irgeneiner Form sagt: »Ich lüge jetzt«, lügt er jetzt folglich, daß er lügt, also sagt er die Wahrheit, also ist es wahr, daß er lügt, also lügt er jetzt – und so weiter: eine Kettenreaktion bis in die Unendlichkeit der Hölle. Und was soll dann ein Mann wie Paulus anfangen, für den die Unendlichkeit ihren Sitz nicht im Verstand haben darf? Besser wider Treu und Glauben schreiben, als einen derartigen Angriff des Unendlichen auf den erbärmlichen Wurmstatus des Menschen zulassen – und in einem Brief an Titus schreiben (1:12-13)

> Einer von ihnen, ihr eigner Prophet, hat gesagt: »Die Kreter sind allezeit Lügner, böse Tiere, faule Bäuche.« Dieses Zeugnis ist wahr.

Wenn es nur wahr wäre. Es ist weitaus schlimmer – und noch zwanzig Jahrhunderte später braucht man Tarski und Russell, um Epimenides zu *verbieten*, derartige Aussagen zu treffen. Aber er hatte es inzwischen schon gesagt – daran war nichts mehr zu ändern, das Kind war bereits in den Brunnen gefallen.

Erst ein paar Jahre später fand ich zufällig die Quelle für Valérys abschätzigen Ausspruch: im ersten Surrealistischen Manifest von 1924. Er war also nicht so weit gegangen, es aufzuschreiben, sondern hatte es nur gesagt – und zwar zu Breton. »Aber hat er sein Wort gehalten?« fragt sich dieser darauf – und das war genau die Frage, die ich mir auch gestellt hatte.

201

Nach der Lektüre von *Der Abend mit Herrn Teste* fing ich an, darüber nachzudenken. Dort standen Sätze wie:

Er schnarchte leise.

War dieser Satz, aus dem Zusammenhang gerissen, nicht genauso bedeutungslos wie *Die Marquise ging um fünf Uhr aus?* Aber in *Herr Teste* steht dieser Satz nicht isoliert, ihm gehen Sätze voran; diese:

> »Weit mehr liebe ich die Äußerung der geringsten Tatsache, die sich zeigt. Ich bin seiend und mich sehend; ich sehe, wie ich mich sehe, und so fort ... Denken wir ganz scharf. Bah! man schläft über irgendeinem, gleichviel welchem Thema ein ... Der Schlaf führt irgendeine, gleichviel welche Idee weiter...« Er schnarchte leise.

Es ist kaum möglich, dem Satz *Er schnarchte leise* mehr Bedeutung zu geben, als hier geschehen ist. Er steht für »die weitere Verfolgung eines Themas«. Welches Thema? Das der unendlichen Regression: »Ich sehe, wie ich mich sehe, und so fort...« Der Schlaf, in den er fällt, ist der Schlaf des Epimenides, der zu einer Unterminierung des »klaren Denkens« führte: die Paradoxe, der Treibsand, auf dem die Logik gegründet ist.

Genauso kann natürlich auch der Satz *Die Marquise ging um fünf Uhr aus* mit Bedeutung gefüllt werden, und das geschieht einstweilen gerade durch die These, die diese Möglichkeit leugnen möchte. Es ist ziemlich unverständlich, daß sie gerade von Valéry stammt, dem Schöpfer einer Art *Herr Wittgenstein* avant la lettre, mit seinen »Tatsachen«, die »sich zeigen«. Schon allein der Umstand, daß der Satz

Valéry sagte zu Breton, daß er nie einen Satz wie *Die Marquise ging um vier Uhr aus* aufschreiben würde unwahr ist – denn er sprach von fünf Uhr – verweist auf etwas, das wahr ist und folglich nicht bedeutungslos: nämlich auf Valéry, der etwas Bestimmtes gesagt hat, und nicht etwas anderes. Nur aus dem Zusammenhang gerissen ist der Satz *Die Marquise ging um fünf Uhr aus* bedeutungslos – und nicht einmal das. Denn in dem Satz

Nur aus dem Zusammenhang gerissen ist der Satz *Die Marquise ging um fünf Uhr aus* bedeutungslos

ist der Satz *Die Marquise ging um fünf Uhr aus* nicht aus dem Zusammenhang gerissen und daher bedeutsam als Beispiel für einen Satz, der aus dem Zusammenhang gerissen ist und deshalb in einem Zusammenhang steht.

Der Satz, die These, ließ mich nicht mehr los; und vor allem nicht die Tatsache, daß Valéry ihn völlig selbstverständlich ins Präteritum gesetzt hatte: *ging aus.* Hier entsteht jetzt ein Problem, weil der Satz im Französischen lautet: *La marquise sortit à cinq heures.* »Sortit« ist nicht einfach dasselbe wie »ging aus«; es ist das passé défini, eine Zeitform, die niemals in der gesprochenen Sprache verwendet wird (außer Valéry spricht zu Breton), sondern ausschließlich in der Schriftsprache vorkommt, wenn eine fortdauernde Handlung beschrieben wird. Das imparfait (»sortait«) wird in der französischen Literatur einzig verwendet, um mehr oder weniger statische Zustände, Eigenschaften etc. zu beschreiben. Das literarische »Präteritum«, über das ich nachgedacht hatte, war also de facto nicht das imparfait, sondern das passé défini: die Zeit des Erzählers. Als ich jedoch meinen Essay niederschrieb, war mir dieser Unterschied noch nicht bewußt, ich mußte ihn erst noch herausfinden; ich kannte den Satz nur auf Niederländisch und vom Hörensagen. Daher versuchte ich erst einmal, ob ich, von der konkreten Situation einer um fünf Uhr ausgehenden Marquise ausgehend, zu dem Satz kommen könnte: *Die Marquise ging um fünf Uhr aus.*

Die Marquise ging um fünf Uhr aus. – Offenbar ist das eine *Behauptung:* über eine bestimmte Marquise, die an einem bestimmten Tag (oder in der Nacht) um fünf Uhr ausging. Was müssen wir uns dabei vorstellen? Wer spricht da? Wir müssen einen Beobachter unterstellen, einen, der das Ausgehen gesehen hat: den Hausdiener. Offenbar erzählt dieser zu einem späteren Zeitpunkt, daß die Marquise um fünf Uhr ausging, wobei wir vorläufig von der Möglichkeit absehen, daß er lügen könnte. Im weiteren haben wir es also zuallererst mit dem Hausdiener zu tun: Er war es, der die Marquise um fünf Uhr hat ausgehen sehen. Dies wird logischerweise jedoch erst von einem zweiten Beobachter festgestellt, dem später sprechenden oder schreibenden Hausdiener, der in seiner Erinnerung den Beobachter beobachtet. In dem Augenblick, als die Marquise ausging, dachte der Hausdiener nicht: *Die Marquise ging um fünf Uhr aus* – auch nicht: *Die Marquise geht um fünf Uhr aus* – nicht einmal: *Die Marquise geht aus, es ist fünf Uhr* – sondern zum Beispiel: *Das ist doch ein geiles Weibsstück* – womit jedoch gesagt ist, daß es nicht so sehr um die Marquise ging, die »ausging«, als sie ausging, sondern um den Hausdiener, den bei ihrem Anblick die Geilheit packte. Das bedeutet, daß die konkrete Situation, um die es geht, nicht so sehr zu dem Satz führt *Die Marquise ging um fünf Uhr aus* als eher zu dem Satz *Der Hausdiener wurde um fünf Uhr geil* bzw. zu *Ich wurde um fünf Uhr geil*. Aber natürlich führt er nicht einmal dazu. Denn in diesem Augenblick gab es noch keinen zweiten Beobachter, der mit einem Auge auf die Uhr schaute und mit dem anderen auf die Hose des Dieners schielte; es war also eigentlich auch nicht »fünf Uhr«, das wurde es erst später, durch das Erzählen. Im betreffenden Augenblick gab es überhaupt keine Uhrzeit. Also, als die Marquise um fünf Uhr ausging, ging überhaupt keine Marquise aus: der Hausdiener war einfach geil – und zwar nicht um fünf Uhr oder zu irgendeiner anderen Zeit. (Den Marquis als zweiten Beobachter einzuführen, der um fünf Uhr seinerseits den Hausdiener heimlich beobachtet, verschiebt daher das Problem lediglich, denn das könnte höchstens zu dem Satz führen *Ich war um fünf Uhr verstimmt* oder etwas in der Art, und nicht einmal das.)

Was bedeutet das alles? Nicht hinterher für den Hausdiener, wenn er nicht mehr geil ist und wie ein Beobachter seiner selbst für einen dritten Beobachter über sich schreibt, nämlich für mich, den Leser, der dann sowohl den beobachtenden Hausdiener als auch den Hausdiener, der den beobachtenden Hausdiener beobachtet, beobachtet – aber was bedeutet das für diesen Augenblick selbst? Der Hausdiener dachte nicht: »Ich bin geil.« Er war geil. Geilheit ist kein Gedanke, sondern ein Zustand. Alles, was er dachte, war geil gedacht, aber die Geilheit selbst wurde nicht gedacht. In diesem speziellen Augenblick gibt es nur den Hausdiener-als-Geilheit. Aber inwiefern ist er für diesen speziellen Augenblick in der ursprünglichen Bedeutung von »Hausdiener« zu nennen? Hier muß ich entscheiden, ob er tatsächlich in seiner Eigenschaft als Hausdiener geil ist. Der Einfachheit halber sage ich, daß dieser Mann Hausdiener wurde gerade wegen seiner geilen Veranlagung: Er wird ausschließlich aufgegeilt durch adelige, für ihn unerreichbare Damen. Sein Status als Hausdiener ist die Institutionalisierung seiner geilen *Veranlagung*, selbst wenn er sich gerade nicht in geilem *Zustand* befindet, sondern für den impotenten Marquis eine Banane schält. Wodurch drückt sich jetzt die Geilheit meines Hausdieners-als-Geilheit aus? Natürlich durch nichts anderes als gerade durch die Marquise, die um fünf Uhr mit geschürzten Röcken über die Schwelle schreitet. Damit sind sowohl der Hausknecht als die Marquise verschwunden, was beinhaltet, daß jetzt auch die konkrete Situation, von der ich meinte ausgehen zu können, verschwunden ist – und was übrig bleibt, ist nicht der Satz *Die Marquise ging um fünf Uhr aus*, sondern so etwas wie *Reinste Geilheit*.

Dies ist eine vollkommenere unio mystica, als wenn sie sich in der Waschküche paaren würden, dabei schmutzige Zoten mit adeligen spitzen Schreien vermengend: Sie sind nicht »eins« geworden, sondern keins. Ein zeitloses Monster ist entstanden, »Reinste Geilheit«, in der sowohl der Hausknecht wie die Marquise untergegangen sind; es ist kein Satz mehr, sondern ein Name, ein Schrei: die Geilheit des Hausdieners, der sie belauert, der in jenem Augenblick weder Hausdiener noch etwas anderes ist, nicht belauert, auch nicht in dem Moment, selbst wenn er ausschließlich aus Geilheit Hausdiener ist, nebst der ausgehenden Marquise, die nicht ausgeht, schon gar nicht um fünf Uhr, auch keine Marquise ist, sondern ganz und ausschließlich die adelige Geilheit des Hausdieners, den es nicht gibt; sie existiert lediglich in einer Nacktheit, die nicht die ihre ist, sondern bestenfalls die des sich stöhnend im Souterrain befriedigenden Hausdieners – zumindest, wenn sich der ihn heimlich beobachtende Marquis bereit finden würde, mir dies zu erzählen.

Aber auch dieser abstrakte Realismus der »Reinsten Geilheit« ist noch eine Illusion, denn die reinste Geilheit kann lediglich existieren, wenn es auch die reinste Reinheit gibt, was nicht der Fall ist. Der Hausdiener ist außer geil beispielsweise auch noch hungrig, denn der Marquis ist nicht nur moralisch heruntergekommen. Der Hausdiener ist gleichzeitig auch sein leerer Magen, der nur durch das Brot ausgedrückt werden kann, das er nicht hat. Dadurch kommt alles Brot ins Spiel, das sich je in der Gegenwart, der Vergangenheit und der Zukunft angesammelt hat. Die Geilheit vermischt sich jetzt mit der Negierung des Brotes: Allmählich nimmt das Ganze eucharistische Proportionen an! Corpus tuum, domine, quod sumpsi! Und so ist es auch tatsächlich, ich kann ausschließlich an den Hausknecht und die Marquise *glauben*, quia absurdum; und so komme also auch ich schließlich noch dazu mit meiner Geilheit, meinem Hunger, und auch du, Leser, mit deinen unbeschreiblichen Schweinereien – kurzum, die ganze Welt von hüben bis drüben, vom Urknall bis zur finalen Implosion und dem happy end der Materie muß beschrieben werden, nur um

206

eine einzige Sache zu erreichen: daß die Marquise um fünf Uhr ausging – und wer, umgekehrt, eine einzige Sache sagt (wie Valéry zu Breton), bürdet die ganze Welt auf seine Schultern auf, wie Atlas mit einem Bandscheibenvorfall.

Von einer konkreten Situation kann man offenbar nicht sagen, daß sie eine »konkrete Situation« ist – geschweige denn, daß sie zu so etwas wie einem Satz führen könnte. Eine konkrete Situation kann erst dann zu einer konkreten Situation werden, wenn sie keine konkrete Situation mehr ist: hinterher. Dann werden auch Sätze möglich. Wenn jedoch der Hausdiener im nachhinein schreibt *Die Marquise ging um fünf Uhr aus*, kann er wiederum nicht gleichzeitig schreiben, *daß* er es schreibt, denn dann müßte er gleichzeitig schreiben, daß er schreibt, daß er das schreibt, und so weiter ad infinitum. Wenn er nicht in die kretische Hölle des Epimenides geraten will, wo sein Schreiben zwar unendlich wird, dabei jedoch keinen Schritt vorankommt, dann muß er sich *diese* konkrete Situation wieder entgleiten lassen: die des Schreibens. Und so gibt es wieder nichts. Sein Wunsch zu leben, wie eine Marquise lebt, bleibt in den Worten stecken. Die Marquise geht, kurzum, ausschließlich um fünf Uhr aus in dem Satz *Die Marquise ging um fünf Uhr aus*.

Beginnt sich der Schleier um das Enigma zu heben? Von einer »konkreten Situation« ausgehend konnte ich nicht zu Valérys Satz gelangen, da sich der Ausgangspunkt als Illusion erwiesen hatte. Die »konkrete Situation«, das »Sein« der Philosophen, ist offenbar ausschließlich in der Sprache festgehalten. Und um überhaupt weiter zu kommen, muß ich offenbar bei einer auffallenden Eigentümlichkeit des Satzes weitersuchen, bei der ich schließlich gelandet bin:

Die Marquise GEHT ausschließlich um fünf Uhr aus in dem Satz *Die Marquise GING um fünf Uhr aus.*

Darauf kann ich bauen, denn ich habe jetzt so etwas wie eine »Gleichung« – auf der einen Seite des Gleichheitszeichens steht das Präteritum von Valérys Satz, auf der anderen Seite die konkrete Situation einer Marquise, die ausgeht. Die Frage ist in diesem Fall: Weshalb wird die Aktualität einer konkreten Situation am ehesten durch das Präteritum hervorgerufen? Weshalb nicht besser durch das Präsens?

Geht man jetzt nicht mehr von einer »konkreten Situation« aus, sondern umgekehrt von dem Satz, dann muß zuerst die Frage nach der *Verwendung* des Präsens' gestellt werden. *Die Marquise geht um fünf Uhr aus.* Man wird den Hausdiener diesen Satz nicht aussprechen hören, wenn es fünf Uhr ist und die Marquise auf der Freitreppe ihre Kalesche erwartet. Dann sagt er höchstens zum Marquis: »Die Marquise geht aus«, worauf er, mit einem Blick auf die Stutzuhr, sagt, daß es fünf Uhr ist. Er kann wohl zu einem Besucher, der um vier Uhr ankommt, sagen: »Die Marquise geht um fünf Uhr aus«, womit er meint, daß sie es tun *wird*, aber dann verwendet er das Präsens in einer uneigentlichen Bedeutung. Eigentlich drückt das Präsens nur einen ganz bestimmten Sachverhalt aus: Die Marquise *pflegt* um fünf Uhr auszugehen. Wenn ich sage: »Ich rauche Pfeife«, dann ist das unabhängig davon, ob ich gerade in diesem Augenblick eine Pfeife rauche, sondern es bedeutet lediglich, daß ich es zu tun pflege: daß ich Pfeifenraucher bin. So ist das Präsens in dem Satz *Die Marquise geht um fünf Uhr aus* zu verstehen. In seiner eigentlichen Verwendung wendet sich das Präsens gerade vom Jetzt ab, von der Unstetigkeit der Gegenwart, von der Zeitlichkeit – es verewigt. Es befindet sich in der unveränderlichen Welt der Gewohnheiten, der Typologie, der Masken. Es ist das Tempus der Versteinerung.

Und wie sich die gegenwärtige Zeit, das Präsens, vom Jetzt abwendet und den Menschen gerade mit seiner Vergangenheit identifiziert, so wendet sich analog das Präteritum von der Vergangenheit ab und richtet sich auf die Aktualität des Jetzt.

Denn wie steht es mit der Verwendung des Präteritums in dem Satz *Die Marquise ging um fünf Uhr aus*? Wenn der Besucher um sechs Uhr auf dem Faubourg Saint-Germain klingelt und nach der Marquise fragt, wird der Hausdiener das Perfekt verwenden: »Die Marquise ist um fünf Uhr ausgegangen.« Um anzudeuten, daß es in der Vergangenheit stattgefunden hat, verwendet er nicht das Präteritum. Aber nun hat man gerade die Marquise mit eingeschlagenem Schädel im Bordell aufgefunden, wo sie sich jeden Nachmittag wie eine zweite Messalina Soldaten und Arbeitern an den Hals warf; der Täter ist vermutlich der Marquis. Der Hausdiener wird verhört und Kommissar Maigret sagt:

»Erzähle uns doch mal ganz ruhig, was du weißt.«

»Eh bien«, sagt dann der Hausdiener, »die Marquise ging um fünf Uhr aus, und...«

Das Präteritum wird im Rahmen einer *Geschichte* verwendet. Es stellt kein Faktum aus der Vergangenheit fest – denn der Hausdiener lügt –, sondern ruft eine Vorstellung hervor. (Zumindest in der Art der Verwendung, die hier besprochen und die im Französischen vom passé défini bestimmt wird.) Wenn der Hausdiener um sechs Uhr zu dem Besucher sagt: »Die Marquise ist um fünf Uhr ausgegangen«, dann spielt in diesem Perfekt das eigentliche Ausgehen der Marquise eine untergeordnete Rolle: sie ist nicht zu Hause, und das ist das einzige, was den Besucher interessiert; die Mitteilung ist mit diesem Satz abgeschlossen, der Hausdiener bekommt einen Franc, und die Tür wird wieder zugemacht. Mit dem Präteritum dagegen entsteht eine Vorstellung vom Ausgehen selbst als etwas Unvollendetem, das eine Fortsetzung notwendig macht: »... und sie mußte kurz auf die Kalesche warten. Als diese ankam...« Maigret sieht es vor sich, als ob er dabei gewesen wäre – nein, *ist*.

Denn es war nicht so. In Wirklichkeit ist die Marquise überhaupt nicht ausgegangen, sondern der Hausdiener hat ihr zu Hause eigenhändig den Schädel mit der Stutzuhr eingeschlagen, ihre Leiche in der Waschküche beschlafen und sie danach in das Bordell gebracht, von dem er weiß, daß es der Marquis frequentiert, als Arbeiter kostümiert, mit Mütze und rotem Taschentuch um den Hals geknotet. Maigret wird das natürlich herausfinden, aber im Augenblick *geht* die Marquise für ihn um fünf Uhr aus. Denn das Präteritum verweist nicht auf die Vergangenheit, sondern es aktualisiert gerade das Verbum in dieser Zeitform und beschwört es in der Gegenwart der Hör- bzw. Lesezeit herauf. Das im Präteritum Gesagte oder Geschriebene ist *selbst* das, was sich gerade ereignet; was es aussagt, geschieht; und was geschieht, provoziert unmittelbar seine Fortsetzung, seine Veränderung – kurzum: Das Präteritum ist das Instrument der Literatur.

Die Begründung dafür ist, daß das Präteritum für die Beschreibung der Wirklichkeit überflüssig ist. Alle Fakten können mit Hilfe von Präsens und Perfekt mitgeteilt werden. Etwas geschieht oder ist geschehen: dazwischen gibt es keinen Übergang. Und dennoch scheint »ging aus« eine Zwischenposition zwischen »geht aus« und »ist ausgegangen« einzunehmen. Da aber »ausgehen« bei seiner Vollendung unmittelbar in »ausgegangen sein« übergeht, bleibt für das Präteritum »ging aus« nichts anderes übrig als der Status einer *Grenze* zwischen Präsens und Perfekt, wobei es selbst, als »Grenze«, keine Ausdehnung in der Zeit hat. So aufgefaßt ist das Präteritum eine Sache, für die es auf der Welt keinen Platz gibt. Und trotzdem ist es da, und es verweist offenbar auf ein Objekt – ein Objekt, das sich nicht in der Welt der Fakten befinden kann. Aber das Präteritum selbst ist ein Faktum in der Welt. Hieraus folgt, daß das Präteritum sein eigenes Objekt ist: Es verweist auf sich selbst. Verweis und das, worauf verwiesen wird, sind ein und dasselbe.

Daher verweist die Aussage *Die Marquise ging um fünf Uhr aus* nicht auf das Ausgehen irgendeiner Marquise außerhalb der Aussage, sondern ausschließlich auf das Ausgehen der Marquise in der Aussage selbst. Es handelt sich nicht um eine Marquise, die genannt wird, weil es sie gibt, sondern um eine, die in ihrer Benennung Gestalt gewinnt. Und nirgendwo anders. Die Aussage bezieht sich auf die *Substanz* der Marquise: Sie besteht nicht aus Fleisch und Blut, sondern aus Sprache.

4. Intermezzo für Fortgeschrittene: Gott als umgekehrter Kannibale

Kann man auch Aussagen machen, die aus Fleisch und Blut sind? Kann man Fleisch und Blut sprechen?

Kant, kritisch gegenüber der Metaphysik seiner Zeit, entwarf eine Epistemologie, in der er ganze Regimenter aufgeblasener Entitäten, die einer übersinnlichen Welt zugerechnet wurden, kühl auf die Wirkung des menschlichen Verstandes zurückführte. In seiner eigenen – idealistischen – Theorie blieb jedoch das »Ding an sich« bestehen: damit etwas als *wahrgenommenes Ding* (»phaenomenon«) »erscheinen« konnte, mußte es notwendigerweise ein nicht wahrnehmbares *Ding an sich* (»noumenon«) geben, das dies verursachte. Dies stand im Widerspruch zu seiner übrigen Theorie, die sowohl die »Kausalität« als auch die »Notwendigkeit« aus der übersinnlichen Welt auf die Kategorien des Verstandes zurückgeführt hatte und die nur einen Bezug auf wahrgenommene Dinge haben konnte, so daß also niemals ein »Ding an sich« *Ursache* der »Erscheinung« sein konnte, schon gar nicht *notwendigerweise*. Darüber hinaus konnte es nicht einmal »etwas« genannt werden, denn die Kategorie der »Substanz« durfte seiner Theorie zufolge genausowenig darauf angewendet werden. Mit anderen Worten: das »Ding an sich« existierte nicht, es war nach Kants eigener Aussage Unsinn, darüber zu sprechen. Trotzdem sprach er darüber, wenn er dabei selbstverständlich auch nicht die Schwierigkeiten übersah: er nahm sie in Kauf, denn er brauchte die »intelligible« Welt seiner noumena für die Begründung der Moral. Offenbar hielt er das für wichtiger als die Kohärenz seiner Theorie; darin zeigt sich ebensosehr seine Größe wie seine Ohnmacht, die Moral zu begründen. Er versuchte, vor der Gewalt seiner eigenen kritischen Hammerschläge zu retten, was zu retten war, indem er über Dinge »in negativer Bedeutung« sprach, »als ob« die Kategorien darauf Anwendung finden könnten, usw. Aber es wäre denkbar, sagte er, daß ein anderer Verstand als der menschliche – von dem wir nicht das Geringste begriffen und der selbst ein Problem darstelle – die noumena »in positiver Bedeutung« betrachten könnte:

wie etwa einen göttlichen (Verstand), der nicht gegebene Gegenstände sich vorstellete, sondern durch dessen Vorstellung die Gegenstände selbst zugleich gegeben oder hervorgebracht würden.
(*Kritik der reinen Vernunft*, tr. Anal. I, Par. 21)

Offenbar zielt er hier auf einen Sprachgebrauch, dem ich schon bei anderer Gelegenheit das Etikett »prokreative Aussagen« aufgeklebt habe und den man beispielsweise in den Schriften Moses findet, wenn dieser eine Person unter anderem dies sagen läßt:

»Die Erde bringe lebende Wesen hervor (...)«
Und es war so.

Diese Aussage hatte die lebenden Wesen nicht »zur Folge«, sondern bestand aus den lebenden Wesen selbst. Die Sprache von Fleisch und Blut, in der Moses' mythischer Sprecher im Anfang das Wort ergriffen haben soll, als eine Art umgekehrter Kannibale, ist dann nichts anderes als die Welt selbst, und die Theologen versu-

212

chen, das Tempus aufzuspüren wie ebensoviele Champollions, mit der Bibel plus der »Schöpfung« als ihrem Stein von Rosette.

»Wie da oben, so da unten« dixit Hermes Trismegistos: auch das irdische Präteritum als passé défini vermag merkwürdigere Dinge als die Beschreibung, die Verdopplung der Welt – es erweitert sie. Es ist zwar nicht »prokreativ«, aber immerhin kreativ, es ist die schöpferische Zeitform der Menschen: *Es war einmal eine Marquise* – und also *existiert* eine Marquise, *jetzt, hier,* im intelligiblen Niemandsland dieses Satzes, den Valéry zu bedeutungslos fand, um ihn niederzuschreiben.

Aber sind jetzt nicht beide tot – Gott wie der geborene Erzähler?

5. Charakter ist Mord

Ich war also zu einem Ergebnis gelangt: Das Präsens ist das Tempus der Unveränderlichkeit, der Versteinerung, der Typologie, der Masken – es war also die richtige Zeitform für die zentrale Handlung in *Die Zukunft von gestern*: das Tausendjährige Reich.

Gleichzeitig war es die Bestätigung für eine Reihe anderer Überlegungen.

In der ersten Nacht traf ich auf der Straße in der Nähe von Leobschütz fortgesetzt erschossene Häftlinge, die noch bluteten, also vor kurzem erst erschossen sein konnten. Als ich wieder bei einem Toten aus dem Wagen stieg, hörte ich ganz in der Nähe Pistolenschüsse. Ich lief darauf zu und sah gerade, wie ein Soldat sein Motorrad feststellte und einen an einem Baum lehnenden Häftling erschoß. Ich schrie ihn an, wie er dazu käme, was ihn die Häftlinge angingen. Er lachte mir frech ins Gesicht und fragte mich, was ich ihm denn zu sagen hätte. Ich zog meine Pistole und schoß ihn kurzerhand über den Haufen.

März 1945. Diese kleine Szene in Polen markiert für mein Gefühl das wirkliche Ende des Zweiten Weltkriegs. Ein rechtschaffener Mann knallt einen Schuft ab – bravo, der Schuß fiel auch in unserem Namen. Aber der Mann, der da »ich« sagt, war Rudolf Höss. Die Passage findet sich in seinen Memoiren, *Kommandant in Auschwitz* – eines der wichtigsten Bücher unseres Jahrhunderts –, die er in der Todeszelle in Polen schrieb, als er auf den Galgen wartete, weil unter seinem Kommando einige Millionen Menschen vergast worden waren. In dieser kleinen Szene werden die letzten, nur noch dreißig Kilo wiegenden Gefangenen aus Auschwitz – evakuiert vor der anrückenden Roten Armee – von ihrem Henker in Schutz genommen. Der Befehl, sie zu töten, war ja inzwischen durch den Befehl zur Evakuierung ersetzt worden. Wer einen Gefangenen tötete, der evakuiert werden sollte, verdiente ebenso die Kugel wie jemand, der einen Gefangenen evakuiert hätte, der getötet werden sollte.

(Dieses Wertesystem hat sogar einigen hundert Juden das Leben gerettet, nämlich den Dieben und Mördern unter ihnen. Juden, die in europäischen Gefängnissen zu Beginn der deutschen Besatzung ihre Strafe absaßen, wurden in die Konzentrationslager verbracht, jedoch im Gegensatz zu unschuldigen Menschen dort nicht ermordet: Sie waren ja bereits abgeurteilt. Diejenigen, deren Haftstrafe vor 1945 endete, wurden nach dem Haftende vergast, diejenigen, deren Strafmaß über 1945 hinausging, die Schwerverbrecher also, kamen mit dem Leben davon, so daß ein Niederländer, der 1939 wegen dreifachen Mordes zu lebenslänglicher Haft verurteilt worden war, nach seiner Befreiung nach Amsterdam zurückkehren konnte – nicht ins Gefängnis, sondern als freier Mann. Selbstverständlich beließ man es dabei. Das nationalsozialistische System war so beschaffen, daß Verbrecher es automatisch überlebten.)

214

Dort, auf der Landstraße bei Leobschütz, handelte Höss aus *aufrechter Empörung*, durch die 2500 Jahre griechisch-christlicher Moral durchscheinen: der Geist Platos, Thomas von Aquins, Luthers und Kants – jedoch ad absurdum geführt. Er erschoß einen lachenden jungen Mann, einen lachenden, der keine Ahnung hatte, wen er tötete, denn er machte es aus Jux, wegen des Nervenkitzels. Er war die Zukunft; er stand für die Sorte Mörder, die wir noch zu erwarten haben.

Aber in *Die Zukunft von gestern* wäre die Welt auf Höss und den ausgemergelten Gefangenen, der an einem Baum lehnt, beschränkt geblieben. Nicht ein lachender junger Mann würde ihn töten, sondern Höss: nicht, weil es ihm gerade in den Kopf kommt, sondern weil etwas in seinen Kopf hineingehämmert wurde: Der Befehl zu töten. Deutschland würde den Krieg gewinnen, und die Tradition der griechisch-christlichen Moral bliebe in letztendlicher Frustration bestehen. Die Hösse würden keine frechen Lacher sein, sondern ernsthafte Männer aus einem Guß, keine Männer ohne Eigenschaften, sondern Männer mit Eigenschaften, große Persönlichkeiten, tüchtige Burschen, Kerle, die sechs Millionen Tote nicht aus der Fassung bringen können. Männer aus der guten alten Zeit, als es noch Werte gab, aufrechte Empörung, Pflichtbewußtsein, Gehorsam, Glauben, Durchsetzungsvermögen, Selbstlosigkeit, Idealismus. Kurz gesagt: Rudolf Höss – ein Mann mit *Charakter*.

Es muß einmal festgehalten werden, daß allein die Idee von einem »Charakter« bereits Mord ist. Die Einführung dieses Gegenstands ist nichts weiter als der Versuch, den Mensch auf die Ordnung der Dinge zurückzubringen. Es gibt Steine, Pflanzen und Charaktere. Der Mensch ist sichtbar als ein Körper, als ein Ding; aber weil der Mensch dadurch offenbar nicht vollständig definiert ist, dieses Ding zu sein (eine Leiche ist ja kein Mensch), wird ein zweites Ding hinzugefügt: der »Geist« oder auch die »Seele«, die in jedem individuellen Menschen zu einem ganz bestimmten »Charakter« geformt wird (Lehm). Wie das Wort »Person« vom griechischen Wort für »Maske« abgeleitet ist, so ist auch die Konzeption eines Charakters auf die Maske zurückzuführen, d.h. auf ein Ding: eine Theaterrequisite.

Der Begriff »Charakter«, abgeleitet vom griechischen Wort für »Stempel«, wurde von Theophrast erdacht, dem Begründer der Botanik und Autor eines Werks *Über die Steine*. Die Einteilung in Kategorien, bei Pflanzen und Steinen völlig am Platz, schienen ihm auch bei Menschen möglich zu sein, und er schrieb sein berühmtes Buch *Charaktere*. Er skizzierte dreißig Charaktertypen wie »den Schmeichler«, »den Geizhals«, »den Bauerntölpel« – übrigens alle im Präsens beschrieben – und versuchte so, die Menschen in ein System zu bringen, wie er es auch mit den Mineralen getan hatte: Steinkohle, Mennige, Bleiweiß. So wie Steinkohle immer Steinkohle bleibt, bliebe ein Dieb immer ein Dieb. In der Literaturgeschichte wird sein Büchlein als Übergang von der unpsychologischen Maskenkomödie des Aristophanes zur bürgerlich-psychologischen Komödie des Menander gesehen.

Nachdem diese Textsammlung Ende des sechzehnten Jahrhunderts wiederentdeckt worden war, erschienen in der Nachfolge vor allem in England allerlei Pasticci, weil das Buch auf dieser Insel gerade in einem Stadium der künstlerischen Entwicklung bekannt wurde, das große Ähnlichkeit mit der Zeit hatte, in der es Theophrast verfaßt hatte. Eine der ältesten europäischen Formen des Dramas war ja die »masque«: ursprünglich ein höfisches Maskenfest, das sich seit dem fünfzehnten Jahrhundert in Italien zu richtigen Theatervorstellungen mit Berufsschauspielern entwickelte. Am Anfang des sechzehnten Jahrhunderts beschäftigte sich vor allem Ben Jonson damit; er arbeitete in seinen Theaterstücken, ohne Maske, mit einem theophrastischen Trick: dem der »humours«. Jede Rolle stand für eine ganz besondere Eigenschaft, etwa die Habsucht – und nicht zuletzt durch diese Auffassung vom Theater zog er im Vergleich zu Shakespeare den kürzeren, dessen Charaktere genau das Gegenteil von »humours« waren, d.h. von Männern aus einem Guß. Er beschritt dort neue Wege, wo Jonson nicht ohne ein psychisches Substitut für die verschwundene Maske auskam.

Zwar sprechen alle Argumente für Masken, vor allem auf der Bühne, so lange man dabei nicht vergißt, daß es sich um *Masken* handelt, nämlich um reale Dinge. Sobald sie zu einer Art psychischer Dinge degenerieren, nämlich zu »Charakteren«, spricht nichts mehr für sie.

Diese ganze Entwicklung führte schließlich zum künstlerischen Trumpf des Bürgertums, zum psychologischen Roman. Die Handeltreibenden mußten einander verstehen und durchschauen können, um sich dann gegenseitig im Konkurrenzkampf den Hals abschneiden zu können; in der Wissenschaft führte das zur Entstehung der »Charakterkunde«, der Mineralogie des Menschen. In der Zeit fingen Romane mit Sätzen an wie: *Der Kommandant war eine gepflegte Erscheinung mit einem rechtschaffenen Charakter.* Das soll uns also offenbar sagen: *1 = 1 + 1.* Sozusagen eine fehlerhafte Rechnung. Dennoch ließ sich Goethe für den Roman *Die Wahlverwandtschaften* von den neuesten Erkenntnissen der Chemie seiner Zeit inspirieren und ließ Charaktere wie *Stoffe* aufeinander reagieren. Das war jedoch weitaus lächerlicher als seine Inspiration durch die Alchimie für den *Faust;* hier war es ganz und gar nicht lächerlich, denn dafür sprach eine künstlerische Logik, die sich durch das eben nicht naturwissenschaftlichen Gesetzen gehorchende menschliche Verhalten rechtfertigt. *1 = 1+0* scheint mir daher die korrektere Rechnung, und der Leichnam kann dann durch den Vergleich *1 = 1* ausgedrückt werden. Der Mensch ist nicht »mehr« als ein Leichnam, sondern etwas anderes; der Unterschied ist *0.* Und die Unterschiede zwischen den Menschen hausen ebensowenig in der Welt der Dinge oder der Pseudo-Dinge wie etwa Charaktere, sondern in der Welt der

Möglichkeiten, so daß der eine Mensch durch die Formel $1 = 1 + 0/1$ und ein zweiter durch $1 = 1 + 0/2$ ausgedrückt werden kann, und so weiter.

Man nehme als Beispiel Höss. Von 1942 bis 1945 war er ein Massenmörder, ein Henker. Aber in dem Augenblick, als der Krieg zu Ende war, auf der Landstraße bei Leobschütz, war er ein respektabler Passant. Was ist also sein »Charakter«? War er bei Leobschütz ein Mensch mit einem schlechten Charakter, der sich gut benahm, oder war er in Auschwitz einer mit einem guten Charakter, der sich schlecht benahm? Ich wüßte nicht, wie man das entscheiden sollte. Und wer wurde letzten Endes gehängt: ein Mann mit einem schlechten oder ein Mann mit einem guten Charakter? Keineswegs eine unwichtige Frage, möchte ich meinen. Wenn wir am Begriff des Charakters festhalten, stellt sich das Problem, daß wir es mit zwei Männern zu tun haben, die wir mit einem einzigen Namen benennen, und dann muß wieder der Begriff der Gespaltenheit eingeführt werden, um den Begriff Charakter zu retten – und inzwischen muß noch der Schein aufrecht erhalten werden, wir dächten wissenschaftlicher als die Alchimisten. Der letzte Versuch, die Kontinuität von Höss' Charakter zu garantieren, besteht in der Aussage, er habe einen »gehorsamen Charakter« gehabt: Er paßte sich im gleichen Maß dem Krieg wie dem Frieden an und tat immer, was von ihm erwartet wurde. Wenn sich jedoch der Henker und der respektable Passant unter denselben Nenner bringen lassen, nämlich »Gehorsam«, dann repräsentiert dieser Nenner nicht einen anderen, neuen Charakter, sondern er steht für das Scheitern des Begriffs »Charakter«. Dann wird auch nicht ein Mann mit einem schlechten Charakter gehängt, ebensowenig ein Mann mit einem guten Charakter, sondern ein Mann, der vom Richter *schuldig gesprochen* wurde – und dadurch nicht den Charakter des »Schuldigen« bekommt (von Schuldgefühlen ganz zu schweigen).

218

Was wir also sagen müssen, ist dies: Zu der und zu jener Zeit verhielt er sich *wie* ein Henker, und zu der und zu jener Zeit verhielt er sich *wie* ein respektabler Passant – aber *was* sich derart verhielt, und was wir »Höss« nennen, ist an sich nicht so etwas wie ein Henker oder ein respektabler Passant, sondern es ist nichts. Null. Es existiert genausowenig, wie »der Henker« oder »der respektable Passant« existieren. Aber das, was nicht existiert, Höss, du, ich – das kann ausschließlich *als* etwas existieren, das nicht existiert: als der Henker, als der respektable Passant.

Und die Schlußfolgerung muß lauten: Weg vom Charakter, zurück zu den Masken. Höss hatte keinen gespaltenen Charakter, auch nicht zwei Charaktere, sondern *zwei Masken.* Und kein Gesicht.

6. Der künstliche Mensch: Paracelsus

Ich war auf verschiedenen Wegen zum selben Ergebnis gekommen: Die Haupthandlung von *Die Zukunft von gestern* mußte ein, im Präsens verfaßtes, a-psychologisches Maskenspiel sein, bevölkert mit allerlei Typen, wie »der Korrektor«, »der Henker« usw.; eine Art Satyrspiel, wie es bei griechischen Festspielen im Anschluß an eine tragische Trilogie aufgeführt wurde. Und Otto Textors Rahmenhandlung könnte ein – im Präteritum geschriebener – psychologischer Roman sein, bevölkert mit Charakteren, wie sie einem aus dieser Sorte Bücher vertraut sind.

Dagegen war kein Einwand mehr möglich, dachte ich. Aber es konnte doch noch ein Einwand erhoben werden, und der Einwand war Otto Textor selbst. Er war ja der *Mittler* zwischen der Haupthandlung und der Rahmenhandlung, wie die Typologie von Theophrast zwischen den Maskenspielen und den psychologischen Spielen stand. Er mußte also so etwas wie »der Typus des Typus« sein, d.h. eine Unvereinbarkeit in sich. Und diese Unvereinbarkeit wurde noch einmal verstärkt und un-

terstrichen durch die Hauptfigur *seiner* Handlung. Denn
wie Otto Textor die Hauptfigur oder, wenn man so will,
der Haupttypus in meiner Handlung war, so würde ich
in Textors Handlung der Hauptcharakter sein: ich,
»Harry Mulisch«.

Mit diesem Mechanismus, der Autokreation, der Selbst-
schöpfung, wobei ich selbst als ein Kunstmensch in der
Retorte einer Erzählung auftauchen würde, habe ich
mich beschäftigt, solange ich schreibe. In einer meiner
allerersten Erzählungen, ich war damals kaum acht-
zehn, ließ ich einige Personen eine Séance halten: Das
Medium hatte am Rand eines runden Tisches entlang
die Buchstaben des Alphabets befestigt, in der Mitte
stand ein umgedrehtes Glas, jeder legte einen Finger
darauf und das Glas glitt okkultistisch von Buchstabe
zu Buchstabe. Als das Medium schließlich nach dem
Namen des Boten aus dem Jenseits fragte, kam Buchstabe für Buchstabe *h-a-r-r-y-m-u-l-i-s-c-h* heraus, und
damit hatte zum ersten Mal in der Literaturgeschichte
ein Autor Kontakt zu seinen Figuren aufgenommen.
Damals habe ich die Erzählung zerrissen (was ich heute
natürlich bedaure), weil der Leser zunächst einmal an
den Spiritismus glauben mußte, ehe er meiner Erzählung Glauben schenken konnte; für Ungläubige, wie
mich selbst, wäre es gerade aus *diesem* Grund Mumpitz.
Die Sache war nicht Kunst geworden, sondern Weltanschauung geblieben.

Was mir davon blieb, war schließlich so etwas wie eine
künstlerische Weltanschauung – nämlich die, daß das
Bewußtsein der literarischen Figuren identisch mit dem
Unterbewußtsein des Autors ist und das Bewußtsein
des Autors identisch mit dem Unterbewußtsein seiner
literarischen Figuren. Durch sie lernt er sich einerseits
selbst kennen, andererseits taucht er in ihren Träumen
auf.

(Diese Zusammenhänge darf man natürlich nicht mit
der komischen Situation vermengen, daß eine bestimm-

220

te Sorte Leser und Rezensenten meint, ihr Bewußtsein sei das Unterbewußtsein des Autors.)

1962 jedoch tauchte das Medium wieder auf, diesmal in der Gestalt Otto Textors, und das erste, womit er sich zu beschäftigen haben würde, war, einen Namen für die Hauptfigur des psychologischen Romans auszudenken, den er zu schreiben beabsichtigte. In seiner Zeit waren »magische Quadrate« in Mode, und der »Völkische Be-obachter« hatte wieder einmal, wie jeden Mittwoch-abend, eines abgedruckt. Dieses hieß *Kamea des Goldes*:

6	32	3	34	35	1
7	11	27	28	8	30
24	14	16	15	23	19
13	20	22	21	17	18
25	29	10	9	26	12
36	5	33	4	2	31

Die Summe aller Vertikalen, Horizontalen und Diagona-len war (und ist) 111. Mit einem Bleistift würde er eine willkürliche eckige Linie über die Figur geritzt und dann die Zahlen notiert haben, die bei jeder Richtungs-änderung standen: 11-21-25-14-20-21-6-25-24-20-21-1. Darauf hätte er einen Namen mit genauso vielen Buch-staben wie diese zwölf Zahlen gesucht, zum Beispiel *Anton Mussert*, und von jedem Buchstaben entsprechend der korrespondierenden Zahl im Alphabet weitergezählt haben, bis er herausbekommen hätte: *lischharqymu*. Weil sowieso nie jemand dahinterkommen würde, wie er auf den Namen gekommen war, würde er das *q* in ein *r* verändern, das *lisch* nach hinten schieben, und er hätte den Namen gefunden.

Ich hatte meinerseits seinen Namen nach anderen Überlegungen zusammengestellt. Der Vorname, Otto, war bereits im alten *Gnadenerlaß für die Toten* vorge-kommen; damals war es noch der Name meines Kriegsverbrechers. Jetzt übergab ich ihn meinem Mittler, natürlich wegen der Symmetrie: ot/to; die Mitte ging quer durch ihn hindurch. Textor war der Mädchenname von Goethes Mutter: Katharina Elisabeth Textor – gemeinhin »Frau Aja« genannt. In dem Namen war also auch wieder diese Symmetrie zu finden, weshalb er an Ottos schwangere Frau ging. Ich wählte den Namen Textor, weil ich ihn wunderbar finde (vielleicht durch die Komponente »text«), vor allem aber, weil auch Goethe in seinem *Faust II* einen künstlichen Menschen herstellen läßt: den Homunkulus – wie er selbst einst in der Gebärmutterretorte von Frau Aja Textor hergestellt worden war.

In der Szene in der Alchimistenküche sagt Mephisto zu dem eben entstandenen künstlichen Menschlein:

Was du nicht alles zu erzählen hast!
So klein du bist, so groß bist du Phantast.

Der alchimistische Homunkulus hat etwas mit »Phantasie« zu tun – und die Quelle, aus der Goethe geschöpft hat: Paracelsus.

Nach Philippus Aureolus Paracelsus Theophrastus Bombastus von Hohenheim, *liber de generatione hominis*, funktioniert die Empfängnis eines Menschen folgendermaßen. Beim Anblick einer anziehenden Frau entsteht speculatio; dadurch kommt der Wille auf den Plan und erzeugt eine *Phantasey*: Das ist die Begierde. Dadurch entsteht aus dem liquor vitae das Sperma. In ruhendem Zustand ist dieser liquor vitae ein »inwendiger Schatten« im Körper des Mannes: die Hände in den Händen, die Füße in den Füßen, das Herz im Herzen, das Gehirn im Gehirn, jedes trägt in sich »Natur, Eigenschaft, Wesen und Art« des Menschen:

wie einer sich in eim Spiegel siehet: also sieht sich die Natur in ihm.

222

Aber erst, wenn sich der Wille, durch die speculatio, mit einem Objekt verbindet, entzündet sich der liquor an der *Phantasey* und wird zu einem besonderen Ort, auf den es in Form des Spermas fällt und in seiner materia ruhig liegenbleibt, getrennt vom liquor vitae »gleich wie ein Schaum von einer Suppen«. Bei der Frau idem dito. So gibt es zwei halbe Phantasien, die durch egestio zu einer Ganzheit werden und zu einem Menschen.

Aber es ist auch möglich, die *Phantasey* zu wollen, ohne daß daran eine Frau beteiligt ist. In dem Fall wird die Frau ebenfalls hinzuphantasiert. Und in dem Punkt tritt die alchimistische *Kunst* in Kraft. In seinem »liber de natura rerum« behandelt Paracelsus die Frage »der alten Philosophis«, ob es möglich sei, einen Menschen außerhalb eines Mutterleibs zu fabrizieren. Das scheint tatsächlich nicht in Widerspruch zur »Ars Spagyrica« zu stehen, nämlich der Alchimie, und er verrät auch das genaue Rezept, wie es gemacht wird:

Nämlich dass der sperma eines Mannes, in verschlossenen cucurbiten pese mit der höchsten Putrefaction, ventre equino, putreficiert wird auf vierzig Tag, oder so lang bis er lebendig werde, und sich beweg und rege, welchs leichtlich zu sehen ist.

Das Menschlein, das mannequin, der Homunkulus, wird klein und durchsichtig sein, und er muß täglich mit arcano sanguinis humani gefüttert werden.

Das ist nun der aller höchsten und grössesten Heimlichkeiten eine, die Gott den tödlichen und sündigen Menschen hat wissen lassen. Denn es ist ein Miracul und magnale dei, und ein Geheimnus über alle Geheimnus.

Das Geheimnis der Geheimnisse ist nicht, daß der Homunkulus ein wirklicher Mensch ist, wenn auch künstlich gefertigt, sondern daß er etwas anderes ist als ein

Mensch, mehr als das: ein Mensch gemacht aus Kunst – die Kunst als Mensch:

> Denn durch Kunst überkommen sie ihr Leben, durch Kunst überkommen sie Leib, Fleisch, Bein und Blut, durch Kunst werden sie geboren: Darum so wird ihnen die Kunst eingeleibt und angeboren, und dürfen es von niemands lernen, sondern man muss von ihnen lernen.

Wie die Kunst in Gestalt eines Menschen, so würde ich also mir selbst in der Erzählung erscheinen, die philosophus adeptus Otto Textor in der von mir vorgegebenen Rahmenhandlung schreiben würde und die ebenfalls den Titel *Die Zukunft von gestern* tragen würde. Außer als non-existenter Mittler zwischen Maskenspiel und psychologischem Roman müßte Otto Textor auch noch als Mittler zwischen Mir und Ich in seiner Handlung auftreten – er verkörperte dann den Unterschied zwischen mir und mir selbst: er war mein Entfremder. Er war der Anlaß dafür, *daß* ich schreibe. Genau in dem Augenblick, als dieser letzte Anlaß meines Schreibens zum eigentlichen Thema des Textes werden wollte, hörte das Schreiben auf.

Der Versuch, Otto Textor sichtbar werden zu lassen, war ein Versuch, den *Spiegel* sichtbar zu machen, nicht seinen Rahmen oder die Flecken darauf, sondern den Spiegel selbst. Aber wenn die Spiegel sichtbar werden, wird gleichzeitig alles, was sich darin spiegelt, genauso unsichtbar wie alle Spiegelbilder. Alles verschwindet, außer dem Spiegeln des Spiegels, und das ist genau das, was mit dem Sichtbarwerden Otto Textors passierte, der zugleich mein Geschöpf wie mein Schöpfer war: Alles wurde unsichtbar, außer den Seifenblasen.

Weil in der Denkweise der bürgerlichen Gesellschaft die Ideologie der Handeltreibenden immer ausschlaggebend ist, nämlich die Psychologie, wird sich Otto Textor inzwischen für einige Leser als »Vaterimago« decouvriert haben oder, noch ausgefuchster, als »Mutterimago« – also doch Frau Aja. Termini wie »Imago« und »Libido« geben dem Kaufmann halt ein vertrauteres Gefühl als »speculatio« und »egestio«, obwohl doch im Lauf des zwanzigsten Jahrhunderts gerade das Scheitern der Psychologie auf künstlerischem Gebiet spektakulär nachgewiesen werden konnte. Auf diesem Gebiet kann man sich daher mit mehr Aussicht auf Erfolg auf die drei paracelsischen Disziplinen beschränken: die Scientia Signata, die Wissenschaft der Namengebung, die Ars Spagyrica, die Kunst des Trennens und Vereinigens, und die Philosophia Sagax, die scharfsinnige Philosophie.

Natürlich ist Otto Textor letztendlich weiblich; aber um alle Psychologismen zu vermeiden, nenne ich ihn lieber eine *Matrix*, in der Wortbedeutung, die Paracelsus verwendet: die »kleinste Welt«, die Welt der Gebärmutter. Alle Romanfiguren, auch die »Männer«, sind für den Schriftsteller immer weiblich: Er hat ein Verhältnis mit ihnen. Hektor ist für Homer weiblich, Vergil ist für Dante weiblich, Faust ist für Goethe genauso weiblich wie Gretchen oder Mephisto. Aber nur Otto Textor ist eine Matrix. Nur er ist die Weiblichkeit der Erzählung, der Sprache, der Retorte, der Technologie selbst.

Drohend stand er im Hintergrund all des verfremdenden Schreibens von Schriftstellern über Schriftsteller, das man in den sechziger Jahren buchstäblich bei jedem Schriftsteller beobachten konnte. Aber diese Matrix, die der Autor hervorbringt (wobei sowohl Matrix wie Autor gleichzeitig Subjekt wie Objekt sind), nämlich Otto Textor, den hat man nirgendwo auftauchen sehen. Und das ist auch unmöglich. Mit dem Schreiben eines Autors über einen Autor beißt sich die Schlange in den Schwanz – mit der Erscheinung der Matrix hat sie sich dann in der Tat selbst verschlungen.

Und in gewisser Weise enthielt mein Roman bereits in der *Intrige* seine eigene Aufhebung: den abortus provocatus am Homunkulus, und die Opferung der Matrix

Otto Textor als Teil der Dreifaltigkeit, die er mit den beiden Geheimagenten bildete.

Von den drei Gründen, warum mein Buch nicht geschrieben wurde, war dies der zweite.

Bleibt mir nur noch zu melden, daß Otto Textors »Harry Mulisch« natürlich auch an einem Buch arbeiten würde – in dem Deutschland den Krieg gewonnen hätte. Soviel kann man vermuten, daß nur dieses letzte Buch schließlich entstanden ist und daß der Leser es gerade liest.

7. *Frischer Wind in der Politik*

Der dritte Grund, weshalb *Die Zukunft von gestern* nicht geschrieben wurde, lag nicht so sehr im Zentrum des literarischen Objekts wie der erste oder im schreibenden Subjekt wie der zweite, sondern ergab sich aus der politischen Situation der Welt, in der ich 1962 lebte.

Wie Deutschland den Krieg gewonnen haben könnte und wie die darauffolgenden Jahre ausgesehen hätten, konnte ich mit Fug und Recht dahingestellt sein lassen, wie ich bereits erläutert habe. Aber Otto Textor konnte es in seiner Handlung nicht dahingestellt sein lassen, wie Deutschland den Krieg verloren hätte, und genausowenig die Ereignisse der nachfolgenden Jahre. Er sah ein, daß man das alles dann mehr oder weniger gewußt hätte, es – wenn gewünscht – auch genau hätte wissen können, wie es auch heute der Fall ist. Vielleicht wäre er noch auf die Idee gekommen, Stauffenbergs Anschlag auf Hitler scheitern zu lassen, so daß Deutschland den Krieg bedingungslos hätte verlieren müssen; aber die kommende Entwicklung, nämlich den Kalten Krieg, wie ich sie im zweiten Kapitel skizziert habe, hätte er sich natürlich unmöglich ausdenken können. Dagegen wohl eine strahlende neue Welt, in der zum Beispiel die Untergrundbewegung in den besetzten

Ländern die Macht übernommen hätte. Korrektor Ramakers »Diktatur des Proletariats« würde er vermutlich
abgelehnt haben, dafür war die antikommunistische
Propaganda zu tief in ihm verwurzelt; vielleicht hätte er
als Regierungsform eine Art parlamentarisches Jurysy-
stem erfunden: ein Kabinett der fähigsten Köpfe, nomi-
niert und kontrolliert von einem gewählten Parlament,
das sich nach einiger Zeit in Anarchie aufgelöst haben
würde. All das – trotz der Lektionen Ramakers – ge-
spickt und verseucht vom faschistischen Gedankengut
und der faschistischen Terminologie seiner eigenen
Wirklichkeit, durch die trotz alledem eine andere hoffnungsvolle, gerechte Ära durchschimmern würde.

Darin lag die Schwierigkeit. Denn schließlich müßte
ich es ja sein, der Textors Roman schrieb, und woher
würde *ich* das Material nehmen? Welche politischen
Erfahrungen stünden *mir* dabei zur Verfügung? Ich
hatte ebensowenig Erfahrungen wie Otto Textor; die
versteinerte Welt des Kalten Krieges hätte sie mir ebensowenig geliefert, wie Otto Textor sie aus dem Tausendjährigen Reich hätte ziehen können.

Die Vorkriegszeit lag für mich hinter dichten Nebelschwaden verborgen, und damit auch der internationali-
stische Spanische Bürgerkrieg, der mir vermutlich Material hätte verschaffen können. Im Zweiten Weltkrieg
hatte ich auch keinen Kontakt zum Widerstand gehabt
(auch wenn ich ein Heft mit Zeitungsausschnitten geführt habe), und nach dem Krieg herrschte der Pest-
hauch der Unveränderlichkeit, die ich beschrieben habe.
Ich stand mit leeren Händen da. Wenn ich 1959 begriffen hätte, was in Kuba im Gange war, nämlich, daß
Kuba zum legitimen Erben des republikanischen Spanien wurde, und wenn ich dort hingegangen wäre, dann
wäre vielleicht alles anders gekommen. Aber ich habe es
nicht getan. Mir fehlten dazu die Mittel, und außerdem
wußte ich nicht, daß dort *das* ablief, von dem ich heute
weiß, daß es auf der Welt möglich ist.

Die politischen Erfahrungen, die ich für die Handlung Otto Textors nötig hatte, machte ich erst, nachdem ich *Die Zukunft von gestern* bereits aus dem zweiten Grund aufgegeben hatte. Das war 1966 die Erfahrung mit der Provo-Bewegung in Amsterdam. Mit ihr öffnete sich zum ersten Mal das Fenster einen Spalt zu einer anderen Welt als der des Kalten Kriegs, und diese Brise frische Luft machte mich so munter, daß ich darüber ein Buch schrieb (*Bericht an den Rattenkönig*). Im darauffolgenden Jahr erlebte ich die kubanische Revolution in Aktion, d.h. eine ganze Gesellschaft an der frischen Luft, und auch darüber schrieb ich ein Buch *(Das Wort zur Tat),* wenn auch in dem melancholischen Bewußtsein, daß sich alles weit entfernt abspielte, in einer anderen Welt, wo außerdem immerzu die Sonne schien. 1968 in Paris hatte ich zum ersten Mal das Gefühl, daß auch wir in Europa aus unserem geschlossenen Zimmer ausbrechen könnten: standen wir nicht bereits mit einem Fuß über der Schwelle, draußen?

In diesen Jahren ereignete sich in Europa an einem Tag mehr als in den vorangegangenen zwanzig Jahren des Kalten Krieges zusammen. Tat das gut! Endlich wurde die Nachkriegsrestauration der präfaschistischen Vorkriegsverhältnisse angekratzt. Ziel des Kalten Krieges war die Entpolitisierung der europäischen und amerikanischen Massen gewesen; und plötzlich, wenn zunächst auch nur in kleinen Gruppen, hörte man eine Terminologie, die ältere Menschen zum letzten Mal 1939 vernommen hatten, und die sich auf wirkliche politische Probleme bezog: Kapitalismus, Ausbeutung, Gewinn, Imperialismus, Arbeiterklasse, Bourgeoisie, Klassenkampf, Genossen.

Ich erinnere mich noch an meine eigenen Gefühle, als ich zum ersten Mal auf der westlichen Seite des »Eisernen Vorhangs« rote Fahnen sah, Hammer und Sichel, Sowjetsterne, emporgereckte geballte Fäuste, und das unter dem Absingen der Internationale. Was für eine Rührung muß alte Sozialisten überkommen sein, was für eine Wut die Kalten Krieger gepackt haben. Wie schade ist es doch manchmal, nicht die Gefühle anderer Leute spüren zu können.

Zur Zeit ist jedoch der Blick auf diese neue Welt wieder ein bißchen getrübt. Es dämmert wieder. Statt der Gerechtigkeit mehr Raum zu geben, erweitern wir im Moment lieber unser eigenes Bewußtsein (aber das Bewußtsein *wovon* eigentlich?), und eine ganze Generation versinkt lächelnd in Haschischträumen, wie ein von Sumpffieber angeschlagener Großwildjäger im hohen Gras benebelt in das darunter brodelnde Sumpfgas aus Christentum, Buddhismus, Hinduismus und dem Brackwasser des existierenden Systems versinkt.

Zumindest in den Niederlanden haben die Machthaber die Lektion gut gelernt, daß Opium Religion für das Volk ist, und es werden Zentren mit Staatsgeldern unterstützt, in denen sich potentiell unbequeme Querköpfe um den Verstand rauchen können. Zum Glück ist man in anderen europäischen Ländern weniger intelligent, so daß noch nicht jede Hoffnung verloren ist.

Um diese Betrachtungen abzurunden, werde ich jetzt einen mehr oder weniger beliebigen Tag im Mai 1968 skizzieren, der, hätte er sich früher ereignet, zumindest Otto Textors Erzählung möglich gemacht hätte.

Damals überschlugen sich noch die Ereignisse, aber das Ende war bereits in Sicht. Die Niederlande schwankten nach dem politischen cake-walk, in den die Provo-Bewegung sie hineinmanövriert hatte – das Land wurde aber schon wieder von Männern regiert, die Maßregeln vorbereiteten, die der arbeitenden Jugend ihre Aufmüpfigkeit finanziell heimzahlen würden, natürlich wieder unter dem Vorwand der »Verteidigung« und des Kalten Krieges. Deutschland hatte die Studentenbewegung noch nicht im Griff, aber Rudi Dutschke lag bereits mit einer Kugel im Kopf in einem Berliner Krankenhaus. In China grollte die Kulturrevolution noch ein bißchen nach – aber in Maos Hinterkopf stand Lin Piao vermutlich bereits auf der Abschußliste. In Lateinamerika streiften noch Splittergruppen von Landguerillas umher – Che Guevara war aber bereits ermordet. In den Vereinigten Staaten nahm der Protest gegen den Völkermord in Vietnam zwar bisher ungekannte Ausmaße an – aber Martin Luther King war bereits erschossen. Die Tschechoslowakei erlebte ihren »Prager Frühling« – aber die Sowjetunion zog bereits die Truppen zusammen. Es war Frühling, aber überall roch man schon den Herbst, die fallenden Blätter. Hier und da schwebte eine Seifenblase in den Himmel.

Ich mache mir Vorwürfe, daß ich über diese Zeit nur wenig Notizen gemacht habe, ich war zu beschäftigt, mir stand der Kopf nicht danach, jeden Tag war etwas anderes zu unternehmen – und ich wußte nicht, daß alles ganz schnell wieder vorüber sein sollte. Während all dieser Aktivitäten bereitete ich mit Freunden eine Art Oper über El Che vor, *Rekonstruktion*, ein Monumentum Guevarae; diese Arbeit unterbrach ich, um nach Paris zu reisen. Ich werde versuchen, den Tag aus der Erinnerung zu rekonstruieren, von dem ich berichten will.

8. Ein Morgen im Pariser Mai 1968

Morgens war ich in eine Straßenschlacht geraten.

Ich hatte in der Morgensonne auf der Terrasse des Deux Magots gefrühstückt in dem angenehmen Bewußtsein, daß ich die Stadt nicht mehr verlassen konnte. Keine Tankstelle hatte noch Benzin vorrätig, die Banken waren geschlossen, Fabriken und Institute besetzt, jeder hamsterte, was er in die Finger bekam, abends fiel immer wieder einmal unerwartet das Licht aus, und mich erfüllte eine tiefe Zufriedenheit. Auf allen Gehsteigen lag der Müll, denn die Stadtreinigung hatte sich dem Streik angeschlossen; in Frankreich streikten zehn Millionen Arbeiter, und der Müll war nicht nur der konkrete Müll: Er war auch ein Symbol für den sozialen Müll, der ans Licht gezerrt wurde von *les événements*, wie die Bourgeoisie die Revolte nannte, die Gaullisten, die in Autos mit der Brust voller Orden und Flaggen aus den Fenstern über die Champs Elysées hupten, weit ab vom Kampfgewimmel im Quartier Latin, wo der Studentensowjet seinen Sitz hatte und wo Autos nur noch zum Barrikadenbau gebraucht wurden. Mein Auto stand auch irgendwo an einer Straßenecke, ich hatte schon fast vergessen wo, und ich konnte von Glück reden, daß es noch nicht in den Straßenkämpfen untergegangen war – was ich, ich schwöre es, o Geist der Geschichte, nicht so furchtbar schlimm gefunden hätte.

Langsam beteiligte sich sogar das White-collar-Proletariat am Streik, Büroangestellte, Laborpersonal, Verkäuferinnen in den Kaufhäusern. Es waren die zehn Millionen streikenden Arbeiter, die den Pariser Mai zu etwas anderem machten als die vorangegangenen Ereignisse in Amsterdam und Berlin, und sie brachten den Satz von Marx in Erinnerung, daß die wahre Revolution wieder in Frankreich stattfinden werde. In Peking gab es eine Solidaritätsdemonstration mit Hunderttausenden von Teilnehmern. Hier in Paris war die Lage ernst geworden, und dieser Ernst zeigte sich zuerst in einer herzzerreißenden Freude, die überall zu spüren war.

Ich spazierte auf dem Boulevard Saint Germain, Richtung Revolution. Ich hatte weder Kind noch Kegel auf der Welt, aber die Welt war mein. Da gab es zum Beispiel die Sonne, die mir ins Gesicht schien, und meine Füße steckten in Schuhen: alles paßte zusammen, wie die Antwort auf eine Frage. Ich segnete Thot, weil er mich in seiner immerwährenden Güte aus irgendeiner Wiege gerade in diesem Augenblick hierher geführt hatte, sodaß ich all dieses Wissen nicht aus Büchern destillieren mußte, wie so viele andere Dinge. Die Augenblicke von Euphorie und »Bewußtseinserweiterung« waren in meinem *persönlichen* Leben nicht mehr zu zählen; sie waren ohne Chemie, Rauch oder andere Auspuffgase aufgetreten, manchmal durch die Liebe oder durch Freundschaft, manchmal war auch die Kunst der Grund dafür; meistens etwas, das nur mir auffiel – wie ein Hahn, der bei Sonnenuntergang in einen Baum flattert. Aber jetzt entstand die Euphorie durch Unbekannte, es war ein sozialer Kick, das Gesetz der Induktion, etwa wie elektrische Spannung entsteht, wenn sich das Magnetfeld um einen Stromkreis ändert. Der Kreis ist dann angenehm überrascht.

Aus der Ferne marschierte, über die ganze Breite der Straße, ein Demonstrationszug von Arbeitern und Studenten heran, rote und schwarze Fahnen wehten über ihnen, Transparente, unverständlich gellten die Stimmen. Auf der Höhe der Rue de l'Odéon begegneten wir uns, auf einmal ertönten Befehle durch die Megaphone, und die Demonstration bekam ganz plötzlich ein anderes Aussehen. Vom Place Saint Germain stob in hoher Geschwindigkeit ein unheimliches Polizeiaufgebot heran: ein schwarzes Heer von Dutzenden Polizeiautos, Panzerwagen, Motorrädern und vor allem von riesigen, gepanzerten Mannschaftswagen. Bevor ich noch begriffen hatte, was da vor sich ging, waren die Fronten schon dabei, sich zu formieren. Binnen weniger Sekunden wimmelte die Straße von Hunderten behelmter Polizisten, und auch die Demonstranten trugen auf einmal Helme und waren bewaffnet, wenn auch nicht mit Karabinern. Aber auf keiner Seite gab es auch nur eine Spur von Panik, weder auf der einen, noch auf der anderen. Ich erinnerte mich an die haß- und wutverzerrten Gesichter der Amsterdamer Polizisten, wenn sie dem herausfordernden Pöbeln und Johlen der Provos gegenüberstanden, noch aufgeheizt vom hysterischen Kreischen auf den Gehsteigen, und überall Angst, Nervosität, Panik. Bei diesen Pariser Polizisten hatte ich nicht den Eindruck, daß sie irgendetwas fühlten: Schnell und ruhig machten sie sich zum Kampf bereit, und dasselbe galt für die Demonstranten. Auch bei ihnen war die Organisation tadellos, umso merkwürdiger, da die Gruppe doch ziemlich zusammengewürfelt war und den Straßenkampf nicht berufsmäßig ausübte.

232

Binnen kürzester Zeit waren die Steine auf einer Länge von zehn Metern von der Straße verschwunden und hatten sich in Munition verwandelt (heutzutage sind dort die Boulevards asphaltiert), während dahinter, über die gesamte Straßenbreite, eine Barrikade aus Autos emporwuchs, von Hunderten Händen von der Straße gestemmt und übereinander geworfen, als ob sie kein Gewicht hätten. Das alles dauerte nicht länger als eine halbe Minute; und gleichzeitig wurde fünfzig Meter weiter hinten bereits eine zweite Barrikade errichtet, und noch einmal fünfzig Meter weiter eine dritte; dabei wurde an Durchgänge gedacht, die sofort mit dafür bereitgestellten 2-CVs und 500er Fiats geschlossen werden konnten. Man hatte den Eindruck, ein durchdachter logistischer Plan werde ausgeführt, und auch mir wurde eine Aufgabe zugewiesen: einer, der offenbar die Leitung hatte, zeigte mir eine der Straßen des carrefour, wo ich als Spähposten Ausschau nach eventuellen Angriffen in den Rücken halten sollte. Ohne Widerspruch tat ich, was man mir befahl, wenn auch von einem Ausländer erwartet wird, sich nicht in die inneren Angelegenheiten des Gastlandes einzumischen – und ich begriff, was das war: Arbeit von Fachleuten. Das war keine improvisierte Neuheit, sondern Ergebnis einer jahrhundertelangen Tradition, nämlich der Revolution; und die Gegenpartei wußte das auch und fühlte sich auf vertrautem Gebiet, denn die Polizei und die Interessen, die sie verteidigte, waren auf die gleiche Weise an die Macht gekommen.

Nicht, daß nicht hart zugeschlagen worden wäre; ich habe noch nie so brutal hart schlagen sehen. Aber es fiel kein Schuß, denn kein Polizist wurde so vom Haß überwältigt, daß er sich zu weit nach vorn gewagt hätte, von seinen Kollegen isoliert und von den Demonstranten eingeschlossen worden wäre, und daß er so aus Angst zum Revolver gegriffen hätte, wie es in Amsterdam gang und gäbe gewesen war. Wohl wurde mit Tränengas geschossen – aus einer Art geschultertem Ofenrohr, das mich an die alte deutsche *Panzerfaust* erinnerte – ganz dicht über die Köpfe, was meine eigene Position ziemlich beängstigend machte, denn ich stand dort, wo die Projektile wieder herunterfielen. Die Granaten prallten gegen die Häuser, so daß mir Mauerstücke, Kalk und Glas um die Ohren flogen. Ich fühlte mich nicht besonders wohl; um ehrlich zu sein, mir liefen Schauder über den ganzen Körper – wie vor langer, langer Zeit, wenn ich als Sechzehnjähriger mit einem Mädchen spazieren ging und wußte, daß ich mich gleich mit ihr wunderbar vereinigen würde: wie an dem Abend auf dem Friedhof von Zwanenburg, dem einzigen Platz, wo man ungestört blieb, und ich zwischen den Grabkreuzen vor lauter Zittern beinahe über meine eigenen Füße fiel. Daß die Deutschen inzwischen mit Abwehrgeschützen auf englische Flugzeuge schossen, so daß rechts und links Granatsplitter auf die Grabplatten prasselten, ließ mich völlig kalt. Aber jetzt hatte ich nichts weiter zu tun, als den Kampf zu beobachten, und als ich schließlich tatsächlich eine Patrouille der CRS am anderen Ende der Rue de Condé auftauchen sah, war das gleichsam ein Aufatmen, und in dem Schrei, mit dem ich die unbekannten und doch bekannten Kameraden warnte, verdampfte meine ganze Furcht.

Die Schlacht wurde gewonnen. Zumindest waren plötzlich alle Polizisten in die Mannschaftswagen verschwunden, und das Heer zog sich langsam zu seinem Ausgangspunkt zurück. Überall standen Rettungswagen mit Blaulicht, überall näherten sich Martinshörner und entfernten sich wieder. Männer und Frauen kamen mit Besen aus dem Haus, um das Glas aufzufegen, es wurden schon wieder die ersten Witze gerissen, und was gerade noch ein sonniger Boulevard aus einer Reisebroschüre gewesen war, hatte sich jetzt in eine Abbildung aus einem Geschichtsbuch verwandelt. Nicht, daß die Sonne weniger geschienen hätte – im Gegenteil: manchmal habe ich das Gefühl, daß Sonnenlicht auf Scherben noch am ehesten Sonnenlicht ist.

Staubig und nach Tränengas stinkend (was nicht so schlimm ist, wenn man die Tränen ruhig fließen läßt und sich nicht die Augen reibt), ging ich zu einem Café in der Nähe der Sorbonne, in der Rue des Ecoles, wo die linke Intelligenzija in diesen Wochen Hof hielt.

Die meisten kannte ich aus Havanna, wo ich in den vergangenen Monaten zweimal gewesen war, im Sommer 1967 zur OLAS-Konferenz – einer Art Fünfte Internationale der Guerillabewegung – und im Januar diesen Jahres auf einem Kulturkongreß. In dem überfüllten Café saß bei den Autoren und Philosophen auch ein italienischer Bekannter aus Kuba: der Verleger Feltrinelli, der gerade, während ich dieses Manuskript druckfertig mache, in Mailand von Neofaschisten (oder von der CIA, nach Ansicht von Régis Debray) mit Dynamit in die Luft gesprengt wurde. »Was hier vor sich geht, ist nicht nur für Frankreich wichtig«, sagte jemand zu mir, »sondern für die ganze Welt.« In ihren Augen lag dieser eigenartige Ausdruck von Wehrlosigkeit, der eine Erscheinungsform der Euphorie ist und den man öfter in den Augen von Gewinnern und Siegern beobachten kann. Es war beinahe unmöglich, sich in dem Gedränge und Treiben des Cafés verständlich zu machen; ununterbrochen strömten Nachrichten und Berichte aus ganz Paris herein, und auch ich konnte von meinem eigenen Straßenkampf berichten. Alles war verstärkt, jedes Ereignis, jedes Gespräch, jede Person, alles bewegte sich auf Luftkissen, wie Hoovercrafts; das Café war ein kleiner Knotenpunkt im Netz der Verbindungen, das ich in keinster Weise überblicken konnte, aber in dem – das war möglich und es mußte so sein – der Gaullismus gefangen und triefend aus der Geschichte Frankreichs emporgezogen werden würde.

Und dennoch konnte ich mich nicht des Eindrucks erwehren, daß wir uns hier an einem ziemlich unwichtigen Knoten befanden. Ein paar Tage vorher, am 21. Mai, hatte eine Gruppe von Schriftstellern – unter Leitung Michel Butors und Nathalie Sarrautes – das Büro der Société des Gens de Lettres besetzt, den Mitgliedern alle

möglichen Vorwürfe gemacht und eine Schriftstellerge-
werkschaft gegründet. Mußten dafür zehn Millionen
Arbeiter streiken? Hatte man nicht den Eindruck, die
Autoren wollten vom Kuchen auch etwas abkriegen?
Stellte es nicht schmerzlich ihre »schmale soziale Basis«
bloß, wie man das nennt – und war jetzt der Augenblick
gekommen, das ans Licht zu zerren? Wäre es nicht besser, sich stark zu machen und sich auf andere Weise in
den Dienst der Ereignisse zu stellen? (Es dauerte auch
nicht lange, bis die Schriftsteller von Studenten und
Anarchisten aus ihrem eigenen Institut vertrieben wurden.)

Mit diesen düsteren Gedanken über diese – schließlich
auch meine eigene – soziale Stellung ging ich zum Hotel
zurück, um mich für eine Verabredung umzuziehen.
Obwohl man sich in Paris, eingedenk Marats, davor
hüten sollte, während einer Revolution ein Bad zu nehmen, ließ ich es darauf ankommen. Seufzend glitt ich ins
heiße Wasser und sinnierte, daß meine Aufgabe sich
vielleicht wirklich darin erschöpfte, Schmiere zu stehen
und vor Angriffen in den Rücken zu warnen. Vielleicht
war das doch nicht ganz so wenig, vielleicht war das
sogar eine unentbehrliche Funktion. Und war es nicht
vor allem notwendig, sich auf diese Unentbehrlichkeit
zu beschränken und ihr nicht durch Pseudoaktivitäten
die Kraft zu nehmen?

Das würde dann in einer Woche in Amsterdam auf der
Tagesordnung stehen – wenn ich es schaffen würde,
diese Stadt zu erreichen.

9. Wie das Theater Carré im Mai 1968
nicht besetzt wurde

Weil mir das gelang, ist hier die Stelle, ohne Aufschub
davon zu berichten, was dort schon wieder im Gange
war. Im schönsten Theater der Stadt, dem ehemaligen
Circus Carré (die Quadratur des Zirkels!), sollte ein
»politisches Konzert« stattfinden. Das Problem bei die-

ser Bezeichnung liegt nun natürlich darin, daß Musik außer sich selbst nichts weiter bedeutet, genau wie die Mathematik; daher ist sie auch die reinste Form von Kunst, wie Mathematik die reinste Form von Wissenschaft ist. Wie die Mathematik kann Musik nur »Bedeutung« gewinnen durch ihre *Anwendung*: ergänzt durch Worte oder Bilder, um so zum Beispiel eine Oper daraus zu machen. Aber *politische* Bedeutung bekommt die Musik lediglich durch die Aufführungspraxis. Das durchschnittliche Konzert für Musikliebhaber aus der Bourgeoisie ist eine politische Bestätigung ihres sozialen Status; dadurch wird auch Bach oder Stockhausen zu Bourgeois-Musik. Eine Veränderung des Publikums kann jedoch dieselbe Musik aus der reaktionären Ecke herausholen. Ein Mittel dazu ist die Abschaffung von Eintrittsgeldern; ein anderes, die Kompositionen mit linken politischen Reden abzuwechseln, die dann die unerwünschten Elemente dazu bringen, wütend den Saal zu verlassen. Einer der politischen Rausschmeißer in diesem Amsterdamer Konzert sollte ich sein.

Diese Überlegungen waren natürlich viel sinnvoller als die obligatorische Besetzung eines Instituts, das keine Menschenseele interessierte – wie es unsere französischen Kollegen vorgemacht hatten. Und genau aus diesem Grund mußten die Komponisten in Mißkredit gebracht werden. Provokateure verbreiteten das Gerücht, wir würden nach Konzertschluß das Theater besetzen. Das war keine unkluge Idee, denn wir würden in jedem Fall in eine schiefe Situation geraten: Wenn wir jetzt nicht besetzten, wären wir zu feige für eine Besetzung gewesen; und wenn wir besetzten, würden wir einen politischen Fehler begehen, weil die Aktion bedeutungslos wäre und jeder beim Morgengrauen völlig zu Recht sein Bett aufgesucht hätte, das Theater dem halbfaschistischen Mob überlassend, das den Laden kurz und klein schlagen würde und von der Polizei herausgeprügelt werden müßte, worauf die Morgenzeitungen dann mit Fotos den Beweis erbringen könnten, wie vandalistisch sich die Amsterdamer Linke wieder einmal aufgeführt hatte. Zu diesem unerquicklichen Dilemma kam noch hinzu, daß viele Menschen, mit Absicht davon abgeschreckt, dieses politische Konzert zu besuchen (es sollten ja sogar Texte von Lenin, Mao, Che und noch anderen politischen Gangstern vorgelesen werden), daß diese Leute sich schließlich doch zum Kommen entschlossen, weil sie ja auch einmal eine Besetzung miterleben wollten. Es sollte der Konsum der Revolution werden, wie teure Herrenmodegeschäfte damals ihre Schaufenster mit Postern von Karl Marx, Al Capone und Salvador Dali ausstaffierten.

Die Kundgebung war also schon im Vorfeld frustrierend. Für mich stand fest, daß es keine Besetzung geben sollte. Zwei der drei teilnehmenden Komponisten (Peter Schat und Louis Andriessen) waren inzwischen auch ein paar Tage in Paris gewesen, und wir waren dort gemeinsam zu dem Ergebnis gekommen, es sei besser, das Odium einer Blamage auf uns zu nehmen als einen politischen Fehler zu begehen. Schließlich hatten wir breite Rücken.

Es wurde natürlich schnell bekannt, daß wir gerade aus Paris zurückgekommen waren, und das erhöhte noch die Erwartung, daß wir unsere revolutionäre Erfahrung in Amsterdam anwenden würden – was übrigens in gewissem Sinn stimmte, auch wenn das Ergebnis der Erwartung diametral entgegenstand. Schat mußte sogar eine Erklärung unterschreiben, daß er sich für die Musikinstrumente im Wert von hunderttausend Gulden verbürgte, was er ohne Wimpernzucken tat. Der Pariser Ruhm strahlte auf uns ab, wie die untergehende Sonne auf der Kaiserkrone des Turms der Westerkerk glänzt. Am 30. Mai, dem Tag des Konzerts, übertrug das niederländische Fernsehen nachmittags um halb fünf die berüchtigte Ansprache de Gaulles, die keine fünf Minuten dauerte. Ich selbst bin ein Fachmann auf dem Gebiet von Worten, und nachdem ich den General gehört hatte, machte ich mir außergewöhnlich große Sorgen. Die Sieben-Uhr-Nachrichten meldeten bereits, daß die Staatstreuen zu Zehntausenden zum Etoile zögen, nicht mit roten Fahnen und die Internationale singend, sondern mit den Symbolen der früheren, der bürgerlichen Revolution: der Tricolore und der Marseillaise. Dort nahm etwas Abscheuliches seinen Anfang – und dann mußte ich zu meinem Konzert.

Ein einziger Blick ins Publikum überzeugte mich, daß ich mich nicht getäuscht hatte. Die Balkone waren bevölkert mit einem Publikum, für das die Komponisten komponiert hatten, aber in den unteren Logen ging alles schief; ich sah sogar einige der berüchtigsten Helden des Kalten Krieges. Zwischen *Contra tempus* von Andriessen (in dem der elektronisch zum Leben erweckte Geist Machauts herumspukte) und *On escalation* von Schat (dem Gedenken an Che gewidmet und inspiriert von Ravels *Bolero*) sprach ich über die Veränderung, die das wahre Element des Menschen ausmacht, und nicht die Unveränderlichkeit, und über das Theater, in dem ich sprach: seit Menschengedenken ein Amsterdamer Theater, also Eigentum der Amsterdamer Bürger, während jüngst ein Kapitalist erklärt hatte, er plane den Abbruch – und daß das betreffende Subjekt damit folglich suggeriere, das Theater sei sein »Eigentum«, und daß daher die Schlußfolgerung nur lauten konnte, er habe es den Amsterdamern gestohlen.

Während meiner Rede waren bereits zwei junge Männer auf die Bühne geklettert, mit einem Transparent, auf dem REVOLUTION stand. Und tatsächlich, als die Vorstellung zu Ende war, blieben alle auf ihrem Platz, denn jetzt sollte es ja kommen. Auf den Balkonen begannen die Aktivisten, die sich früher in verschiedenster Weise verdient gemacht hatten, rote Fahnen zu entrollen und Porträts von Fidel Castro aufzuhängen, und traten damit nichtsahnend und unbezahlt in den Dienst der Provokateure. Aber keiner unternahm etwas, und ich sah alle Augen auf mich gerichtet; mein Name wurde gerufen. Ich war derjenige, der sich in den vergangenen Jahren verbal am meisten exponiert hatte, von Provo bis

Kuba – es war klar, daß ich der Mann sein sollte, der das Theater besetzen würde. Aber gerade die Tatsache, daß die Entscheidung offenbar von mir abhing, bestärkte mich in der Auffassung, daß es nicht sein sollte: Es wäre nicht mehr als ein Happening. Ich ging zum Mikrophon, um mich auszusprechen, aber der Direktor schaltete die Tonanlage aus. Das warf für einen Moment ein grelles Licht auf das Wesen der eigentlichen Macht. Während Schat seine Apparatur in Sicherheit brachte, brachen überall heftige Diskussionen los, man zerrte mich am Ärmel, und die Zeit für Argumente war vorüber. Enttäuschte Revolutionäre – oder wer es sonst war – warfen Colaflaschen von den Balkonen, wie Schiedsrichter beworfen werden, wenn sie ein Tor abgepfiffen haben; ein Verrückter begann mit den Fäusten auf eine kostbare Pauke zu hämmern, und der Komponist Bruno Maderna hob die Arme gen Himmel und klagte mit asthmatischer Stimme in gebrochenem Deutsch, daß hier ein Instrument, in Jahrhunderten von feinsinnigen Geistern entwickelt, beleidigt werde.

Schließlich sind wir einfach gegangen; – und am nächsten Tag hatte jemand *Arschloch* in den Pariser Staub auf meinem Auto geschrieben, am Abend darauf höhnten die Zeitungen, daß die rote Fahne nicht länger als eine Stunde an der Fassade des Carré geweht hätte, und in der folgenden Woche publizierten die Illustrierten ironisch Farbfotos von uns, wie wir, Pseudorevolutionäre und Salonkommunisten, das Theater verließen.

10. Ein Nachmittag im Pariser Mai 1968

Die Brasserie Lipp, in der ich verabredet war, ist wirklich eher ein Salon als eine Parteizentrale. Es ist nur gut, daß die niederländischen Illustrierten mit ihrer guten Spürnase für Attribute (die sie über die Anzeigenakquisition aufgetan haben), mich dort nicht erwischt

240

haben. Der Vorwurf, ein »Salonkommunist« zu sein, kommt immer von Salonreaktionären; für »echte« Kommunisten, also Parteikommunisten, bin ich im allgemeinen ein »Antikommunist« oder bestenfalls einer, »der in trüben Gewässern fischt«. Daß hierin trotzdem ein Problem liegt, das sehe ich selbst ein, denn es war nicht zu leugnen, daß ich jetzt wieder bei Lipp saß und nicht irgendwo anders. Ich brach zwar nicht den Streik und den Aufstand, wie die französischen Parteikommunisten in diesen Tagen, aber ich saß auch nicht in der Kantine einer der besetzten Renaultfabriken. Denn dort hatte ich keinen Termin. Ich könnte natürlich hingehen (und ich bin auch hingegangen), aber dann war ich dort doch nur ein Interessierter, ein Sympathisant, nicht ein streikender Arbeiter von Renault. Ich habe mich damit abgefunden, daß ich kein Arbeiter bin, der streiken kann. Ich bin auf meine Weise natürlich jemand, der arbeitet, zumindest wenn nicht gerade die Sonne scheint, und ich kann natürlich auch einmal streiken, aber das hat keinerlei soziale Auswirkungen. Auch die Studenten, die sich mit den Arbeitern beschäftigen wollen, werden von diesen mit äußerstem Mißtrauen betrachtet: und zu Recht – denn was riskieren sie? Sie können nicht entlassen werden, und in zehn Jahren verdienen sie garantiert mehr als die Arbeiter. Und ich? Was für eine Gefahr droht mir? Im Lauf der Geschichte wurden zwar schon ziemlich viele Schriftsteller umgebracht, aber dann wegen ihrer Werke, nicht, weil sie den Arbeiter markierten. Die Taten eines Autors sind seine Worte. Ich könnte den Würmern und Hyänen der Reaktion keinen größeren Dienst erweisen, als das zu tun, was sie mir konsequent unterstellen und was sie von mir mit der Zuverlässigkeit einer Uhr fordern: auf Kuba Zuckerrohr zu schneiden oder mich an eine Drehbank zu stellen, denn dann wäre ich unschädlich. Von Kubanern oder Arbeitern habe ich diese Forderung noch nie gehört. Stalin war der Mann, der solche Handlungen von Schriftstellern verlangte, und auch sein Motiv lag darin, sie unschädlich zu machen. Und wenn das nicht half, bekamen

241

sie einen Genickschuß. Man weiß also, in welcher Gesellschaft man sich mit einer solchen Forderung befindet.

Bei Lipp erwartete mich ein junger Mann, blond und zerbrechlich, und ich händigte ihm eine Ausgabe der Monatszeitschrift »De Gids« aus, in der ich als Redakteur seinen Artikel über Kambodscha publiziert hatte, der auf meine Bitte hin zustande gekommen war.

Ich hatte ihn in Havanna kennengelernt, aber nicht erst während des Kulturkongresses, wie die Intellektuellen in der Rue des Ecoles, sondern bereits bei der ausschließlich politischen OLAS-Konferenz. Er war auch kein linker Intellektueller, sondern ein Gaullist am Beginn einer erfolgreichen Karriere als Staatsbeamter – zumindest, wenn es keine Revolution gäbe. Da die Revolution scheiterte, wurde er Sekretär von Chaban-Delmas, dem früheren Ministerpräsidenten. Es könnte auch etwas damit zu tun haben, daß er zusätzlich auch dessen Neffe ist. Er heißt Thierry de Beaucé, und das klingt nach Adel, oder Halbadel, so gut bin ich nicht im Gotha zuhause. Ich gehe an dieser Stelle kurz auf ihn ein, weil er einen Typus verkörpert, den es bei uns in konservativen Kreisen nicht gibt. Er hatte die exquisite Ausbildung, die Frankreich für seine Sonntagskinder bereithält, und als ich mich neben ihn auf die Bank setzte, war er fünfundzwanzig und hatte bereits als Hochschullehrer für politische Wissenschaften an den Universitäten von Saigon und Hué unterrichtet. *Was* er dort unterrichtet hat, weiß ich nicht. In Pnom Penh war er als Hausfreund von Prinz Norodom Sihanuk und als Begleiter von dessen Sohn aufgetreten, mit dem er auch auf dem Kongreß in Havanna auftauchte: ein fröhlicher Junge, seinem Vater wie aus dem Gesicht geschnitten, von Ministern, Botschaftern und Vertretern des Sicherheitsrates umgeben, einer, dem es Vergnügen machte, den kommunistischen Prinzen zu spielen und mit dem man lachen konnte. Zur Zeit, da die Amerikaner Lon Nol als ihre Marionette in Kambodscha installiert haben, wird er wohl bei seinem Vater in Peking gewesen sein.

Den Sekretär des gegenwärtigen niederländischen Ministerpräsidenten, genauso rechts wie Chaban-Delmas, habe ich jedoch nicht in Havanna gesehen. Das liegt daran, daß die Rechte in den Niederlanden aus Ignoranten besteht. Die Revolution liegt so weit weg aus ihrem Gesichtsfeld, daß sie allein schon bei der *Vorstellung*, sich in einem Land wie Kuba auch nur einmal umzusehen, von Alpträumen über Konzentrationslager überfallen werden, in denen man sie als politische Gefangene totknüppelt. Nicht so Thierry, nicht so de Gaulle, der große Bewunderer von Mao: die wissen, in welcher Welt sie leben, die verfügen über noch andere Reaktionen als nur die Ausweitung der »Verteidigungsmaßnehmen« betreffend, sie treten sogar aus der NATO aus, wenn es sein muß, und ersparen sich damit eine amerikanische Intervention, wenn es einmal zu einem Aufstand kommen sollte, und ersparen sich obendrein die moralische Mitschuld am Völkermord in Vietnam – und der Grund dafür liegt nicht zuletzt darin, daß auch sie die Erben einer Revolution sind: der von 1789, die in den Niederlanden zur Gründung der »Antirevolutionären Partei« geführt hat, die es (man mag es glauben oder nicht) heute immer noch gibt, und der heutige Ministerpräsident ist sogar Parteimitglied, und sein Sekretär natürlich auch.

Draußen quietschten von Zeit zu Zeit Polizeiautos vorüber, hin und wieder trieben Fetzen von Geschrei in die Brasserie, Thierry löffelte jedoch bedächtig und bester Laune sein Soufflé in sich hinein und erzählte, er habe de Gaulle noch nie anders als historische Betrachtungen lesend in seinem Arbeitszimmer angetroffen. In seinen Augen fehlte die Euphorie von der Rue des Ecoles, er hatte fast etwas Schläfriges. Von Kuba wußte er, worum es dort draußen ging, und von Formosa, was für Leute Emigranten sind; Paris war übrigens auch schon seit Jahr und Tag voll davon. Er würde nicht weggehen, wenn die Revolution siegte. Sein Leben würde dann vielleicht anders verlaufen, als er es sich vorgestellt hatte, aber er wäre davon nicht am Boden zerstört – wenn es so kam, tja, dann mußte es wohl so sein:

»Dann werde ich Ober bei Lipp.«

Als ich sagte, ich hätte mir jetzt wieder einmal den Bauch von der herrschenden Klasse vollgeschlagen und ginge zum Odéon, zahlte er und begleitete mich.

Rote und schwarze Fahnen wehten auf dem Dach, Studenten saßen mit baumelnden Beinen in der Regenrinne, und vor die Worte THÉÂTRE DE FRANCE war die Silbe EX- aufgemalt. Im Wintergarten des Restaurants gegenüber dem Haupteingang schauten amerikanische Touristen mit einem angenehmen Schaudern auf die diskutierenden Grüppchen überall auf dem Platz und auf den Treppen des Theaters. Hier sah man sie endlich, diese abscheuliche rote Gefahr, vor der man sie seit 1945 gewarnt hatte!

Und drinnen konnte man es hören. Wir kämpften uns durch die völlig überfüllten, abgetretenen Gänge zum Saal durch, und dort stand eine völlig neue Vorstellung auf dem Répertoire. Wo jahrhundertelang die Worte der Klassiker auf der Bühne erklungen waren, vor einem voller Ehrfurcht schweigenden Publikum, da hatte jetzt der Saal das Wort ergriffen, und die Bühne schwieg. Es gab auch keinen Vorsitzenden oder ein »Forum«, der Vorhang war heruntergelassen, und der vollgedrängte Saal sprach mit sich selbst. Es war nur einer von zahllosen Orten in Paris – aber gewiß der prägnanteste –, wo das Volk mit sich selbst zu Rate ging. Man muß sich mit dem Wort »Volk« ja immer in acht nehmen, denn es ist leicht ein Wort aus der LTI, der lingua tertii imperii (diesen Terminus hat Victor Klemperer für die Sprache des Dritten Reiches vorgeschlagen): meistens wird es verwendet, um die sozialen Widersprüche in einer höheren Einheit zu verschleiern, und das ist immer der Anfang des Faschismus; im Zusammenhang mit Wagner

244

habe ich bereits darüber gesprochen. Aber hier in Paris sprach das Volk gerade über diese Widersprüche, durch die es gespalten wird, und darüber, was man dagegen unternehmen muß. Denn anders als in der Sorbonne saßen im Odéon nicht nur »Studenten und Arbeiter«, sondern auch Kleinbürger und Angehörige der höheren Bourgeoisie, wie der Mann, in dessen Gesellschaft ich mich befand. In Nonstopdebatten versuchte sich, in dem heißen, sprudelnden Geysir von Worten eine Art allgemeines Bewußtsein zu bilden.

Am späten Abend und in der Nacht ging alles natürlich auf Sparflamme zurück; überall lagen Leute und schliefen auf den Plüschsitzen und in den Gängen, und die Debatten wurden usurpiert von einem ausgelassenen, ziemlich angetrunkenen Publikum, das nach dem Kino und dem Nachtclub noch kurz ein Widerständchen haben wollte. Noch später, im Morgengrauen, kamen dann die Visionäre zu Wort, die Aufgeklärten, die Anhänger von Nostradamus und der Heroinspritzen, die Verrückten, die Christen, die Astrologen, die Ausgeflippten – aber nach Sonnenaufgang war ihr Reich nicht mehr von dieser Welt, und sie verschwanden wehklagend in ihren Katakomben, die Revolution übernahm wieder ihr Recht. Einmal abgesehen von der unglaublichen Ausdrucksfähigkeit, die jeder Sprecher hatte, war die allgemeine Disziplin am auffallendsten. Als ein ordentlicher Herr anfing, die Arbeiter als miese Ratten zu beschimpfen und hier und dort Buhrufe zu hören waren, machte der Saal dem sofort ein Ende: der Mann mußte ausreden dürfen. Danach rechnete ein anderer Redner gründlich mit dem Vorgänger ab. Einmal entstand eine drollige Situation, als drei redegewandte, gebärdenreiche Redner versuchten, einander gleichzeitig zu überzeugen: einer im Saal, einer auf einem Seitenbalkon, einer im Amphitheater. Der Saal reagierte darauf nur amüsiert, denn keiner der drei schaffte es offenbar, sich durchzusetzen. Darauf stand im Parkett ein vierter Mann auf; mit ausgebreiteten Armen brachte er die anderen drei zum Schweigen und sagte:

»Wenn Sie dort jetzt erst einmal sagen, was Sie zu sagen haben – und danach Sie – und dann Sie.«

Nun reagierte der Saal aber plötzlich mit ablehnendem Gejohle, weil da offenbar einer versuchte, sich zum Vorsitzenden aufzuspielen.

Nach eineinhalb Stunden brachte ich Thierry zum Place Saint Germain zurück, wo ich mich von ihm verabschiedete. Weil ein Stück weiter offenbar wieder eine Aktion in Gang war und ich nach Paris gekommen war, um zu sehen, was sich ereignete, wanderte ich hin. Am Anfang einer Straße war ein Polizeiaufgebot zusammengezogen, ich glaube, es war die Rue St. Guilleaume; am anderen Ende der Straße stand eine große Gruppe bewaffneter Schüler, zwischen den beiden Gruppen war nichts als die ausgestorbene Straße. Inmitten der Leute, die auf dem Boulevard die kommenden Ereignisse abwarteten und sich die Zwischenzeit mit Diskussionen vertrieben, entdeckte ich zwei befreundete Kollegen: Mary McCarthy und Stephen Spender. Nachdem wir uns umständlich begrüßt hatten (denn gerade weil Autoren keine »soziale Basis« haben, ist es wichtig, daß sie wenigstens einander haben), wollte ich wissen, um was es eigentlich ging.

»Laßt uns mal nachsehen«, sagte Mary McCarthy lachend.

Spender schaute kurz auf die flimmernde Leere zwischen Polizisten und Schülern und machte deutlich, daß er noch einiges zu erledigen hätte. Er war ein stattlicher schöner sechzigjähriger Mann mit einem weißen Haarschopf, und weil er sich nicht zu schade gewesen war, im Spanischen Bürgerkrieg mitzukämpfen, durfte er jetzt auch andere Dinge erledigen. Mary war zwar eine Frau und nur wenig jünger, aber sie kam gerade aus Hanoi zurück, wo sie im Bombenhagel ihres Präsidenten in brenzligeren Situationen gestanden hatte als in einer Pariser Straßenschlacht, die zudem noch nicht einmal begonnen hatte.

246

Sie sollte auch nicht beginnen, und ich glaube, daß das vor allem durch ihre Anwesenheit kam. Nachdem sie sich mit einigen amerikanisierten *Excusez-moi* durch die verwunderte Menschenkette gezwängt hatte – ich in ihrem Kielwasser –, betraten wir das Niemandsland, das dazu geschaffen schien, sich sofort in ein mörderisches Chaos von Projektilen zu verändern. Ohne auf- oder sich umzusehen, reichte sie mir den Arm, und als ob wir an den friedlichen Ufern des schottischen Loch Lomon spazierten (wie vor sechs Jahren), erkundigte sie sich nach meinem Befinden und erzählte fröhlich, wie gut sie es fand, daß Spender nach all seinen Problemen die Revolution wieder gefunden hätte. Er käme heute abend zu ihr zum Abendessen in die Rue de Rennes – ich käme doch sicher auch? Ich sagte, daß es mir ein Vergnügen wäre, und daß ich hoffe, mich bald in Amsterdam revanchieren zu können. Uns auf diese Weise unterhaltend, kamen wir in tödlicher Stille im Niemandsland am anderen Ende der Straße an, wo uns die Gymnasiasten in ihren phantasievollen Kampfanzügen (einer trug sogar ein Kettenhemd, vermutlich aus dem Ex-Théâtre de France geklaut) mit aufgesperrtem Mund empfingen. Als vollkommene Meisterin der Situation unterhielt sich die Schriftstellerin eine Weile mit den Jugendlichen über ihre Beschwerden, während die Polizei höflich abwartete.

11. Ein Abend im Pariser Mai 1968

Spender war bereits da, als ich am Abend zu ihr kam, und ich wurde vor dem Essen zu einem Gespräch eingeladen, das ziemlich lehrreich für jemanden war, der nur den Kalten Krieg miterlebt hatte. Und die Besatzungszeit natürlich: das war mein Beitrag, denn Mary wohnte damals in Amerika und Stephen in England. In den dreißiger Jahren war er Mitglied der Kommunistischen Partei gewesen, und seiner Ansicht nach hätten sie ihn gerne in Spanien umkommen sehen, denn dann wäre er brauchbarer für sie gewesen als lebendig. Mary war damals Trotzkistin; während des Krieges und nach dem Krieg hatte sich das mehr oder weniger von selbst erledigt. Im Gegensatz zu ihr entwickelte sich Spender damals jedoch zu einem echten Faktor im Kalten Krieg: mit dem bereits erwähnten Buch *Ein Gott der keiner war*. Außerdem stellte sich später heraus, daß die Monatszeitschrift »Encounter«, bei der er als Redakteur arbeitete, von der CIA unterstützt wurde; seine Versicherung, er habe das nicht gewußt, fand wenig Glauben. Der sanfte Dichter hatte sich schrecklich in die Nesseln gesetzt: Beim Versuch der Wiedergutmachung von etwas, das er als Fehler ansah, hatte er erst recht einen Fehler begangen. Aber das war jetzt alles vorbei, und er sah wieder Licht am Ende des Tunnels. Er schrieb gerade ein Buch über die Revolte der europäischen Jugend, und er nutzte die Gelegenheit, sich von mir ein paar Kontakte in Amsterdam vermitteln zu lassen, wohin er nach einer Stippvisite in Berlin reisen wollte.

Auch Mary sah wieder Licht. Sie war natürlich inzwischen Millionärin mit ihren Büchern geworden – Madame Dombrowska, ihre Haushälterin, wurde mit einer silbernen Glocke gerufen –, und sie hatte keinerlei Interesse an der Revolution. Und doch hatte sich ihr Verstand nicht mit ihren Interessen identifiziert, wie bei den meisten Reichen, sondern sie konnte nicht aufhören, über die hoffnungsvolle Lage in Frankreich zu reden. Für diese Generation der Altkommunisten, danach Aoder sogar Antikommunisten, muß es eine beinahe unüberwindliche Frustration gewesen sein, daß alles letztlich doch wieder in sich zusammengefallen ist.

Das Abendessen war über jedes Lob erhaben. Ich erzählte Madame Dombrowska, daß sie denselben Namen trage wie der Befehlshaber der Pariser Commune von 1871.

Nach dem Essen gingen wir zu dritt zur Sorbonne, dem Hauptquartier der Hoffnung. Wir nahmen den Eingang über den Innenhof; die Tür befand sich in einer hunderte Meter langen Mauer, die von Anfang bis zum Ende und bis in zwei Meter Höhe mit Manifesten, Ankündigungen und Plakaten vollgeklebt war, deren Reproduktionen ein halbes Jahr später in Hochglanzkatalogen abgebildet in den Schaufenstern liegen sollten, neben dem sündhaft teuren Buch über die Sumerer und der Prachtausgabe mit den Felszeichnungen von Lascaut. Im Lauf der Zeit wird die ganze Welt auf dem Totenacker der Kunst beigesetzt; aber in diesem Fall ging es doch ein bißchen schnell.

Der Innenhof war das Forum Romanum der Weltrevolution. Das heißt, er zeigte eine verblüffende Ähnlichkeit mit einem Flohmarkt, wo auch jeder seine Waren auf Kosten des anderen an den Mann zu bringen versucht – nur waren hier die Ideen die Ware. Jedem sein Marktstand: den Kommunisten, den Trotzkisten, den Stalinisten, den Maoisten, den Fidelisten, den Anarchisten, den Nihilisten und noch dutzende weiterer –isten, von denen ich die Hälfte nicht einordnen konnte, vor allem, da sie es für ausreichend hielten, sich lediglich durch ihre Initialen auszuweisen, wie FAM oder CACR. Beim Lesen dieser Buchstaben öffneten sich anderen sicher leuchtende Horizonte oder auch Abgründe des Hasses. Auch die FAM würde bestimmt nicht zögern, die von der CACR ausnahmslos an die Wand zu stellen. Es gab Stände nur für Ausländer, damit diese bei der Revolte nicht außen vor blieben. Überall sah man Aufschriften in allen Sprachen, selbst in solchen, deren Schrift ich kaum erkannte; überall Porträts von Marx, Lenin, Bakunin, Mao, Stalin, Trotzki, Fidel, Che, Ho Chi Minh und Persönlichkeiten, die mir nicht bekannt vorkamen; überall rote und schwarze und auch noch kompliziertere Fahnen. Schläfrige Studenten kehrten den unablässigen Strom von Papierabfällen auf: all die Abzüge und Flugblätter, die – dank dieser Reinlichkeit – heute bereits bei Liebhabern ordentliche Preise erzielen.

Die getünchten Wände der übervollen Gänge waren mit den Aufschriften überdeckt, von denen bereits in vielen anderen Ländern Übersetzungen erschienen sind. Manchmal waren sie mehrere Meter lang, in großen Buchstaben, von denen die Farbe bis auf den Boden getropft war; manchmal mit Bleistift irgendwo in eine Ecke gekritzelt. Wenn man je von der Poesie des anonymen Volks selbst reden konnte, dann war es hier – wie im nachhinein diese ganze Revolte eine Revolte der Sprache gewesen zu sein scheint. Jedenfalls ist es das, was davon übrig geblieben ist.

Je crie
J'écris
no. 595 378 822 324bis de l'anonyme contrainte

Stimmen aus Lautsprechern gaben Anweisungen, in einer Ecke des Ganges debattierte Marcuse mit einer Gruppe Studenten, und wir kamen in das *Grand Amphi*. Wo einst Pasteur seine Milch gekocht und Freud nachdenklich die Experimente Charcots beobachtet hatte, saßen sie jetzt zu Hunderten, nein, zu Tausenden, bis zu den Köpfen der Skulpturen und bis zum Dachgesims. Auch die Seiten des Podiums waren überladen mit Menschen. Melina Mercouri hatte das Wort. Ich folgte meinen Freunden zu ein paar leeren Stühlen hinter dem Katheder, aber als Mercouri ausgeredet hatte, schrie jemand in den Saal:
Pas de personalités!
Weil ich einen ausgeprägten Instinkt für so etwas habe, begriff ich sofort, daß dieser Schrei uns galt, und brachte meine beiden Freunde dazu, daß sie die Stühle wieder räumten. Das Publikum an den Seiten war inzwischen beinahe bis zum Rednerpult angewachsen, und dort setzten wir uns auf den Boden. Nach einer Viertelstunde allgemeiner Mitteilungen, Aufrufe und Bekanntmachungen entstand in einer Ecke des Podiums Bewegung. Was ich dann sah, werde ich nicht so bald vergessen. Nicht, daß es etwas Besonderes gewesen wäre, aber, zweifellos auch durch die unglaubliche Menge um mich herum, hatte ich plötzlich Tränen in den Augen.

Sartre hatte ich vorher nur ein einziges Mal gesehen, vor ein paar Jahren: in Rom, unweit des Petersplatzes; im Garten eines Restaurants, ein paar Tische von meinem entfernt, wickelte er mit Simone de Beauvoir in aller Ruhe Spaghetti um seine Gabel. Jetzt tauchte er hier in der Ecke des Podiums auf, in einer offenen Jacke, häßlich, schielend, bebend von Kopf bis Fuß. Es schien keine Möglichkeit zu geben, ihn durch die Menschen zum Rednerpult vordringen zu lassen, und was eigentlich genau geschah, weiß ich nicht mehr, aber im Bild meiner Erinnerung wird er mit Jacke und allem *über die Köpfe hinweg* nach vorne getragen, wie eine Figur auf einem Bild von Marc Chagall. Und plötzlich saß er auf einem Stuhl und begann mit einer rauhen und doch sonoren Stimme zu sprechen, die nicht zu ihm paßte. Er sagte, er sei nicht gekommen, um zu sagen, was jetzt zu tun sei, aber er sei bereit, eventuelle Fragen zu beantworten. Das war alles, was er tat – aber es wurde schnell klar, daß der große Mann hier nicht mehr viel Einfluß hatte. Man gestand es ihm höflich zu, sein Licht über die Probleme scheinen zu lassen, aber er gehörte doch schon zu einer völlig anderen Welt: der Welt, die man gerade abschaffen wollte.

Und dennoch ist es (abgesehen von der Massenbewegung) gerade seine Erscheinung, die für mich die stärkste aus den Pariser Tagen bleibt, aber dagegen wehrte man sich ja gerade, gegen die starken Persönlichkeiten, gegen die personalités, mit de Gaulle als Symbol. Daher möchte ich zum Schluß über eine anonoyme Erscheinung reden, die ich auch niemals vergessen werde.

12. *Eine Nacht im Pariser Mai 1968*

Nachdem Mary McCarthy und Stephen Spender zu Bett gegangen waren, machte ich mich wieder auf in die nächtliche Stadt. Sartre hatte mich in eine kontemplative Stimmung versetzt, und schlafen konnte ich wieder in Amsterdam. Ich dachte an *Die Zukunft von gestern*, und daß das Buch nicht geschrieben war, auch, weil ich keine Ahnung davon gehabt hatte, was in einer Gesellschaft möglich sein kann. Daß es damit noch kein Ende gefunden hatte, weil ich noch über *dieses* hier zu berichten hatte, wurde mir immer klarer. Es müßte ein Buch über einen Roman werden, der nie geschrieben worden war. Konnte ich der Menschheit mit einem solchen gespenstischen Projekt kommen? Oder wäre es gerade wichtig, wenn einmal jemand seine Zeit und seine Gedanken nicht als ein Ding beschriebe, nicht als eine abgerundete Schöpfung, sondern als einen *Prozeß*: daß das dann letztlich nur ein mißlungener kreativer Prozeß sein konnte?

Ich wußte es nicht (und ich weiß es immer noch nicht: aber das ist eher ein Anreiz, es zu tun, als es nicht zu tun); es wurde wieder gekämpft – jetzt auf dem Boulevard St. Michel. Es war Nacht, und es war der Mob, der sich jetzt austobte: Vandalen, die die revolutionäre Gelegenheit für einen Aufruhr nutzten und rechts und links die Scheiben einwarfen, die Schaufenster leerräumten und alles zerstörten. Natürlich würde die bürgerliche Presse am nächsten Tag Fotos von diesen Ausschreitungen veröffentlichen, als dem Werk der Studenten und Arbeiter. Der Kampf interessierte mich nicht; daß sich die Polizei jetzt zurückhielt, war selbstverständlich. Ich ging zu meinem Hotel zurück.

Vor mir ging auf dem Gehsteig ein Revolutionär in vollständiger Kampfausrüstung, vielleicht war er einer der Gymnasiasten. Wie ein mittelalterlicher Turnierritter lief er durch die verlassene Straße. Zuerst warf er seinen Knüppel in die Gosse, kurz darauf den Schild. Ein paar Meter weiter hatte er auch den Helm losgezerrt und warf ihn von sich. In den Taschen fand er noch einen Stein und ließ ihn achtlos fallen. Dann, ohne stehenzubleiben, zog er aus seinem Hemd einen Stapel Zeitungen und warf sie in die Luft. Als ich darüber schritt, sah ich, daß ein Exemplar der »Time« dabei war. Er griff mit beiden Händen über die Schultern und zog auch von seinem Rücken einen Stapel Zeitungen unter dem Hemd hervor. Dadurch hatte er sich plötzlich in einen normalen Jugendlichen verwandelt; er kämmte sich die Haare, entfernte daraus mit Daumen und Zeigefinger den Staub der Revolution, steckte den Kamm in die Innentasche und ging pfeifend weiter – der neuen Zeit entgegen: der Zeit der Restauration, der Neo-Romantik, in der ich heute schreibe und in der sich die Linke selbst den Mund mit einem Propfen Theorie gestopft hat und in der über 1968 inzwischen auch schon eine *Zukunft von gestern* geschrieben werden könnte.

Wolfgang Pohrt
Harte Zeiten
Neues vom Dauerzustand

»Schöner und genauer wurde selten beschrieben, was eine
Gesinnung von der Stange wert ist: keinen Pfifferling.«
Wiglaf Droste in *Tageszeitung*

ISBN: 3-923118-93-7

* * *

Gerhard Henschel
Das Blöken der Lämmer
Die Linke und der Kitsch

»Jetzt, wo der Schmerz allmählich nachläßt, können wir
vielleicht endlich auch über den linken Kitsch lachen. Gequält
zwar vielleicht noch, aber auf jeden Fall befreit. Vieles wird
durch das Buch endlich unklar. Bis jetzt war ja alles so klar.«
Hellmuth Karasek im *Spiegel*

ISBN: 3-923118-73-2

* * *

Bittermann/Henschel (Hg.)
Das Wörterbuch des Gutmenschen
Zur Kritik der moralisch korrekten Schaumsprache

»Diese Fibel ist ein Querfeldeinritt durch deutsche Jagdgrün-
de, durch Politik, Geschichte und Kultur, witzig und blendend
geschrieben und im übrigen sowieso sehr wahrhaftig.«
Christian Seiler in *Weltwoche*

ISBN: 3-923118-98-8

* * *

Klaus Bittermann (Hg.)
Serbien muß sterbien
Wahrheit und Lüge im jugoslawischen Bürgerkrieg

»Umso mehr Beachtung verdient das Weißbuch wider die
Scharfmacher, die – auf Soldateska komm raus! –
Gemetzel und Vertreibung herbeireden konnten, weil
Polit-Ganoven das Recht auf Selbstbestimmung mit
dem Recht auf Sezession gleichsetzen.«
Münchner Abendzeitung

ISBN: 3-923118-14-7

Aus der Reihe
CRITICA DIABOLIS